MISTINGUETT

ÉLIZABETH COQUART
PHILIPPE HUET

MISTINGUETT

La reine des Années folles

Albin Michel

ISBN 2-226-08198-4

« Ne pas être douée, c'est la suprême élégance. Dans la vie, je n'avais pas à être douée mais à être Mistinguett. »

PROLOGUE

La reine-cannibale...

C'était plus qu'un nom d'artiste. Un blason, un emblème. Sur les grandes tentures noires qui drapent et pendent de chaque côté de l'entrée de l'église de la Madeleine, l'écusson de deuil est frappé de la lettre « M », son titre de gloire, plutôt que de ses initiales officielles. C'est la dernière victoire de Mistinguett. La marque d'une vie aussi, qui n'était jamais sortie de scène...

En ce matin glacial du lundi 9 janvier 1956, couleur de boue et de neige fondue, les grands du spectacle n'accompagnent pas seulement l'une des leurs à sa dernière demeure. Et la foule des petits, des sans-grade qui moutonne au loin, jusque dans la rue Royale, ne pleure pas seulement une vedette de music-hall. Tous, et tous ensemble, ils enterrent l'étoile d'une époque en strass, perles et chansonnettes qui, ils le savent, s'éteint définitivement avec elle...

Un demi-siècle de suprématie dans un univers en stuc et en toc, dans un monde futile et versatile, ouvert à tous les caprices, soumis à toutes les modes, qui adore ou brûle à l'excès... Un demi-siècle de triomphes pailletés, emplumés, empanachés, sans le moindre faux pas sur ses escaliers dorés... Un demi-siècle au sommet. Qu'avait donc la Miss que les autres n'avaient pas ?

Elle était Mistinguett. Et ils ne l'étaient pas. Suprême

privilège et suprême injustice, qui font que certains deviennent soleil et que d'autres ne brillent pas. Qu'ils ne fascinent pas, ne font pas main basse sur le cœur des foules par leur seule présence en pleine lumière, par la magie d'un simple sourire, d'un simple battement de cils ou d'un roulement de hanches.

L'histoire de Mistinguett est celle d'un monstre sacré. Enfanté dans les caf'conc égrillards d'avant 1900, épanoui dans les revues hollywoodiennes de l'entre-deux-guerres. Années folles qui seront ses années de braise : reine du Tout-Paris et princesse du « populo », la Miss s'affiche en despote absolu, chevauche la notoriété en cavalière émérite, happe au passage toutes les folies, scandales et extravagances qui lui façonnent une image de star mythique. Elle y travaille jour après jour, nuit après nuit. Car, outre ce magnétisme naturel qui défie l'analyse, ce don de possession, cet art de glisser son propre talent dans la peau de ses admirateurs, Mistinguett est la plus grande, la plus acharnée et la plus pointilleuse des ouvrières que « l'usine à plaisirs » ait jamais connue. Sacrifice allègrement consenti. Car rien d'autre n'a d'importance pour cette femme-monarque que d'affirmer sa suprématie, que d'apparaître chaque soir sous les feux de la rampe. Personne ne brûle d'un tel feu intérieur, d'une telle passion pour les planches. Personne non plus ne se montre aussi féroce, aussi louve, lorsque l'ombre d'une rivale, ne serait-ce qu'au sein du troupeau de girls, s'esquisse dans le décor.

Esclave de son public, souveraine dans son enclos, telle est Mistinguett avec le music-hall. Un amour exclusif, dur et carnassier. L'amour d'une reine-cannibale...

Première partie

À LA RECHERCHE DE « L'ELDORADO »...

CHAPITRE 1

La petite fille du lac

La petite fille qui court sur les bords du lac, qui rôde autour des grandes propriétés à façades blanches et balcons ciselés, regarde passer les calèches, luisantes comme des souliers vernis, se dit qu'il n'y a rien de pire que d'être pauvre parmi les riches. Elle entend des rires de gorge insouciants, discerne des prévenances amidonnées, frotte son esprit aux bruissements d'étoffes soyeuses, colle son visage de gamine aux traits un peu ingrats contre les grilles de fer forgé hautes comme des murailles. Yeux grands ouverts, elle rêve, tente de voyager à l'intérieur d'un monde froufroutant qu'elle frôle en permanence et qui s'évapore là-bas sur les pelouses, dans les allées, derrière portails et tentures. À quelques dizaines de mètres. Si loin d'elle...

La petite fille ne se plaint pas. Ce n'est pas dans sa nature. Elle observe, étudie, cherche à comprendre. Déjà. C'est même, dit-on, l'aspect le plus marquant de sa personnalité d'enfant. Elle n'aime pas penser, parler ou agir pour rien. Même les jeux doivent servir « à quelque chose ». Et de voir ce qu'elle voit, elle le sent confusément, lui servira...

La fillette a de quoi se rassasier les yeux. En cette fin de dix-neuvième siècle, Enghien-les-Bains vit de belles heures. Le petit « ruisseau puant » aux eaux sulfureuses découvert en 1856 a fait de cette bourgade d'Ile-de-

France une station thermale en vogue, avec pour avantage inestimable la proximité immédiate de la capitale. Le lac est devenu l'oasis de la gentry parisienne. L'élite des salons littéraires et artistiques, des affaires et des banques, des modes et des élégances s'y rend en caravane, notamment l'été, colonise des terres jadis sans intérêt. Des propriétés somptueuses, des châteaux même, s'égrènent en chapelets sur les rives verdoyantes, se mirent dans le plan d'eau. La princesse Mathilde, cousine germaine de l'ex-empereur Napoléon III ou Hippolyte de Villemessant, célèbre journaliste et fondateur du *Figaro*, donnent le ton. De galas en réceptions, tout le gratin artistique et intellectuel de Paris fait escale sur les eaux dormantes et bienfaitrices d'Enghien. Aux beaux jours, plus de cent cinquante trains relient quotidiennement la gare du Nord à celle de la petite ville. Ruée des crinolines et des chapeaux claque...

Les trains, la petite fille connaît. Dans sa maison natale, au numéro 5 de la rue du Chemin-de-fer, son enfance est moins bercée par le clapotis des eaux du lac que par le halètement des locomotives à vapeur, les sifflets, les fumées et les escarbilles. Il n'y a que la place à traverser : la gare est juste en face.

C'est là en effet, dans un modeste et sombre logement situé au cœur du quartier ouvrier d'Enghien, que le 3 avril 1875, à vingt-deux heures, Jeanne-Florentine Bourgeois entonne sa première chanson. C'est une date qu'elle n'avouera pratiquement jamais, et surtout pas quand elle avancera en âge. Devenue Mistinguett, symbole d'une éclatante et éternelle jeunesse, Jeanne-Florentine brouillera la piste du temps qui passe avec un acharnement constant... mais les registres de l'état civil n'ont pas mission de galanterie.

On apprend donc dans les archives municipales d'Enghien-les-Bains qu'à l'instant de la naissance, Antoine, le papa, est âgé de trente et un ans, et qu'il exerce la profession de journalier. Ce qui n'est manifestement pas la marque d'une grande prospérité. Jeanne née Debray, la maman, vingt et un ans, s'annonce couturière. Ce qui, quelques années plus tard, se révélera fort utile à l'artiste débutante. La signature d'Antoine est épaisse, appliquée comme celle d'un écolier. À ses côtés, les deux témoins officiels ont apposé leurs paraphes : Henri-Joseph Delasfus, quarante-huit ans, garde du lac, et Pierre Weiland, cinquante-cinq ans, menuisier.

La petite fille peut toujours rêver du côté des belles demeures... à la maison, le décor ne prête guère à l'évasion. Le père est belge, la mère lilloise. Des gens du Nord au caractère endurci par une vie qui ne leur fait pas de cadeau. De petit boulot en petit boulot, comme on dirait maintenant, ils triment pour se nourrir et pour survivre. Et y parviennent tout juste. D'avoir à lutter ainsi, jour après jour, ne donne guère le goût de l'indulgence ni de temps à la fantaisie. Charpentier de formation, Antoine a fini par se « spécialiser » dans la restauration des matelas usagés et la réparation des sommiers défoncés. Dans son sillage, sa femme a quitté la confection des chapeaux, et l'assiste comme « plumassière ». Dès qu'elle pose son cartable, au retour de l'école ou durant les vacances, la petite Jeanne-Florentine donne un coup de main au travail familial. Un travail qu'elle déteste. Toute cette literie qui gît dans la cave est pour elle synonyme d'odeurs malsaines et suffocantes, de vieillesse et de maladie...

À la naissance de leur second enfant, Marcel, les Bourgeois déménagent, quittent la rue du Chemin-de-fer pour s'établir un peu plus haut dans le bourg, à l'entrée de la petite rue de la Pointe-Raquet, qui débouche sur la route de Saint-Leu [1], laquelle marque la frontière entre les communes d'Enghien et de Montmorency. On peut penser que le couple, vraiment trop à l'étroit dans le précédent appartement, ait voulu se donner un peu d'espace. Mais la bicoque n'a rien d'une villégiature. À demi masquée par un café-épicerie qui fait le coin de la rue, scin-

1. Aujourd'hui avenue du Général-Leclerc.

dée en deux parties, elle s'ouvre sur une petite cour cimentée. Aujourd'hui, bien que la maison soit abandonnée et réduite à l'état de remise, le décor n'a pratiquement pas bougé. Les murs jaunâtres s'effritent et les volets clos tombent en ruine, mais tel qu'il est, l'ensemble donne une idée du cadre modeste, presque misérable, dans lequel se déroula l'enfance de Mistinguett. Manquent tout de même le grand jardin, les cages à poules et le gros abricotier qui devaient donner à l'enfant, alors âgé de sept ans, l'impression de vivre à la campagne...

Ça tombe bien car la petite Jeanne-Florentine ressent un irrésistible besoin d'évasion. Ce n'est d'abord pas bien terrible. Comme tous les gosses de son âge, la fillette éparpille son trop-plein d'énergie dans des turbulences ordinaires. On la dit un peu garçon manqué. Elle aime prendre des initiatives, organiser, commander. Le petit frère, qu'elle conduit chaque matin par la main à l'asile (l'école maternelle) est le premier à ressentir l'affectueuse autorité de l'aînée. Cette grande sœur est aimante, mais ne badine pas avec l'obéissance. Quand ils jouent à l'école, c'est évidemment elle la maîtresse, et quand l'élève Marcel désobéit, il est puni, se retrouve déguisé en fille...

À l'école des sœurs de la Providence de la rue Malleville, la petite Bourgeois, bien que peu douée pour les études, affiche une étonnante prestance, raconte des histoires, fait preuve d'un inépuisable bagout, domine les autres filles, du moment qu'il ne s'agit pas de lire ou d'écrire. Elle aime chanter également. Mais ne goûte guère les cantiques, exercice vocal collectif. Son truc, c'est de se détacher du chœur, de faire cavalier seul... « C'était plus fort que tout, je les fignolais, je les jouais... alors on me confia les soli... je partais seule, les autres reprenaient. »

La fillette se distingue également par son goût du commerce, et elle préfère de loin être envoyée pour réclamer le montant des factures de matelasserie qui traînent un peu trop longtemps chez les clients que de triturer la literie dans la cave. Dans le sérieux et le studieux, la gamine est étonnamment précoce. Aucune extravagance. Ce sera pour plus tard...

Quoi qu'il en soit, et dès qu'elle est en âge de comprendre son début d'existence, Jeanne-Florentine voit s'évanouir tout sentiment de bonheur et d'insouciance. Elle a la sensation d'étouffer. Bien des années plus tard, dans ses souvenirs publiés au soir de sa vie [1], Mistinguett exprimera rudement sa rancœur : « Maintenant encore, j'ai envie de dire que je n'ai pas eu d'enfance... »

Pour quelle raison précise ? Mystère... Mistinguett effleure son secret, lâche de temps à autre, et avec soudaineté, quelques phrases qui restent en suspens, comme au bord d'un précipice. Elle évoque « le cauchemar des jours muets », son « horreur d'être seule »... puis abrège brusquement, sans donner d'autres explications : « J'ai mes raisons. »

Par contre, et sans la moindre ambiguïté, elle désigne un coupable : le carcan familial. Et plus précisément sa mère...

Les lignes qui lui sont dédiées sont assez étranges. Plus que les mots eux-mêmes, c'est le ton qui intrigue. La fille y affiche pour sa mère une distance, une indifférence dont on devine bien qu'elles dissimulent quelque part une souffrance d'enfant. Loin, très loin de l'amour de Maurice Chevalier pour sa « Louque », Mistinguett traite sa mère en étrangère. La grosse dame souriante et à cheveux crantés qui pose pour la photo n'est pas et ne sera jamais « sa meilleure amie » complaisamment décrite dans les magazines. En fait, Mistinguett semble s'interroger sur la véritable personnalité de sa mère. Et elle la décrit comme à regret, laissant entendre qu'il s'agissait d'un personnage déroutant et à doubles facettes : d'un côté, elle fait preuve d'une sévérité excessive, se montre

1. *Toute ma vie*, Julliard, 1954. (Mémoires recueillis et rédigés par Georges Leser.)

très à cheval sur l'éducation de sa fille, soucieuse de l'élever « comme il faut »... et de l'autre, elle se laisse parfois aller à d'étranges fantaisies, joue la comédie à ses proches et s'invente des histoires. Premiers effets d'un abus d'alcool qui s'accentuera au fil des années jusqu'à se faire ramasser dans les caniveaux du quartier ? Mistinguett, et c'est compréhensible, ne fera jamais la moindre allusion aux penchants coupables de sa mère. Toute affection retirée et sous le masque de la rigueur, elle l'idéalisera comme une travailleuse acharnée doublée d'un paquet de nerfs : « Elle n'arrêtait pas. Ce n'était pas une femme d'intérieur, c'était un éclair... » En ce qui concerne l'excentricité, elle tient un autre raisonnement, plus digne et plus présentable : tous ces débordements indiquent assez quelle comédienne elle aurait pu être. Une hérédité qu'elle revendique et qui expliquerait peut-être, selon elle, son propre goût du music-hall...

Et le père ? Rien ou presque. La vision floue d'un homme simple et sans grand caractère qui disparaît brusquement de la vie d'une fillette. Mort stupide. Malchance jusqu'au bout. Un jour, Antoine s'égratigne le dessus de la main sur l'une des cages à poules. Son bras enfle. Il succombe. Tétanos.

La mère donc. Seule et abusive. Qui pèse comme un couvercle sur un vrai tempérament d'indépendance, lequel s'exprime avec de plus en plus d'impatience et d'insolence. Les remontrances, les gifles et les crises de nerfs n'y changeront rien. Plus la petite Jeanne-Florentine grandit, moins elle est raisonnable. Elle ne va plus, pour très longtemps, se contenter de contempler les riches atours du lac d'Enghien-les-Bains. Elle ne sait pas encore ce qu'elle veut, mais elle sait déjà ce qu'elle ne veut pas : cette vie médiocre, tatillonne et routinière qu'elle voit ramper quotidiennement sous ses yeux...

Bientôt, ses deux meilleures copines, Jacqueline et Marguerite, ne suffisent plus à l'amuser. Elle joue avec les garçons, court sur la passerelle en bois qui enjambe la voie ferrée, va chaque samedi se goinfrer de crevettes et de pain-beurre chez sa grand-mère. Mais une envie impérieuse, irrésistible s'insinue dans la tête de Jeanne-Florentine Bourgeois. L'envie de fuir cette baraque aux murs jaunes, et tout ce qui s'y rattache :

« Ma vocation a peut-être été tout d'abord de vouloir échapper à ces paysages sans tendresse, à cette banlieue ingrate... En fait, il s'agissait surtout de fuir le bric-à-brac de labeur, l'odeur des matelas et de la vie familiale, le souci des économies. Il m'arrive de chercher Mistinguett dans sa vie de petite fille. Je la trouve difficilement. Comme tout le monde, j'étais née pour faire quelque chose. Ça aurait pu ne pas être Mistinguett. »

Ça aurait pu. Si Jeanne-Florentine, comme beaucoup de gosses, s'était contentée des chimères qui traversent l'enfance et qui s'estompent dans l'âge adulte. Elle aurait pu fuguer aussi, se lancer dans de folles escapades, partir pour l'Amérique avec trois biscuits en poche, et revenir à la maison entre deux gendarmes au bout d'une journée d'évasion...

Rien de tout cela. Jeanne-Forentine réfléchit et se prépare. Aux lendemains qui chantent...

CHAPITRE 2

La boîte à violon

Pour Jeanne-Florentine, la liberté déjà tant convoitée prend la forme d'une image précise. Celle d'un cirque de quatre sous qui, plusieurs fois dans l'année, plante son maigre chapiteau sur la place du marché. Ses yeux émerveillés dédaignent la pauvreté des roulottes, la misère des équipages pour ne s'arrêter que sur les gosses aux mines hâves qui s'ébattent en haillons autour de la grande toile rapiécée le jour, et gambadent sur la piste, maquillés et costumés en carnaval, le soir...

Cette transfiguration fascine la petite Bourgeois. Elle-même adore les déguisements, passe des heures à se fabriquer des vêtements de pacotille avec des morceaux de chiffon, et, ainsi attifée, en demi-sorcière ou demi-fée, se joue la comédie devant la glace. Mais les enfants du cirque, qu'elle finit par connaître à force de traîner dans les parages, c'est beaucoup mieux. Ils sont artistes... « Je veux être comme eux ! »

Sa mère sourit. Jeanne-Florentine aurait pu tout aussi bien lui dire : « je veux être pompier », ou : « je veux jouer du tambour »... A huit ans, les enfants proclament toujours leurs métiers futurs et fantaisistes avec la conviction du sacerdoce... Mais au fur et à mesure que les années s'écoulent, Jeanne-Florentine ne cesse de cimenter son désir fou : elle veut être artiste, faire du théâtre, monter sur les planches. Madame Bourgeois ne rit plus, s'inquiète et se fâche : en cette fin de siècle, les lieux de divertissement populaire poussent comme des champignons dans les villes et les banlieues, et leur réputation est généralement douteuse. Côté plaisir, la Belle Époque bat son plein et traîne dans son sillage un parfum de scandale : les journaux regorgent des « exploits » des grandes courtisanes, les fameuses « horizontales » de chez Maxim's et des hardiesses du Quadrille du Moulin-Rouge, de la Goulue et de Jane Avril. Entre le jardin-promenoir des Folies-Bergère, haut lieu de la prostitution affichée, et les cabarets de Montmartre en passant par les bas-fonds des barrières et des « fortifs », où les « apaches » [1] poignardent l'honnêteté, madame Bourgeois ne fait pas le tri. Pour elle, théâtre, café-concert ou guinguette, c'est du pareil au même : des bouges à saltimbanques, des repaires de perdition où des cocottes à demi déshabillées s'abandonnent dans les bras de fêtards avinés. La vie d'artiste, c'est l'antichambre du trottoir...

Plus elle se fâche, plus Jeanne-Florentine s'entête et se cabre. Bientôt, et de son propre aveu, « la vie à la maison devint impossible ». Les punitions et les gifles pleuvent, mais du haut de ses douze ou treize ans, la précoce Jeanne-Florentine fait front, se rebelle, va jusqu'à entamer une grève de la faim pour bien montrer que rien ne pourra la faire plier.

Armistice. Déroutée par la force de caractère de sa fille, ébranlée aussi peut-être par sa force de persuasion, madame Bourgeois fait une concession. Puisque Jeanne-Forentine veut être artiste, il lui faut d'abord étudier, acquérir les bases nécessaires. Apprendre la musique par exemple... On suit d'ici le raisonnement de la maman : D'abord, elle fait la paix. Ensuite, elle gagne du temps. Enfin, elle connaît assez le tempérament fantasque et indiscipliné de sa fille pour pressentir à quel point l'étude ingrate du solfège risque de la rebuter, voire de

1. C'est le journaliste Arthur Dupin qui le premier lança ce nom pour désigner les mauvais garçons de Montmartre et des faubourgs de Paris.

définitivement la décourager. Sur le principe, ce n'est pas si mal vu. Mais Jeanne-Florentine va changer la partition...

Elle sort de son quartier, de son école de la Providence, et découvre le monde... voilà ce que la fillette, étourdie par sa victoire, n'est pas loin de penser. Plus simplement, elle se rend chaque jour à Paris, rue Vivienne où monsieur Boussagol, musicien réputé de l'orchestre de l'Opéra, tente de lui apprendre les premiers rudiments du violon. Ce n'est pas vraiment un succès. Comme prévu par madame mère, Jeanne-Florentine répugne à manier l'archet. Elle ne se sent aucune disposition pour cet instrument ingrat, et la « musique disciplinaire » enseignée par Boussagol lui pèse atrocement. Mais l'important n'est pas là. L'important, c'est de papillonner au contact de la grande ville...

Les mois qui suivent sont donc ceux d'un premier envol : chaque jour ou presque, la petite Bourgeois traîne sa boîte à violon et piaffe sur le quai de la station de la Pointe-Raquet située à deux pas de chez elle. Le premier train dans lequel elle monte n'est pas le grand, le vrai train qui la conduit ensuite à Paris. Ce n'est que le « tacot », appelé aussi le « Refoulons » qui relie Montmorency à la gare d'Enghien sur un itinéraire — l'avenue Cartier — en forte pente. Inauguré en 1866, c'est un engin folklorique, avec ses compartiments à impériale et une machine à vapeur qui, située à l'arrière du convoi, pousse dans la montée et freine dans la descente. Juché sur le premier wagon, un employé annonce le train et prévient les gardes-barrières des passages à niveau à grands coups de trompe. Sage précaution, puisque au cour de sa carrière, les freins du « Refoulons » céderont à deux reprises...

À la gare d'Enghien, Jeanne-Florentine retrouve deux copines qui, comme elle, suivent les cours du père Boussagol... mais aussi, de nombreux autres habitués qui effectuent leur trajet quotidien. Ses trajets, coupés par la sombre corvée du violon, sont des joyeux moments. Avant de faire rêver les hommes par milliers, la future étoile du music-hall trouve sur les quais de gare ses premiers admirateurs, des lycéens boutonneux qui lui font une cour bruyante dont elle goûte, avoue-t-elle, le charme puéril. On a beau la surnommer la « princesse de la Pointe-Raquet », elle n'est pas ce que l'on pourrait appeler une jolie fleur d'adolescence. Personne ne devrait, au vu d'un visage plutôt quelconque, affligé de trop grandes dents plantées en avant, et d'une silhouette maigrichonne, pas encore formée, se retourner sur son passage. Mais les premières armes de la séduction sont en place : un regard captivant, un sourire éclatant, un naturel désarmant, une allure aussi, une façon de bouger, de virevolter qui dégagent un parfum de féminité. Bref, la jeune Jeanne-Florentine « a du chien »...

Elle en joue. Bien mieux que du violon. Et pas seulement à l'usage des garçons. Parmi les résidences du lac, une vaste villa camouflée sous le lierre et les plantes grimpantes a sa préférence. Mais ce n'est pas la demeure qui intéresse Jeanne-Florentine, ni le parc somptueux, ni la grande pièce d'eau, c'est sa propriétaire... Une vieille dame élégante et digne qu'elle épie à travers les futaies. La vieille dame finit par la repérer. Intriguée, et sans doute flattée, par l'intérêt admiratif que lui porte cette jeunesse, elle l'invite à entrer. La sincérité, le culot, l'esprit de repartie de la future Mistinguett font le reste. Elles sympathisent...

Jeanne-Florentine est dans le saint des saints. Pour la première fois de sa courte existence, elle côtoie un modèle vivant de ce qu'elle rêve de devenir. Alice Ozy est une ancienne gloire des planches du second Empire, actrice du théâtre des Variétés, dont les mauvaises langues disent qu'elle était plus célèbre, et plus célébrée, pour sa beauté et son esprit que pour son talent. À eux seuls, ses amants constituent un petit *Who's Who* de l'époque. Entre autres, le duo d'Aumale, Théophile Gautier, le peintre Chassériau, et le fils Hugo, Charles... qu'elle a préféré au patriarche.

En pleine vogue, à l'âge de trente-cinq ans, elle s'est retirée dans son chalet du 43, avenue de Ceinture, et vit, depuis, sagement ses dernières années sous son vrai nom de Julie-Justine Pilloy. Reste la griserie des souvenirs tumultueux qu'elle aime évoquer à ses visiteurs, et notamment à cette petite qui n'a pas froid aux yeux et qui rêve de monter sur scène. Parfois, Alice Ozy joue de l'harmonie-flûte et l'adolescente chante et danse à l'instinct, improvise, joue à l'artiste...

Il n'y a dans tout cela aucune frénésie, aucune fièvre. Jeanne-Florentine s'amuse, fait ce qui lui plaît. Mais tout ce qui touche au spectacle l'attire comme un aimant : ainsi, on la retrouve vendeuse de fleurs à la porte du casino d'Enghien-les-Bains. Pour se faire un peu d'argent de poche, elle a demandé naïvement au directeur de l'établissement l'autorisation de « mettre sa petite boutique à l'air » ! Ce qui lui fut accordé dans un grand éclat de rire. Et elle pique roses et violettes à la boutonnière des messieurs en habit. Parfois, elle porte des bouquets de fleurs aux artistes, dans leurs loges, s'étourdit pour quelques minutes de l'atmosphère électrique des coulisses, touche de ses yeux d'enfant un monde féerique...

Et le violon dans tout ça ? Pas terrible... si peu terrible que le père Boussagol, pressé de se débarrasser d'une élève médiocre et indocile, la pousse vers la sortie, l'oriente vers le chant. Mais le chant « noble », le lyrique, l'Opéra-Comique. Apparemment, la princesse de la Pointe-Raquet aurait quelques dispositions. Mais dans son style à elle, peu orthodoxe, peu en rapport avec l'art vocal préconisé par ses professeurs. Dans le très digne « Rondo de la paysanne », Jeanne-Florentine mime la chanson, prend un accent de terroir, roule des hanches, lance des œillades... et Boussagol s'arrache les cheveux : « Mais c'est du caf'conc' », s'indigne-t-il avec mépris.

Si le vieux bonhomme croit lui faire de la peine, il en est pour ses frais. Pour Jeanne-Florentine, c'est un compliment. Quand les cours l'ennuient trop, ce qui est de plus en plus fréquent, elle déserte la salle de la rue

Vivienne, et se promène, libre et heureuse, dans Paris. Avec une ou deux complices d'escapade, elle vagabonde dans le jardin des Tuileries, mange des glaces aux Halles et, pour finir, remonte l'avenue des Champs-Élysées. C'est là — seulement ouverts à la belle saison, car donnant leurs spectacles en plein air — que se trouvent quelques perles du café-concert : l'Alcazar, les Ambassadeurs et les Folies-Marigny...

« Des deux côtés de l'avenue des Champs-Élysées, se souvient-elle dans ses *Mémoires*, les cafés-concerts en plein vent attendaient le soir pour illuminer leurs guirlandes de ballons en verre. Il nous semblait entendre les flonflons des orchestres et les fameuses chanteuses à voix, plus excitantes que le solfège de papa Boussagol. Nous apercevions, dans le fond des établissements, les glaces qui servaient à refléter les dos nus des ballerines. Nous imaginions, sur l'estrade, l'opulente Thérésa, chantant les airs bien connus " C'est dans le nez que ça me chatouille " ou " Les Canards tyroliens ". Nous croyions voir apparaître la sombre Amiati qui chanta " L'Alsace-Lorraine " pendant de longues années et déclamait " Le Clairon sonne la charge " de Paul Déroulède, poète alors très populaire... »

Rarement école buissonnière fut plus instructive...

Quoi qu'il en soit, Jeanne-Florentine prend toujours son train... toujours cernée par sa jeune cour d'admirateurs. Auxquels s'est ajouté le contrôleur qui dissimule mal son attirance pour Miss Helyett. Miss Helyett, un nouveau surnom... sans doute en raison d'une vague ressemblance avec le personnage de l'opérette d'Audran qui triomphe alors aux Bouffes-Parisiens. Il est vrai que fagotée dans une robe trop longue, balançant son catogan sous un chapeau à large bord et à bride, la jeune fille s'est constitué une silhouette originale qui lui va à ravir...

Ce jour-là, comme tous les jours, elle prend sa place « réservée » entre ses deux voisins avec lesquels elle bavarde volontiers : un abbé bavard et enjoué et Saint-

Marcel, auteur très en vogue dans le music-hall parisien, et dont elle fit peut-être la connaissance chez Alice Ozy.

Saint-Marcel est très gai. Sa revue dont les vedettes sont Vuilbert, le tourlourou d'opérette, et Fagette, la femme au boléro de diamants, marche actuellement très fort au Parisiana. L'une de ses chansons, notamment, obtient un succès fou. Tout Paris fredonne « La Vertinguette » : « C'est la vertin... quoi ? C'est la verti... qui ? C'est la vertinguette... »

— Connais-tu ma chanson, miss Helyett ? interroge Saint-Marcel en riant. Elle rime avec toi. Et il commence : Miss Helyett... Vertinguette... Miss Vertinguette... c'est la Miss Tinguette...

Saint-Marcel s'arrête. Il connaît les ambitions de Jeanne-Florentine et lui glisse négligemment :

— Miss Tinguette... Ce serait un joli nom d'artiste, ne trouves-tu pas ? Si un jour tu montes sur scène, petite, tu devrais le prendre...

Et sans plus s'appesantir, le revuiste se remet à fredonner son air favori : « C'est la vertin... quoi ? C'est la verti... qui ? C'est la vertinguette... »

Jeanne-Florentine ne répond pas. Se contente de sourire en hochant la tête. Mais le nom s'est inscrit une fois pour toutes dans sa mémoire : elle sera Miss Tinguette.

CHAPITRE 3

Miss Tinguette... Mistinguette... Mistinguett

Oui, mais comment ? Non content de lui avoir trouvé un nom d'artiste, Saint-Marcel, décidément emballé, lance sa protégée dans le métier. Avec, précise l'intéressée, la permission de sa mère qui a visiblement capitulé. L'âge de Jeanne-Florentine ? À force de brouiller les pistes de son état civil et de livrer, pour ses débuts, des dates fantaisistes, la future étoile nous laisse dans le flou. Elle n'a sans doute guère plus de quinze ans. Une gamine... mais c'est, pour beaucoup de futures vedettes de l'époque, l'âge de l'éclosion. Sans parler de Maurice Chevalier qui, à douze ans, hante déjà les bistrots en poussant la chansonnette... Spinelly, Lavallière, Polaire ou Fréhel n'ont pas encore dix-sept ans quand elles se trémoussent sur les planches et commencent à faire parler d'elles.

Jacques Charles affirme avoir rencontré Mistinguett pour la première fois en 1888. Celui qui deviendra plus tard un célèbre revuiste n'est encore qu'un collégien boutonneux, mais vit déjà des amours juvéniles avec la Commère d'une revue qui passe aux Ambassadeurs. Et un jour qu'il pousse la porte de la loge de son amie...

« Un cri ! la vision rapide d'une gosse toute nue qui cherchait en vain un peignoir pour couvrir sa nudité grêle et moi qui balbutiais de vagues excuses tout en oubliant de refermer la porte.

Mon amie survenant nous tira d'embarras et fit les présentations.

— Mademoiselle Miss Tinguette, qui a débuté aujourd'hui... On l'a mise dans ma loge pour que je lui apprenne à se maquiller.

« ... Je n'y fis pas davantage attention ce jour-là, elle n'était pas jolie avec son nez en l'air, ses dents qui " ravançaient " et son corps de fillette qui n'avait pas plus de nichons que ceux de mes camarades de Condorcet [1]... »

Jeanne-Florentine noyée dans le troupeau anonyme et résigné des figurantes ? Sans aucun doute... Mais il dut y avoir pire. Des premiers pas balbutiants dans d'obscurs bouis-bouis de seconde zone où le patron offre le chanteur comme une consommation supplémentaire, parmi les rires gras, les sarcasmes et les tintements de verres. Ambiance plus que rebutante, dégradante, où l'artiste est traité sans pitié, palpé des yeux comme une marchandise et exécuté sous les insultes et les quolibets s'il ne fait pas l'affaire. Dans ses *Mémoires*, Maurice Chevalier évoque franchement ces galères humiliantes, ces tournées de misère, au Café Persan du boulevard Sébastopol ou aux Bateaux Parisiens d'Auteuil, où un public cruel peut, par simple plaisir, vous prendre comme tête de turc...

Pas Mistinguett. La future reine du music-hall se tait sur sa première course d'obstacles, et situe d'emblée sa première apparition au Casino... Pas le Casino de Paris, pas encore... mais le Petit-Casino Saint-Martin, temple de la chanson faubourienne, dirigé par madame Favart. Situé au cœur de Paris, impasse Jouffroy, décoré de plafonds à dorures et de niches aux paysages naïvement peints, c'est le caf'conc' dans toute sa splendeur, où l'on donne le vrai spectacle du peuple, où l'on sert traditionnellement la spécialité maison : une cerise à l'eau-de-vie. Dure école du spectacle qui tient à la fois du saloon de western et de l'arène de cirque. Le client du Petit-Casino

1. *De Gaby Deslys à Mistinguett*, Jacques Charles, éditions Gallimard.

est roi, bien entendu, mais également connaisseur. Cruel et bon enfant, gueulard et rigolard, il use de son pouvoir en despote. Surtout celui d'en haut, du poulailler enfumé et aux odeurs fortes, qui ruisselle de sueur, et d'où descendent les plaisanteries salaces quand ce ne sont pas les pelures d'orange ou les noyaux de cerise. Pour se faire apprécier d'un tel auditoire, et même seulement se faire entendre, il faut à la fois un moral d'acier, un tempérament de feu, une âme de gladiateur et une verve de camelot. Avec, bien entendu, un répertoire plus porté sur la gaudriole que sur la poésie. Chanteur de charme s'abstenir...

Des cafés-concerts, il y en a plein la ville. Des borgnes et des miteux, des beaux et des luxueux. La Belle Époque s'apprête à rentrer dans le vingtième siècle avec la frénésie d'un fêtard de la Saint-Sylvestre. Place Blanche, « les ailes sanglantes » (selon l'expression de Pierre Mac Orlan) du Moulin-Rouge ont donné le signal, tournent encore au rythme des plaisirs fous et des débauches qu'immortalise sur ses toiles un nabot génial à lorgnon. À « L'ordre moral » du brave maréchal Mac-Mahon, au sortir de l'infamante défaite de 1870, a succédé la mort galante — dans les bras de sa fameuse « connaissance », madame Steinheil — du président Félix Faure en 1899 [1]. Tout un symbole...

Ce n'est pourtant pas le bonheur pour tout le monde, loin de là. La révolution industrielle se soucie moins d'améliorer le sort des hommes que d'accomplir des prouesses techniques. Les grandes villes se ceinturent de quartiers ouvriers insalubres, les taudis s'agglutinent en grappes à deux pas des avenues bourgeoises. La phtisie galopante fait des ravages, la mortalité infantile est

1. Le 16 février 1899, à l'Élysée, le président Félix Faure trouva une mort « galante » dans les bras de sa maîtresse Meg Steinheil. Une présence féminine que l'on s'empressa d'effacer. Mais à la question posée à un garde républicain de faction : « Le président a-t-il encore sa connaissance ? » Celui-ci répondit naïvement : « Sa connaissance ? Elle vient de filer par l'escalier de service. »

effrayante et le petit sucre de l'absinthe remplit les morgues et les asiles. Mais si au sommet de l'échelle sociale, les riches et les princes cousus d'or dilapident des fortunes colossales dans des parties de plaisir insensées, si Boni de Castellane marié à sa milliardaire américaine, Anna Gould, reçoit en son palais rose de l'avenue du Bois quatre mille invités à la clarté de quatre-vingt mille lanternes vénitiennes, entouré de six cents valets de pied et de deux cents musiciens les pauvres veulent aussi leur parcelle de jouissance et d'oubli, à deux sous. Tout se met en chansons : misère, joie, alcôve, scandale, amour, vengeance... Ce sont les diseuses, gommeuses, pierreuses et gigolettes (chez les femmes)... gambilleurs, scieurs, gommeux et fantaisistes (chez les hommes)... qui portent la complainte.

La toute jeune Miss Tinguette se lance donc dans la bagarre. Le mot n'est pas trop fort. Ce n'est pas tout à fait le bas de gamme, mais tout de même... Le Petit-Casino n'est pas coté comme la Scala, ni même comme l'Eldorado. On est loin aussi des Champs-Elysées, de l'Alcazar et des Folies-Marigny, des marronniers qui embaument au printemps et de la clientèle mondaine qui faisait rêver l'élève dissipée du père Bougassol. Alice passe de l'autre côté du miroir. Elle découvre brusquement un monde sans pitié, qui fait le beau sur scène et marche à la schlague sitôt le rideau baissé. Elle découvre les loges sordides, la chaleur étouffante des coulisses, la poussière qui brûle les muqueuses et les courants d'air qui glacent l'épiderme. Elle découvre la concurrence implacable, la compétition épuisante qui sévit entre les modestes comme entre les puissants. Ceux qui végètent à l'ombre et veulent à toute force se faire une place au soleil. Car le devant de la scène est trop étroit pour tout le monde, surtout que les vedettes, les intouchables s'y pavanent déjà avec le souci constant d'écarter brutalement les ambitions trop voyantes et trop talentueuses. Tous les coups sont permis. Plus d'un Petit Chaperon Rouge, qui chantait et dansait pourtant à merveille, s'est fait dévorer tout cru par le Grand Méchant Loup du music-hall. Mais à quinze ans, Jeanne-Florentine n'est déjà plus le Petit Chaperon Rouge...

Pour deux francs par jour, elle fait l'ouverture, débute avec l'orchestre. L'inédite de la soirée affronte l'inconnu, le trou noir de la salle, en jupe courte pailletée. Et ses jambes, ses fameuses jambes, qui seront plus tard le symbole de son art et de sa séduction, émergent d'une paire de chaussettes roulées. Elle est « la môme du Casino », celle qui chante, qui roule de frêles hanches, en déambulant parallèlement à la rampe :

J'suis la môme du Casino.
Oh ! oh !
Fraîche comme un coquelicot
Oh ! Oh !
Mais galbeuse et rieuse
Et toujours rigolo
la môme du Casino !...

Maintien gauche et voix grêle, c'est la débutante type, la proie facile lancée dans la fosse aux lions : « Je faisais de tels gestes avec les mains, se souviendra-t-elle, que j'avais l'air de dérouler de la satinette... Au-delà du troisième rang d'orchestre, il était inutile d'essayer de percevoir un seul des sons que j'émettais, ni de tenter de saisir un des mots que je prononçais... » Sans doute. Mais le poulailler ne la renvoie pas sous les huées et les sifflets. Ce sera le cas quelques années plus tard pour un Maurice Chevalier dépité. Elle est acceptée d'entrée. Et au-delà de ses qualités d'artiste, de son talent et de son travail qui feront d'elle la reine du music-hall, c'est la première grande chance de Mistinguett. Elle tombe à pic dans son époque. Sans forcer sa nature. Elle est à la mode. Elle ne sait encore à peu près rien faire sur scène, si ce n'est quelques mimiques et quelques gesticulations outrancières, mais sa personnalité, un peu canaille, un peu délurée, correspond aux goûts d'une clientèle effrontée dans laquelle elle se reconnaît elle-même...

Miss Tinguette en apprentissage. Bientôt, ce sera Mistinguette, et plus tard enfin, Mistinguett. Pourquoi cette amputation du *e*? Pour que son nom ainsi raccourci apparaisse en plus gros sur l'affiche. Encore qu'il soit pour le moment aussi discret que celui de l'imprimeur.

Très vite, elle quitte le Petit-Casino et son atmosphère de fin de banquet pour le Trianon-Palace. Un peu moins café, un peu plus concert. Elle touche cent sous par jour, et trois francs pour la matinée. Dans le même temps, une ouvrière gagne deux francs vingt-cinq... mais pour dix heures d'affilée d'un travail exténuant. Ce n'est peut-être pas le Pérou, mais la fillette d'Enghien entre dans le circuit.

Loin du sommet, bien sûr. Au hasard des soirées, elle croise quelques-unes des gloires du caf'conc'. L'opulente Thérésa et le tonitruant Paulus, l'élégant Fragson et la rousse Yvette Guilbert, Polin, le comique troupier, Mayol et son toupet sont, parmi d'autres, les stars de l'époque. On se les arrache et ils tournent dans la plupart des établissements à la mode : l'Eldorado, le Parisiana, la Gaîté-Montparnasse, le Bataclan ou L'Européen. La jeune artiste se dit que, désormais, elle fait le même métier, mais admet avec lucidité qu'elle n'évolue pas encore dans la même catégorie. Le fossé qui la sépare des Grands, des divas qui remplissent les salles et font courir les foules, est énorme. Elle essuie les plâtres, peine pour sortir de l'ombre, et eux cueillent les lauriers à pleines brassées, triomphent au soleil ! Leurs noms éclaboussent l'affiche en lettres énormes, leurs frasques, leurs exigences, leurs amours et leurs chagrins s'étalent dans les colonnes des journaux, leur vie même n'est qu'une succession d'échos mondains, ne semble jamais sortir de scène. Ce sont les seigneurs du spectacle, les élus de la notoriété devant lesquels les directeurs de salles déroulent le tapis rouge, qui passent sans un regard pour la petite nouvelle et qui, hautains, sont perpétuellement prêts à recevoir l'offrande de leurs admirateurs.

Elle les observe attentivement. Moins pour s'extasier

béatement que pour prendre la leçon en silence, retenir ce qui lui plaît et rejeter ce qui ne lui plaît pas. C'est ce qu'elle appelle la « critique à la muette », et c'est ainsi qu'elle se perfectionne, se forme, se façonne, rogne d'un côté et ajoute de l'autre, qu'elle se crée peu à peu son personnage. Sur scène, elle aime le style leste et pétillant de Cassive qui créera *La Dame de Chez Maxim's* du grand Feydeau, apprécie également les hardiesses et la grâce polissonne d'Ève Lavallière dont Jacques Charles écrira que « le mot sex-appeal aurait dû être inventé pour elle »... Elle picore dans la basse-cour, pille chez les unes et les autres, s'approprie quelques trucs qu'elle adapte aussitôt à sa propre personnalité.

À l'aube de sa carrière, Mistinguett applique déjà la recette qu'elle fera sienne durant toute sa carrière : emprunter, mais ne jamais imiter...

Les temps sont durs. Perdue dans le peloton des aspirantes à la gloire, la jeune Mistinguett court le cachet. Sous ses dehors de fille à fanfreluches, c'est une bosseuse, une laborieuse, une affamée de travail. Ce n'est pas encore de l'ambition, plutôt une question de survie... Mais on la devine telle qu'elle sera toujours, y compris au sommet de sa gloire, infatigable et accrocheuse, jouant des coudes en coulisses, se faisant une place à coups de gueule ou de sourires, ouvrant les portes au culot, jouant de son charme ou de son insolence... parfois, ça marche — ainsi à l'Alcazar d'été où elle « pige » pour quelques semaines, où elle rencontre Polin, le roi des comiques troupiers, et la Belle Otéro, recouverte de sa bijouterie ambulante... — parfois, ça ne marche pas, comme avec Samuel, dit Samuel le Magnifique. Directeur du théâtre des Variétés, il a lancé Ève Lavallière et est en passe d'en faire une vedette, avant de songer à l'épouser. Autoritaire, intransigeant, il est l'un de ceux qui font la pluie et le beau temps dans le métier, célèbre dans tout Paris pour ses superstitions, son flair à découvrir les jeunes talents et le canotier qu'il porte en permanence sur son crâne chauve. Il veut bien de Mistinguett... mais sans le nom :

— Mistinguett, grommelle-t-il, à quoi ça rime ? Avec un nom pareil, on ne vous considérera jamais, ma petite. Appelez-vous Gervaise, comme tout le monde. C'est familier, mais c'est correct. Mistinguett, c'est du frou-frou, de la mauvaise fantaisie...

Jeanne-Florentine croit entendre sa mère. Elle non plus n'en voulait pas, prétendait que cela faisait sautillant, mauvais genre. Elle rêvait d'« Archange ». Sa fille avait haussé les épaules : « Archange ! »... Le caf'conc', ce n'était pas la Providence...

— Monsieur Samuel, on me prend avec mon nom ou on ne me prend pas.

Samuel le Magnifique blêmit sous l'affront et congédie l'impudente.

Jeanne-Florentine ne cède pas : elle sera Mistinguett...

CHAPITRE 4

« La femme torpille... pille... pille... »

1897. Mistinguett a vingt-deux ans... et, comme sœur Anne, ne voit toujours rien venir. Ou pas grand-chose. Comme elle dira plus tard, ce n'est qu'une fois sur son piédestal que l'on sait où mènent les échelons péniblement gravis les uns après les autres, mais sur le moment elle ne pense qu'à batailler pour surnager, ne distingue pas plus loin que le prochain engagement, le prochain cachet. Plaquée au sol par les difficultés du présent, Mistinguett vivote sans ligne d'horizon. C'est toujours la même histoire et le même engrenage. Elle voudrait bien décoller, tenter sa chance ailleurs et plus haut, mais le quotidien n'oublie pas plus l'artiste que l'ouvrier. Faut vivre. Juste vivre au-dessus du niveau minimal. Alors, la petite gommeuse en jupe pailletée déboule toujours sur les mêmes scènes obscures et ramasse ses quelques francs. De quoi assurer le lendemain...

La jeune fille piétine et elle n'aime pas ça. La jeune fille est pressée. C'est dans son tempérament. Mais elle est obstinée. C'est ce qui va la sauver.

Évidemment, d'autres jeunesses ont déjà percé. Comme Polaire par exemple pour laquelle elle éprouve — avant de la détester — une certaine admiration. Avec sa silhouette de sauvageonne, sa voix d'enfant, ses cheveux noirs coupés court, ses yeux immenses cernés de bleu, sa bouche sanglante et ses quarante centimètres de tour de taille — ne dit-on pas que ses protecteurs peuvent lui offrir pour ceinture un collier de diamants —, Polaire s'est hissée d'un coup parmi les étoiles du spectacle. Son avantage est, paradoxalement, de ne pas être physiquement une femme de son temps. Surnommée « la cantharide d'or » par Jean Lorrain — chroniqueur vedette de l'époque, chantre des courtisanes, « pape de l'Étrange » et homosexuel déclaré —, elle dégage une sensualité un peu trouble, laisse entrevoir un mystère qui intrigue les foules [1]. Certes, ce n'est pas dans le style de Mistinguett de jouer les ensorceleuses à demi masquées. Mais dans un tout autre registre, elle sait, à tous les signaux que lui envoie son public, que sa chance est réelle. N'empêche, elle a beau jouer les gommeuses trépidantes, elle ne décolle pas des planches.

Le déclic se produit à l'Eldorado où Mistinguett parvient à se faire engager. C'est, dans une carrière qui patine désespérément, une chance, une vraie chance. Car l'Eldorado, ce n'est pas rien.

Créé en 1858, lancé par Thérésa et Paulus, deux vedettes qui tiennent le haut du pavé, c'est le plus ancien café-concert de Paris. Et il demeure, près de quarante ans après, l'un des plus populaires et des plus fréquentés de la capitale. Peut-être a-t-il malgré tout, sous le coup de la concurrence, perdu un peu de son prestige. Sur le trottoir d'en face, la Scala, qui appartient aux mêmes propriétaires, le couple Marchand, attire une clientèle plus chic, plus choisie et plus distante. Les « populaires » de la Scala sont à un franc, le double de l'Eldorado, mais toutes les gloires chantantes et dansantes de la Belle Époque font, à un moment donné de leur carrière, halte à l'Eldorado du boulevard de Strasbourg.

L'Eldo, une ambiance, un passé, une référence. Situé au cœur du « quartier à chansons » — entre la porte Saint-Martin et la porte Saint-Denis, là où les éditeurs de musique tiennent boutique, où déambulent les chan-

1. Polaire sera sur scène la première « Claudine » de Colette.

teurs des rues et d'où s'envolent les rengaines à la mode —, c'est un bastion, une forteresse du refrain « populo » qui, en outre, ne se contente pas d'honorer la tradition. On innove à l'Eldorado. Après les tours de chant qui se succèdent sans interruption jusqu'à vingt-trois heures, toute la troupe, du débutant à la vedette, se retrouve sur scène pour interpréter un spectacle, style opérette-vaudeville, lequel est renouvelé chaque mois. Un genre nouveau qui fait fureur et sera vite copié par d'autres établissements, à commencer par l'Alcazar et le Concert-Parisien, et qui, en quelques mois, va révolutionner de fond en comble le music-hall : la Revue est née...

Mistinguett passe en numéro cinq ou six. Juste après l'entracte et avant, bien entendu, les vedettes de l'établissement. A cette époque, figurent au programme Bérard, le chanteur patriotique maison... Gaudet, la diseuse aux sous-entendus grivois particulièrement gratinés... Montel, le comique à la triste mine chevaline, Angèle Moreau, « l'Apache » à la jupe noire et au foulard rouge... Dorville, le comique beuglant... mais surtout, surtout, l'inénarrable et incommensurable Dranem, star comique incontestée du café-concert.

Dranem est un cas. Armand Ménard de son vrai nom, il est alors âgé d'une trentaine d'années. Contrairement à d'autres amuseurs publics, c'est un gai luron dans la vie tout autant que sur scène. Grand amoureux et grand naïf, il jette l'argent par les fenêtres et sa folle prodigalité le laissera sur la paille [1]. Mais face à son public, c'est un maître, une bête de spectacle dont les outrances influenceront une multitude d'autres prétendants à la gloire scénique, à commencer par Maurice Chevalier, et un peu plus tard Bourvil. Déguisé et maquillé en Auguste, il joue les demeurés absolus, débite des niaiseries affligeantes, entonne des refrains d'une bêtise effarante. Champion de la chanson idiote — « Les p'tits pois », « Le trou de

1. Dranem fut malgré tout le créateur de la maison de retraite des comédiens de Ris-Orangis.

mon quai », « Pétronille »... — il est plébiscité par le poulailler de l'Eldorado qui explose de rire rien qu'en le voyant apparaître dans son costume étriqué, petit chapeau sur la tête. Chaque samedi soir est un triomphe et Dranem doit revenir dix ou quinze fois sur scène sous les acclamations de fans déchaînés. Aucun rival, pendant vingt ans, ne pourra le déloger... « Sa seule présence, affirme Jacques Charles, suffisait à remplir la salle alors qu'en face, à la Scala, le directeur Marchand était obligé d'avoir Polin, Fragson, Max Dearly, Claudius, Polaire et d'autres pour tenir le coup contre Dranem tout seul... »

Un tel impact impressionne Mistinguett. Dès qu'il apparaît au public, et avant même qu'il ait ouvert la bouche, Dranem déclenche l'hilarité générale. La présence, les premiers pas sur scène, les premières secondes... C'est une leçon que retient la débutante. Mais une fois revenu sur terre, Dranem n'est plus, à ses yeux, qu'un personnage très ordinaire.

Un soir, conquis par la prestation de la nouvelle, la coqueluche de l'Eldo entre dans sa loge, et se permet un conseil d'aîné :

— Ma petite fille, fais attention : couche toute seule et travaille. Dans vingt ans, tu seras une grande artiste.

Sans doute, Dranem s'attend-il à un remerciement ému. C'est si rare de voir une vedette s'intéresser spontanément à la piétaille...

— Merci, mon vieux, lui répond Mistinguett, les yeux dans les yeux. Mais je n'ai pas le temps d'attendre vingt ans : je veux manger du poulet avant d'avoir de fausses dents !

Elle-même ne fait pas dans la dentelle. Fantaisiste gesticulante, elle surgit en jupe courte évasée, jupons mousseux et bustier largement décolleté...

Je suis Mam'zelle, sans façon,
Je rigole, je batifole,
Et j'adore le rigodon...

Se trémousse avec frénésie, moulinant l'air de ses bras dénudés, striés de rubans...

Je suis la femme torpille
Pille, pille...

S'assoit à cheval sur le trou du souffleur, se tourne vers les musiciens, balance haut ses jambes magnifiques sous le nez du public émoustillé...

C'qu'il est artiste,
Mon petit flûtiste...

S'empare de la baguette du chef d'orchestre, et mime...

Arthur, c'est toi qui bats la mesure...

Ou bien encore se balance, en Lola 1900, jupons moussants, chapeau à plumes et bas noirs dans un numéro de « déshabillé au trapèze ». C'est un peu voyou, plus coquin que dévergondé, même si l'on sent la timide influence du nouveau vent de folie qui souffle sur les planches du caf'conc' : le strip-tease, ou tout au moins son ancêtre. En effet, depuis qu'une nuit estudiantine [1] s'est transformée en concours de femmes nues, déclenchant à la fois les rigueurs de la loi, les passions... et les convoitises, le monde du music-hall a flairé la bonne affaire. Le 13 mars 1894, un modeste café-concert de la rue des Martyrs, le Divan-Fayouau, a donné le coup d'envoi : une artiste du

1. Tout est venu en effet d'une blague d'étudiants :
Le 9 février 1893, les étudiants parisiens avaient loué le Moulin-Rouge pour leur traditionnel Bal des Quat'z-Arts, réputé pour son chahut et ses excès en tout genre. Vers minuit, et dans une ambiance déchaînée, plusieurs jeunes femmes un peu « parties » entreprirent de se lancer dans un concours de beauté un peu spécial en dévoilant leurs charmes... et l'une d'elles notamment, Mona, se retrouva entièrement nue.
Prévenu par les rapports de police, le sénateur Bérenger, président de la ligue contre la licence des rues et surnommé « le Père la Pudeur » porta plainte, et Mona, ainsi que quelques étudiants des Beaux-Arts furent traînés en correctionnelle. Ils écopèrent d'une peine légère, amende avec sursis, mais cette sanction provoqua de violentes bagarres entre les forces de police et les étudiants du Quartier latin acharnés à défendre leur « femme nue »...

nom de Blanche Celli s'est progressivement et audacieusement dévoilée — pour l'époque — dans une courte saynète intitulée « Le Coucher d'Yvette ». Depuis, c'est la ruée. Les défenseurs de la vertu outragée ont beau crier au scandale, de nombreux directeurs de salle affichent le dernier cri de la grivoiserie. C'est « Suzanne et la grande chaleur », « Liane chez le médecin », « Le Réveil de Madame » ou encore, « La Puce », une pantomime de Charles Aubert créée au Casino de Paris. Le calvaire enduré par la charmante Angèle Héraud, qui se débat avec ladite puce enfouie dans son corsage, est particulièrement apprécié. Même à l'étranger. Mais en tournée européenne, Angèle a maille à partir avec les diverses censures. Les audaces varient selon les capitales : oui pour ôter le corset en Prusse, et non en Autriche... oui pour relever le jupon à Vienne, et non à Berlin...

Le cinéma lui-même, qui n'en est pourtant qu'à ses premiers balbutiements, s'est emparé de cette manne, en adaptant Le Coucher de la mariée qui fait un tabac au Divan-Japonais. Dès 1895, on retrouve *Le Coucher*, film de soixante mètres, installé sur trois écrans parisiens. Le filon est de grand rapport. Depuis, les titres se succèdent : *Déshabillés féminins, Effet de printemps, Le Réveil de Chrysis, Les Soubrettes indiscrètes.* Et une histoire court dans tout Paris, adaptée à toutes les sauces : celle du vieux monsieur qui revient chaque soir dans le même cinéma assister au même film, et qui justifie ainsi sa constance : « C'est à cause de la petite femme qui se déshabille dans un champ. Au moment où elle enlève sa chemise, hop ! il y a un train qui passe devant... J'attends le jour où le train aura du retard... »

Mistinguett sacrifie donc à l'air du temps. Mais légèrement. Elle veut d'abord être originale. Le caf'conc' regorge de gigolettes, de gommeuses ou d'oseilles [1]. On dit d'elle qu'elle invente le genre « épileptique », on la

1. Variante de la gommeuse, en plus osée. « De petites femmes, dit Mistinguett, qui avaient moins de voix que de mollets. »

surnomme « l'excentrique », mais c'est surtout un style Mistinguett, et qui n'appartient qu'à elle seule. Très vite, la rumeur voltige dans Paris... Il y a à l'Eldorado, une petite pas ordinaire aux yeux noisette de diablesse — « les mirettes actives », écrira Galtier-Boissière — qui ne ressemble à personne. Elle n'est pourtant pas d'une beauté étincelante avec ses dents « en touches de piano », sa voix passe difficilement la rampe, nasille un peu, traîne dans les coins... mais comme elle dit « c'est dans les jambes qu'il faut avoir de la voix ». Et ses jambes, dont elle joue à merveille, valent le détour. Tout comme ses reparties à l'emporte-pièce qui font mouche à tous les coups. Car c'est une nature sans chichis, joyeuse, franche et insolente. On la sent complice d'un public conquis d'emblée par l'esprit pétillant de cette petite môme de Paris. Elle aime rire avec lui, se mêler à la salle, se coltiner aussi avec les petits malins peu avares de réflexions désobligeantes. Car personne plus que Mistinguett n'aime à ce point se bagarrer avec une salle chahuteuse, la conquérir et la dominer...

« Les accrochages avec le public ne sont peut-être pas toujours agréables, mais ils font partie du jeu. Ils sont l'essentiel du métier. Tenir une salle, et singulièrement une salle populaire, c'est ce que je connais de plus excitant : ça doit être ce que j'appelle vivre... »

Elle vit. On sent que la scène est son univers, sa maison, sa raison d'exister. On sent qu'elle est Mistinguett.

L'Eldo s'entiche de cette dévoreuse au sourire éclatant et aux répliques cinglantes. Les jeunes s'enflamment, s'agglutinent dans la longue salle du boulevard de Strasbourg. Une bande de collégiens s'acharne à économiser sou par sou durant la semaine pour louer l'avant-scène et jeter des bouquets de fleurs à la nouvelle muse du caf'conc'. Parmi ces groupies de l'époque, figure un jeune homme au visage émacié et au regard fiévreux. Plus tard, Jean Cocteau racontera dans ses *Portraits-souvenirs* ce qu'étaient ces matinées de l'Eldo baignées d'amour juvénile.

« L'orchestre attaquait la " Matchiche " et, sous la grêle des bouquets, le poing sur la hanche, le sombrero en bataille, le châle espagnol drapé autour de sa jupe de gommeuse, Mistinguett faisait son entrée. Après la " Matchiche " et la " Femme torpille, pille, pille ", elle quittait la scène sous une nouvelle salve de bouquets. Alors commençaient les épouvantes et les courtes pailles pour savoir lequel d'entre nous irait lui rendre visite.

Aucune réalité amoureuse n'égalait les conciliabules d'une minute, près de la loge du concierge, avec notre étoile, croisant sur sa poitrine un peignoir à fleurs... »

L'antichambre de la gloire. Mistinguett avouera elle-même que de ses dix années passées à l'Eldorado, découlera tout le reste : avant l'Eldo, ce n'est qu'une ébauche, qu'une maquette, qu'un brouillon. A la sortie, c'est le modèle quasi définitif. A l'Eldo, dès les premiers soirs, son rêve devient ambition, et cette ambition se frotte à des réalités plus ou moins roses. Comme elle n'est pas quelqu'un à laisser faire, et encore moins à se laisser faire, les étincelles ne tardent pas :

« Mon naturel, dit-elle, mon fameux naturel, j'ai été le chercher loin. Une banlieue, c'est souvent le bout du monde. N'en sort pas qui veut. J'avais un don : la vie. Mais tout restait à faire. Je n'ai jamais pu me permettre d'être un bel animal. Il a fallu penser à tout. »

Mistinguett a « de la défense ». Et pas seulement face au public. Depuis sept ans, elle tente de se frayer un chemin dans le métier, et cela n'a pas été drôle tous les jours. Elle a appris les intrigues et les coups bas, ceux qu'on donne et ceux qu'on reçoit, et acquis la conviction que le succès, la ferveur du public est le meilleur bouclier qui soit. Maintenant qu'il est là ce succès, qu'il frissonne et ne demande qu'à s'épanouir, pas question de le laisser filer...

Mistinguett, qui avait, il est vrai, de sérieuses dispositions, se forge un caractère d'acier. « Dévorer son voisin, mais avec élégance... » Et si l'élégance n'est pas au rendez-vous, on s'en passera. L'essentiel, c'est de gagner. Elle se querelle pour le choix des chansons, défie celles ou ceux qui osent lui tenir tête, affiche déjà un cynisme, une liberté de ton et de pensée qui feront partie intégrante de son personnage, voire de sa légende. Elle n'est pas devenue âpre au gain avec le succès, mais bien avant, lorsqu'elle avait faim, qu'elle partait dans le petit matin glacé pour des auditions sans avoir les moyens de s'offrir un café-crème... Elle ne s'est pas seulement « tuée » aux répétitions, épuisant partenaires, chorégraphes, revuistes, décorateurs et directeurs artistiques par son goût du perfectionnisme, quand elle était la Miss triomphante, mais bien avant, lorsqu'il fallait à toute force être la meilleure, prouver qu'il n'y avait qu'une Mistinguett... Elle ne s'est pas seulement montrée cruelle, injuste et intraitable avec ses rivales alors qu'il lui fallait défendre son trône, mais bien avant, lorsqu'elle comprit qu'il n'y avait pas de place dans les coulisses, pour les faibles.

Parvenue au sommet, elle ne reniera pas le dur chemin de la conquête qui s'accommode de quelques anecdotes de « débrouillardise », pas toutes reluisantes : comme celle des gigolos qui, pour se rendre dans sa loge, doivent graisser la patte d'un artiste complice, Dutard, lequel se fait passer pour le concierge : vingt-six francs pour les « ballots », un louis pour les « convenables »...

Il y a aussi le « coup du chapeau » : en cheville avec un chapelier dont la boutique fait face à la sortie des artistes de l'Eldorado, Mistinguett massacre les « bloumes » de ses admirateurs aisés, sous prétexte qu'elle les trouve vilains. Aussi gênés que s'ils se trouvaient brusquement dénudés — c'est l'époque qui veut ça ! — les malheureux n'ont d'autre ressource que d'aller se réapprovisionner en couvre-chefs chez le chapelier. Lequel reversait évidemment un pourcentage à la destructrice...

Au chapitre des « affaires », il y a enfin le coup monté avec Dranem :

« Il (Dranem) touchait quarante francs par jour. L'air de l'établissement commençait à lui peser, il rêvait d'aller faire les scènes du Boulevard. Moi aussi. Nous nous rencontrâmes un jour dans l'antichambre du directeur de l'Olympia. Mais tandis que lui venait pour se faire engager, je venais plus timidement demander des places pour le spectacle.

À l'Eldo, Dranem et moi ne nous étions jamais beaucoup parlé. À l'Olympia, nous bavardâmes longuement. Le soir, je racontais tout bas à qui voulait l'entendre la rencontre que j'avais faite l'après-midi. Madame Marchand eut bientôt vent de mon récit. Elle me fit appeler :

— Tu as rencontré Dranem à l'Olympia tantôt ?

— Oui, madame Marchand.

— Ah ! ils le veulent là-bas ! s'écria notre directrice avec une rage froide, en tapotant sur la table. Ils ne l'auront pas.

Alors je baissai les yeux et je répétai gentiment la leçon que mon camarade m'avait apprise quelques heures plus tôt.

— Oh ! madame Marchand, je crois bien qu'ils l'auront ! Ils veulent le payer tellement plus cher que vous.

— Combien ? fit madame Marchand, déjà hors d'elle.

Alors j'énonçai timidement le chiffre, qui me semblait énorme, impressionnant :

— Cent francs par jour.

— Eh bien, je lui donnerai ici, ses cent balles, fit notre directrice sans hésiter... et toi aussi, ils te voulaient ? C'est pour cela que tu étais boulevard des Capucines. Eh bien, ma petite, ils ne t'auront pas non plus. Je te garde ici à cinquante francs par jour ! Tu entends, cinquante francs ! »

Le succès tourne un peu la tête de la nouvelle coqueluche de l'Eldorado. Elle est à peine adoptée qu'elle veut déjà briller sous d'autres cieux plus prestigieux. Mistinguett rêve de traverser la rue, de se produire à la Scala. Comme Polaire.

« A la Scala ? »

Madame Marchand est ébahie. Cette petite a encore plus de culot que de talent. Mais elle connaît aussi « ses » publics. Le numéro du « trou du souffleur », elle ne le sent pas bien devant l'élégant parterre de la Scala. La patronne essaie de raisonner l'impudente, mais Mistinguett insiste tant qu'elle finit par céder. Comble de félicité, elle peut se choisir une robe de scène fabriquée pour Polaire.

C'est le bide. Non seulement, Mistinguett étouffe dans la robe conçue pour une taille de guêpe, mais pis encore, se plante lamentablement dès les premières mesures de sa première chanson. Silence glacial — « silence polaire », se souviendra la Miss —, raté total.

« Eh bien ! ma chère petite, raille madame Marchand, il ne vous reste plus qu'à retourner à l'Eldo. »

Ce n'est pas la joie. Dans sa loge crasseuse, remisée au fond de la cave de l'Eldorado — signe que tout restait encore à faire : les seconds couteaux avaient leurs loges, soit perdues dans les cintres, soit dans un cul-de-basse-fosse. Les vedettes, elles, se trouvaient au niveau de la scène —, Mistinguett rumine les conséquences de son échec. Elle fait la gueule et, dans son cas, ce n'est jamais discret. Cela s'entend et cela se voit. Vexée, humiliée, elle en veut à la terre entière, se fâche avec la plupart de ses compagnons de scène qu'elle persécute de mille et mille façons. Et le simple fait de croiser l'impériale Polaire suffit à la mettre en rage. Mais, dans le même temps, elle ne capitule pas.

« En fin de compte, écrira la Miss au soir de sa vie, ce sont mes désobéissances et mes erreurs qui m'ont appris le plus. »

Confinée dans son infect sous-sol, elle prépare déjà sa revanche. Si la Scala ne veut pas d'elle, elle s'en passera. Elle ira plus haut.

CHAPITRE 5

Les grandes « horizontales »

De son propre aveu, Mistinguett ne voit pas grand-chose de cette fin de siècle qui, loin de s'éteindre, bouillonne comme un volcan. Des années Boulanger aux années Dreyfus, la France n'a cessé de s'embraser, mais la gigolette de l'Eldorado ne retient guère du général mort en sous-lieutenant ou du dégradé de l'île du Diable que quelques couplets moqueurs de chansonniers dans des cabarets enfumés. Elle ignore tout de la gloire coloniale qui ferraille en de lointaines expéditions, et enflamme les nationalismes. La séance historique des frères Lumière au Grand Café le 22 mars 1895 laisse de glace celle qui, dix ans plus tard, envahira les écrans du cinématographe...

L'ère des révolutions techniques, qui vont transfigurer le quotidien, jaillit pourtant de tous les horizons. Les autos pétaradent, les avions sautillent, le téléphone grésille, l'électricité clignote [1]... et de Neuilly à Vincennes, le premier métropolitain s'apprête à embarquer les pionniers du ticket poinçonné. On inaugure à tour de bras.

1. Ce dont profita au maximum Loïe Fuller, la « fée Lumière » des Folies-Bergère. Cette plantureuse Américaine, inventive et inspirée, cultiva « l'art de sculpter la lumière » et obtint un succès énorme en dansant avec d'imposantes voilures multicolores et illuminées qu'elle déployait sur scène. Elle obtenait ainsi de merveilleux effets visuels, totalement inédits à l'époque.

C'est une orgie d'inventions, une débauche d'innovations, lesquelles s'engouffrent comme dans un entonnoir pour la gigantesque parade qui fait de Paris le rendez-vous du monde : l'Exposition universelle de 1900...

À peine séduite, Mistinguett la visite en badaud ordinaire, erre parmi les palais, se perd dans les pagodes, sous les minarets et les coupoles, monte dans la Grande Roue, emprunte le Transsibérien immobile qui « fait » Moscou-Pékin en une heure, s'arrête au spectacle des danseuses du ventre... et retourne vite à ses planches.

Son univers est là. Sur la scène et dans les coulisses. Dans cet enclos du rire et du plaisir coupé chaque soir et pour quelques heures du monde extérieur, dans cette sorte de bateau ivre, à l'ambiance un peu épaisse, un peu frelatée, qu'est le caf'conc' quand la soirée donne à fond. C'est là, quand elle fait tanguer son public, qu'elle existe et se sent quelqu'un. Rien ne compte plus que d'être celle que l'on dévore des yeux, que l'on désire, que l'on admire et que l'on acclame. Elle n'est pas faite pour l'anonymat et les strapontins, mais hors des limites étroites de l'Eldorado, le nom de Mistinguett ne dit encore rien à personne.

En attendant, sa vie change bien sûr... le temps n'est plus où « la môme du casino » faisait l'ouverture et, sa chanson à peine terminée, prenait le train pour Enghien pour sauter ensuite dans le « Refoulons », le tortillard poussif de la rue du Départ. Bientôt, maman Bourgeois, qui, paraît-il, recommandait à sa fille de fermer les yeux en passant devant chez Maxim's parce que ce n'était pas un endroit convenable..., voit de plus en plus rarement Jeanne-Florentine rentrer le soir dans l'humble maison familiale de la rue de la Pointe-Raquet. La jeune artiste traîne à l'heure du dernier verre, s'attarde avec ses compagnons de scène, rate le train, se fait héberger au hasard des amitiés avant de louer une première chambre, rue Condorcet. Ce sont des mois un peu hésitants, en précaire équilibre où l'avenir se joue toutes les vingt-quatre heures, des mois de bohème et de dèche, celle d'une jeunesse qui se nourrit de ses premières libertés. Est-ce aussi le temps des premières amours, des premiers amants ? Une bande de garçons insouciants cerne alors de près la débutante du Casino et du Trianon. Une demi-douzaine de bruyants bambocheurs qui font les quatre cents coups rien que pour épater leur belle. Ils ne la quittent guère, l'accompagnent partout, l'escortent comme des gardes du corps et le plus souvent, épuisés par une nuit de fête, se retrouvent tous à dormir dans la petite chambre de la rue Condorcet. Est-ce parmi eux qu'il faut chercher le premier élu ? À moins qu'auparavant, le revuiste Saint-Marcel ne se soit pas contenté de guider les premiers pas de sa Miss Tinguette...

Hypothèses... Dans ses *Mémoires*, la Miss laisse pudiquement en blanc le chapitre de ses amours juvéniles. À la lire, celle qui, plus tard, affichera une stupéfiante indépendance de comportement et passera pour un symbole de la femme libérée, a, sentimentalement parlant, la vie rangée d'une pensionnaire du Couvent des Oiseaux. On peut en douter... Mais il faut attendre les succès de l'Eldorado pour voir se profiler les premières silhouettes d'hommes accrochées aux jupons de la gommeuse.

Ce sont toujours les mêmes. Vieux beaux ou jeunes gigolos, riches étrangers ou provinciaux en goguette, ils chassent la petite artiste parisienne boulevard de Strasbourg. Devant les sorties des artistes de la Scala et de l'Eldorado, il y a encombrement de fiacres, de landeaux et de « cabs » qui attendent... Mistinguett n'est pas la dernière à recevoir l'hommage d'admirateurs en quête de gibier. Raisonnement classique : cette petite, avec ses hardiesses, sa gouaille et son grand regard mouillé, est trop hardie à la scène pour ne pas l'être aussi à la ville. Mistinguett fait comme les copines, suit la tradition sans se forcer, accepte fleurs et petits cadeaux, sort avec quelques soupirants dans les endroits à la mode, là où l'on vient se montrer et souper après le spectacle. C'est un autre apprentissage, à peine moins important pour la carrière que celui des planches. Mistinguett, qui ne laisse déjà rien au hasard, s'y adonne avec la même conscience professionnelle. Sans pour cela toujours éviter les faux pas. Comme au restaurant Pousset où, embarrassée devant ses écrevisses, elle les croque avec la carapace pour « faire intelligent ». Parfois, elle pousse plus loin l'expérience, finit la nuit dans un cabaret en vogue, traditionnel repaire pour noctambules désargentés et fortunes désenchantées...

C'est dans ces conditions et en ces lieux sans doute, qu'elle fait la connaissance d'un jeune et riche Brésilien au regard doux et à la moustache lisse, discrètement retroussée aux extrémités comme il est de mise à l'époque. Parmi ses liaisons, plus ou moins anecdotiques et fugitives, De Lima, que Mistinguett décrit comme étant « très bon, très sensible », aura une place à part et laissera... un souvenir. La jeune femme se retrouve enceinte et considère d'emblée cette nouvelle comme une catastrophe, une entrave à sa carrière naissante. Elle traîne cette maternité comme un boulet. Enceinte ! alors qu'à l'Eldo, son succès s'affirme et que son nom, tout autant qu'elle, grossit sur l'affiche. Mistinguett continue à se produire sur scène et ne consent à s'arrêter que peu de temps avant d'accoucher, lorsque sa maternité devient trop visible. Purgatoire.

Mais à peine le petit Léopold est-il né qu'elle n'a plus qu'une seule idée en tête : reprendre son spectacle. Remise de son accouchement, elle se précipite sur ses robes, ses costumes de scène, épouvantée à l'idée qu'elle pourrait physiquement ne plus jamais retrouver sa silhouette. Rassurée, elle constate que les dégâts sont minimes... et provisoires, assure le médecin. Elle pourra de nouveau chanter et danser.

Le père reconnaît l'enfant. Mais ses vacances parisiennes sont terminées. Héritier d'une famille brésilienne très fortunée, il doit retourner au pays. Avec Léopold, exige-t-il. L'idée de quitter Paris paraît impensable à Mistinguett. Palabres... on parle même d'un marchandage. Selon Edward Behr [1], la mère aurait accepté de laisser partir son enfant contre une compensation financière offerte par les grands-parents sud-américains...

Ce qui est certain, c'est que l'avenir de Léopold ne figure pas — et ne figurera jamais — au chapitre des préoccupations prioritaires de Mistinguett. Instinct maternel enterré au plus profond d'elle-même, elle ne reverra son fils que des années plus tard.

Le cas De Lima réglé, elle choisit un boucher ! Androt, boucher en gros. Il gagne effectivement beaucoup d'argent et fait preuve d'une grande générosité envers sa protégée. Un jour, Mistinguett trouve devant sa porte un équipage attelé à quatre : un fiacre, les chevaux et un cocher. Ce qui n'empêche pas l'impertinente de lui « emprunter » quotidiennement vingt francs sur la cheminée « pour les menus frais de la journée ».

Androt, comme de Lima, est de nature débonnaire et indulgente. Rassurant également. Loin du stress, du trac et des folies d'artiste : « À lui seul, c'était une famille, confesse Mistinguett, et si je m'étais mariée avec quelqu'un, ça aurait été avec lui... »

Mais le boucher disparaît de sa vie et retourne à ses côtelettes. D'autres amants suivent, qui meublent les agréments d'une existence trépidante, mais pas encore rayonnante.

En ces années 1900, la grande vie dite parisienne brille sans la petite artiste de l'Eldo. Elle tourne autour si l'on peut dire, rétrécit ses cercles, commence, par ses relations dans le monde et le demi-monde, à en effleurer les scintillements. Mais elle n'a pas encore, par exemple, sa place chez Maxim's, sur les banquettes de l'Omnibus où trônent les « lionnes », Liane de Pougy, Émilienne d'Alençon ou la Belle Otéro pour qui se damnent jusqu'au suicide princes et milliardaires. Ces trois fleurs vénéneuses ne seront plus bientôt que le reflet parfumé d'une époque mourante, mais pour l'instant, elles

1. *Maurice Chevalier*, Edward Behr, Robert Laffont.

règnent sur leur cour d'admirateurs comme sur un marché d'esclaves. Leurs moindres faits et gestes, leurs moindres « secrets » d'alcôve révélés dans *Gil Blas* ou *Le Figaro* remuent l'opinion publique sous une vague de jouissance. Qu'importe si, dans le même temps, le bon peuple des honnêtes gens crache avec mépris sur les pauvres filles qui se vendent au coin des rues...

Ainsi, rêve-t-on autour de la soupière familiale aux dernières aventures, aux derniers scandales des « trois Grandes » qui, sur leur territoire pavé d'or, se livrent, comme s'il s'agissait d'une compétition sportive, à une bataille de prestige acharnée. Outre leurs points communs : une beauté éblouissante, un ego démesuré, un cœur sec comme un cep de vigne... ces trois Rolls de la galanterie ne rutilent pas du même chrome. Fille d'officier, ayant suivi des études poussées à l'institution des... Fidèles Compagnes de Jésus, Liane de Pougy est de loin « la plus classe ». Style androgyne, démarche de reine et goût des belles-lettres [1], Liane a fait ses classes en maison de rendez-vous, a appris en experte à mimer l'amour pour les hommes, réservant ses vrais soupirs aux dames. Idole des milieux littéraires, traînant derrière elle une cohorte d'intellectuels dépravés, dont l'impayable dandy-écrivain-journaliste Jean Lorrain, fardé comme un totem, Liane de Pougy pratique le maintien, le savoir-vivre et l'art de la conversation à merveille avant de passer aux travaux pratiques. C'est elle qui sortira victorieuse de son duel « en bijouterie » avec Caroline Otéro : tandis que cette dernière fait son entrée dans l'Atrium de Monte-Carlo, telle une joaillerie ambulante, ruisselante de pierreries... Liane suit, simplement vêtue de mousseline blanche avec, sur ses talons, sa femme de chambre portant l'une de ses robes « sur laquelle s'écrasaient plus de bijoux que jamais Otéro n'en exhiba [2] ».

1. Liane de Pougy est l'auteur de plusieurs romans dont *Idylle saphique*, et a écrit ses Mémoires sous le titre de *Mes cahiers bleus*.
2. *Le Bal du Pré-Catelan*, Albert Flament, Fayard.

La subtilité, c'est vrai, n'est pas le fort de la Belle Otéro. Sauvageonne à la mode espagnole, Esmeralda des nuits parisiennes, la brune courtisane ensorcelle la gent masculine par ses danses endiablées. Elle vient de loin. De la misère et de la faim. Ce qui débouche sur un amour fou des bijoux, du jeu et de la folle vie... En vingt années d'étreintes hautement tarifées, elle collectionne les têtes couronnées présentes et à venir, les princes et les célébrités : Nicolas II, tsar de toutes les Russies, l'empereur Guillaume II, l'infant d'Espagne (futur Alphonse XIII), le prince de Galles (futur Édouard VII), plus des grands-ducs et des lords à la pelle. Aristide Briand lui-même figure au palmarès...

La Belle Otéro jongle avec des fortunes incroyables qu'elle dilapide aussi sec sur le tapis vert, mène un train d'enfer que même ses plus riches amants ne peuvent suivre très longtemps. On se tue pour elle, mais « la sirène du suicide » — c'est ainsi que l'ont surnommée les Américains — n'en a cure. Son cynisme est total, et à la jeune Colette qui se lie d'amitié avec elle, l'impitoyable Otéro donne ce conseil de tueuse d'hommes :

« Mon petit, souviens-toi qu'il y a toujours, dans la vie d'un homme, même avare, un moment où il ouvre toute grande la main.

— Le moment de la passion ? demande naïvement Colette.

— Non, celui où tu lui tords le poignet : comme ça. »

Et Colette commente : « Elle eut un geste en vis des mains. On croyait voir couler le jus des fruits, l'or, le sang, que sais-je, entendre craquer les os... »

Emilienne d'Alençon, de son vrai nom Emilienne André, ce qui correspond plus à son état de fille de concierge, n'a pas le profil racé de Liane de Pougy, ni le charme érotico-exotique de Caroline Otéro. Elle ferait plutôt dans l'audace vestimentaire et de comportement. Lancée dans le demi-monde dès l'âge de quinze ans, lors d'une soirée privée, et par la grâce d'un strip-tease échevelé, elle séduit le jeune duc d'Uzès qui a le bon goût de mourir avant de se retrouver complètement sur la paille. La suite n'est qu'une longue liste d'« amis » très éclectique : Léopold, le roi des Belges ; Jacques Hennessy, le cognac ; Polin, le comique-troupier : Alec Carter, le jockey... sans oublier évidemment l'incontournable Edouard VII. Mais elle prise également les amours saphiques — dont Liane de Pougy — et adore se « masculiniser », monocle vissé à l'œil au bras de quelque poétesse évanescente [1]...

Pourquoi Mistinguett, qui se languit de végéter au bas de l'affiche, ne tente-elle pas de se faire une petite place parmi ces courtisanes de haut vol ? Elle qui dira à la mort de Liane de Pougy : « Il n'y a même plus de femmes. Il n'y a plus que des petites femmes. Dites-moi si vous rencontrez une Liane ? Elle était une vraie femme du monde. En devenant princesse, elle n'a fait que reprendre sa place... » Dans ce cas, pourquoi pas elle ? Surtout que ces « horizontales », de par la fascination qu'elles exercent, deviennent attractions de music-hall, passent directement, et pour des cachets princiers, en vedette sur la plus prestigieuse des scènes parisiennes : les Folies-Bergère. Évidemment leur talent ne bouleverse pas l'art de la danse et du chant... mais c'est de leur autre talent — à peine — caché dont il est question au promenoir lorsqu'une Émilienne d'Alençon, par exemple, s'exhibe, jambes et corps largement dévoilés...

C'est justement ce que refuse la jeune Mistinguett. Pas

1. Liane de Pougy quitta la « folle vie » en épousant le 18 mai 1910 un prince authentique, descendant d'une des plus anciennes familles moldaves, le prince Ghika. À la mort de celui-ci, l'ancienne courtisane se retirera dans un couvent de Lausanne et deviendra sœur Anne-Marie-Madeleine, très proche, selon son confesseur, de la sainteté. Elle décédera le 25 décembre 1950.

La Belle Otéro s'est retirée de la scène à l'âge de quarante-cinq ans. Avant de mourir, en 1965, dans l'incendie de son très modeste meublé qu'elle occupait à Nice, elle jeta sa fortune colossale sur les tapis verts jusqu'au dernier centime. Pour preuve, cette rente mensuelle que lui versa la Société des jeux de Monte-Carlo jusqu'à la fin de sa vie.

Émilienne d'Alençon se maria à un jockey célèbre qui fut tué pendant la Première Guerre mondiale. A la fin de sa vie, elle sombra dans la drogue.

par vertu, préjugés ou scrupules. Mais par fierté, avec cette conviction qu'elle peut, qu'elle doit réussir par elle-même. Cela ne l'empêche pas de mener sa vie comme elle l'entend, sur scène et hors de la scène, bien loin, déjà, des règles de décence de l'époque. Elle change plus souvent de domicile que de tours de chant, et comme sa notoriété continue de grimper, la farandole de ses admirateurs ne cesse elle aussi de croître... et de s'améliorer, en qualité :

« Un tel appartenait au Jockey-Club, dit Mistinguett, un autre était duc. Certains voulaient m'emmener à Ermenonville, et d'autres à la Cascade... »

Le « palmarès » sentimental de la petite reine de l'Eldo comptera également des rois, des princes, des milliardaires, et même un maharaja qui, paraît-il, la poursuivait avec une cassette remplie de pierreries...

Ainsi, comment Mistinguett aurait-elle pu échapper à Édouard VII ? Ce sexagénaire, toujours prétendant au trône d'Angleterre, met en joie les humoristes qui le dessinent chauve, bedonnant, mis au coin par la sévère reine Victoria dénommée « la mère éternelle ». Loin des affaires du royaume d'Angleterre, et très souvent en France, ce jouisseur pratique le tennis, le patin, le hockey, l'équitation, la conduite automobile... Il apprécie la mer, les bateaux et les femmes, qu'il emmène en croisière. Toujours tiré à quatre épingles, le prince aime les beaux costumes, les gants, les chapeaux et les élégantes. Il lance à Paris des modes vestimentaires : il oublie un jour de boutonner le dernier bouton de son gilet, et tous les hommes l'imitent. Une autre fois, il retrousse le bas de son pantalon qui est mouillé, aussitôt, les pantalons des hommes s'enrichissent d'un revers. Le futur roi, qui favorise le succès d'une pièce par sa seule présence, adore la vie parisienne, les restaurants, les spectacles et... les actrices qui montent sur les planches.

Alors, inévitablement, il murmure un soir à l'oreille de Mistinguett : « Vous êtes l'incarnation même de la Parisienne. »

Celle qui plus tard dira froidement : « C'est vrai car je sais jouer la comédie de la Parisienne », sourit, pour l'instant, sous l'hommage. Et après les félicitations dans la loge, les fleurs, les restaurants et peut-être les bijoux, lorsque le couple a besoin d'un peu d'intimité, il se rend dans l'appartement d'une amie de la Miss, place des Ternes. Jusqu'au jour où le mari de l'amie trouve un chapeau oublié par le prince, se méprend et accable de reproches son épouse innocente.

Quelque temps après le prince — qui, devenu roi d'Angleterre, lancera le premier pont entre la France et la Grande-Bretagne, par la signature de l'Entente cordiale, Mistinguett séduit le souverain d'Espagne.

Alphonse XIII a invité la jeune femme à un souper royal, après la représentation qu'il suivra, bien sûr, en compagnie de la reine.

Pour l'occasion, l'artiste a fait les frais d'une superbe robe. Hélas ! tout au long du spectacle, la loge royale reste vide. L'entracte, puis le démaquillage mettent au supplice l'amour-propre de Mistinguett qui avait eu le malheur de raconter sa bonne fortune à ses camarades. Soudain, quelqu'un frappe à la porte de la loge : c'est le majordome. « Le roi est désolé, explique-t-il, mais la reine a finalement préféré assister à un autre spectacle au Palais-Royal. Toutefois leurs Majestés vous attendent, comme prévu, pour le souper. »

Sans dire un mot, Mistinguett revêt la belle robe, sort en compagnie du serviteur, monte dans la voiture qui l'attend et lance une adresse au cocher :

« 24, boulevard des Capucines.

— Vous désirez passer par votre appartement ? demande le majordome.

— Je rentre me coucher, répond Mistinguett.

— Mais que va dire sa Majesté ?

— Sans doute la même chose que moi, tout à l'heure, en regardant sa loge. Mais elle le dira en espagnol... »

Non mais !

Le roi d'Espagne aura rapidement l'occasion de se

faire pardonner. N'empêche. Mistinguett exige un minimum de considération de ses amants, même royaux. Son caractère fait le reste. A l'instar de la belle Cléo de Mérode, ancienne danseuse de l'Opéra devenue étoile des Folies-Bergère ou de Gaby Deslys, maîtresse du doux Manuel, roi du Portugal, Mistinguett n'envisage certainement pas d'être trimbalée comme un trophée de chasse, pas plus qu'elle ne considère son lit comme devant être « l'autel de tous les sacrifices »...

« Aujourd'hui, pour affirmer sa réussite, explique Jean Chalon, on s'offre une chaîne de télévision, un journal, une équipe de football. À la Belle Epoque, on s'offrait tout simplement une Liane de Pougy, véritable publicité vivante dont les apparitions, chez Maxim's ou à Longchamp, étaient saluées par des applaudissements rejaillissant sur celui qui accompagnait ce chef-d'œuvre libertin et payait la note de ses fastes... [1] »

Tel n'est pas le but de Mistinguett. Femme libre d'accord, mais maîtresse de son destin. Elle n'envie pas les « petites femmes de Paris » entretenues, les cocottes qui harponnent les fortunes et les désossent jusqu'au dernier louis. Ce qu'elle veut harponner, ce n'est pas seulement le plaisir, la jouissance, la belle vie, c'est la gloire d'artiste. Devenir la meilleure, la première et être ainsi « traitée en vedette, à la scène comme à la ville ». Elle ne se bat que pour cela. Loin, très loin de ces croqueuses de fortunes professionnelles qui s'amusent à faire du music-hall en amateur, en dilettante, et par protection.

La Miss perce déjà sous Mistinguett...

1. *Liane de Pougy*, Jean Chalon, Flammarion.

CHAPITRE 6

La chaloupée

C'est un rite immuable. Chaque soir, le monsieur de chez Maxim's commande une entrecôte bleue, et chaque soir, à peine a-t-il terminé et repoussé son assiette que son café noir, très fort, est sur la table. Le monsieur sort son havane gros calibre qu'un garçon s'empresse d'allumer. Et là, dans les volutes de fumée gris bleuté, sourire ironique accroché aux lèvres, le monsieur de chez Maxim's contemple...

Feydeau est chez lui. Ses personnages de scène défilent sous ses yeux. Aristocrates décavés, financiers fortunés, courtisanes adulées... il les connaît tous et toutes. Parfois, une lueur indulgente traverse son regard d'entomologiste : une nouvelle, plus fraîche, pas encore abîmée... sa « môme Crevette [1] ».

On salue l'auteur maison comme une statue. Parfois, un autre monument, Tristan Bernard, se trouve à ses côtés. Parfois, autour de lui, de jeunes écrivains, de jeunes artistes s'agitent, volubiles et empressés. Cocteau, qui fait son entrée dans le monde, n'est évidemment pas le dernier, si heureux d'approcher l'homme étrange qui l'intriguait :

1. Cassive, dont les critiques célèbrent la grâce nerveuse, sera la première môme Crevette, personnage central de la célèbre pièce de Feydeau, *La Dame de Chez Maxim's*, créée en 1899, au théâtre des Nouveautés. En 1913, la grande Eve Lavallière reprendra le rôle avec brio.

« C'était Feydeau. Considérable, le col de pardessus relevé, le melon basculé sur une toute petite figure, constellé d'opales, les yeux mi-clos jusqu'à n'être que des fentes, la moustache grise, il soulevait d'une main molle, jusqu'à sa bouche sinueuse, un cigare énorme... »

Le jeune rapace est aujourd'hui à la table du Maître. Et tout en l'enveloppant d'une verve étourdissante, il espère, il attend que tombe des lèvres paresseuses le mot, le fameux bon mot de Feydeau qui fera demain le tour de Paris. Tout le monde connaît déjà celui qui enfonça encore un peu plus un mari lourdement trompé :

« Mon fils est toujours sous les jupes de sa mère, avait déploré le monsieur...

— Il s'y fera des relations », avait répliqué Feydeau, impassible.

Ou encore la flèche décochée contre une « horizontale » célèbre sur le point d'accoucher :

« Jusqu'à présent, elle n'avait donné que la nuit ; elle va enfin donner le jour... »

Mais Feydeau parle peu quand il est chez Maxim's. Trop occupé à écouter et à regarder.

Mistinguett écoute et regarde aussi, un peu bouche bée. Pour une fois. Elle figure désormais, mais depuis peu, au club Maxim's. C'est naturel, presque automatique. Elle fait partie du groupe des nouveaux abonnés, coincée entre Mirande, Verneuil et Guitry fils, à moins que Vincent Scotto, le compositeur torrentiel, ne l'accompagne pour souper. Après minuit, lorsque les bourgeois, les provinciaux et les couples mariés ont quitté les lieux, et que les initiés se retrouvent entre eux. Pour de chaudes heures noyées au champagne, où l'on voit les corps échauffés se lancer dans les dernières danses à la mode et Mistinguett chahuter la java, la vraie de vraie...

Peu après deux heures du matin, Feydeau prend congé. Noctambule invétéré, réglé comme une horloge, il part faire escale aux Halles, quand ce n'est pas jusqu'à

La Villette ou Vaugirard. Allez, un dernier bon mot pour la route :

« Vous venez vous amuser ? lui propose une fille de mauvaise vie...

— Mais je ne m'ennuie pas », répond doucement Feydeau.

Mistinguett regarde s'éloigner l'auteur comme une curiosité. Comme un rêve aussi. Jouer Feydeau, être une autre *Dame de chez Maxim's*, succéder à la pétulante Cassive, qui, elle aussi, campe dans le restaurant de la rue Royale... la supplanter même, pourquoi pas ? C'est sa dernière tocade. La scène de l'Eldo ne lui suffit plus. Elle s'y sent trop à l'étroit. Dix ans bientôt qu'elle enflamme les aficionados du caf'conc'... La petite gigolette qui chauffait la salle, amusait la galerie en attendant la vedette a pris du galon. Maintenant la vedette, c'est elle. Mais la vedette se lasse. Passer du tour de chant à la comédie, voilà ce qu'elle veut désormais. Et pas seulement pour quelques sketches et quelques répliques en fin de programme de l'Eldorado. Non, ce qu'elle veut, c'est un vrai théâtre, avec les trois coups, et tout, et tout...

A l'Eldo justement, elle a commencé, tenté de pointer le bout de son nez. Et le verdict du régisseur lui est tombé dessus comme une douche glacée : « Tu te trompes de métier, ma petite. Abandonne la comédie... »

C'est bien la dernière chose à dire à Mistinguett qui ignore le mot « échec ». Il n'existe pas, ne figure pas dans son dictionnaire, a été rayé de son vocabulaire. Que serait-elle devenue si elle avait écouté sa mère ou le vieux Boussagol ? Mistinguett ne tient pas cas du régisseur, continue à travailler la comédie, épure son jeu de scène, le débarrasse de ses gesticulations outrancières, se glisse dans quelques sketches de fin de revue, s'en tire plutôt bien.

C'est le moment de tenter sa chance ailleurs. Là où l'on sait ce que théâtre veut dire. Justement, les Folies Dramatiques recherchent une comédienne pour une prochaine pièce, *Coup de Jarnac* de Marsan et Henri de

Gorse. Et actuellement, les Folies sont en plein boom, la troupe vole de succès en succès. Mistinguett saute sur l'occasion et frappe à la porte de Richemond, le directeur. Cette comédienne, c'est elle, ça ne peut être qu'elle. Elle en a le profil, le tempérament. Richemond n'est pas chaud. Entre le caf'conc' et le théâtre, ce n'est pas vraiment le grand amour...

Mais Mistinguett veut le rôle, s'accroche comme une sangsue. A moins de la mettre à la porte, elle ne partira pas avant d'obtenir satisfaction. Richemond hésite encore ? Elle trouve l'argument décisif... « Prenez-moi à l'essai. Si au bout de deux semaines de répétitions, ça ne va pas, je retourne à l'Eldo. »

Quinze jours plus tard, elle signe un contrat de trois ans, à vingt francs par jour et les robes à ses frais. Mais tout n'est pas joué pour autant. Les auteurs, Marsan et Henri de Gorse, ont été pris de vitesse et acceptent mal l'intruse : eux aussi avaient leur candidate. S'ils ne peuvent ignorer le contrat signé, ils exigent une épreuve supplémentaire. Le chef-d'œuvre de Georges Feydeau justement, *La Dame de chez Maxim*'s, doit être joué très prochainement à Bruxelles. Pour deux représentations seulement. On cherche une actrice pour la môme Crevette. Eh bien, cette Mistinguett, qui a l'air si sûre d'elle et si désireuse de faire ses preuves, elle n'a qu'à le prendre ce rôle. Au pied levé. On verra de quoi elle est capable...

La prétendante relève le défi. Feydeau, c'est plus qu'un gros morceau. Elle n'a encore jamais joué la comédie, du moins à ce niveau, ne connaît pas un traître mot de la pièce. Mistinguett met les bouchées doubles, achève d'apprendre son rôle dans le train qui la mène en Belgique. Succès. La presse lui lance des fleurs et Georges Feydeau lui-même, accompagné de Richemond et Henri de Gorse, vient la féliciter dans sa loge. Elle a gagné son visa pour la comédie.

Après *Coup de Jarnac*, Mistinguett retrouve une autre

pièce d'Henri de Gorse : *Le Millième Constat.* Sur scène, c'est une comédie. Mais en coulisses, c'est un drame...

Un soir, dans sa loge, un jeune homme, plutôt gauche et un peu nigaud, vient lui déclarer sa flamme. Mistinguett sourit, ce n'est pas la première fois, et le rembarre doucement. Mais le jeune homme insiste lourdement, et un jour, tente de l'embrasser de force. Avec Mistinguett, ce n'est assurément pas la bonne méthode, et l'assaillant doit battre en retraite, victime d'une vilaine morsure. Pourtant, il ne se décourage pas et, après chaque représentation, l'interroge :

« C'est toujours non ?

— Toujours non... »

Un soir, il ne revient pas. Le jeune homme, fils de quincaillier, s'est suicidé au Laudanum et au charbon de bois...

« Je ne songeais pas à être cruelle, ni même à me moquer du garçon », commente la Miss, un peu navrée...

L'année suivante, Richemond l'envoie dans le second établissement dont il est co-directeur : les Bouffes-Parisiens, autre sanctuaire des comédies et opérettes. Mistinguett y fait la connaissance de Rip. Petit, mince et blond, cet auteur deviendra bientôt le plus célèbre revuiste de music-hall de sa génération, au point que l'on dira communément pour illustrer son style : « Ça, c'est du Rip. » Mordant et spirituel, promenant un regard ironique sur le monde qui l'entoure, c'est également lui qui sortira vainqueur d'un duel avec son confrère Paul-Louis Flers où il avait pourtant été battu à plate couture. Il dessina tout simplement une plume d'oie et une épée croisées sur une feuille de papier blanc, avec ce commentaire : « Chacun son métier. »

Mistinguett inspire Rip qui lui offre un personnage. Lequel comptera pour la suite : la môme Flora.

« Une gamine tellement moche qu'elle dégoûtait même les vieux satyres », prévient Mistinguett... mais surtout une pauvre gamine des faubourgs, mal aimée et maltraitée. Et ça, la fillette de la Pointe-Raquet connaît :

« Ce rôle me permit de créer pour la première fois le type de bonne gosse de la barrière, pauvre et malheureuse... Les putains de la Madeleine sont très belles. Si je devais porter au théâtre le rôle d'une fille, je m'habillerais peut-être comme elles. Mais je ne chercherais pas à les imiter. Je m'imaginerais moi-même en fille. Pour faire du music-hall, jouer dans les revues, ça ne suffit pas d'être vraie à la manière des autres. Il faut être soi. Pour que je puisse jouer, il faut que ce soit moi. C'est pour ça qu'en général les classiques me cavalent. Célimène ce n'est pas moi.

Comment on devient la môme Flora, c'est difficile à dire. On se regarde dans la glace, mais on regarde surtout dans sa mémoire. Il ne s'agit pas d'avoir été la môme Flora, mais de l'avoir vue passer dans la rue, de l'avoir entendue parler, de l'avoir reconnue, de l'avoir suivie. Ce n'est pas un don. C'est de la mémoire, de l'expérience, de l'imagination. Et du travail. Il faut avoir vu, avoir senti, avoir rêvé. Avoir pensé. Être chiffonnière à la scène, ça représente beaucoup d'éducation. Pas l'éducation en conserve, celle de la rue.

... Être peuple ou snob, c'est de la comédie, une question de langage. Être peuple, c'est plus difficile. Le ton ne s'attrape pas facilement et ne l'attrape pas qui veut. C'est pourquoi je suis contente d'avoir traîné aux Halles pour acheter mes fleurs et ça ne m'a pas mal réussi d'écouter les marchandes des quatre-saisons... »

Mistinguett est sincère, émouvante, criante de vérité dans ce rôle de fille paumée qu'elle affectionnera toujours. Elle aura d'ailleurs comme une fascination pour les « histoires de malheur » qui, dans ses revues, connaissent toujours une fin heureuse.

Pour être la môme Flora, Mistinguett ne laisse rien au hasard, s'occupe elle-même de trouver le costume de la pauvresse. Pas chez les professionnels, chez les costumiers du théâtre... mais aux Galeries Lafayette. La Miss en connaît le propriétaire, rencontré lors d'une soirée, et lui demande de faire défiler devant elle tout le personnel des ateliers :

« Les couturières passèrent les premières, puis les ouvrières, puis les petites mains, puis les arpettes. Mais il fallut en arriver aux ramasseuses d'épingles pour que je fixe mon choix. L'accoutrement qui me plut était porté par une petite fille blonde, aux joues creuses, à l'air malin.

— Donne-moi tout ce que tu as sur toi !

Et je récoltai la robe trouée, les bas de coton, les galoches décousues, le ruban crasseux qui servait à attacher ses cheveux. Je la fis habiller de neuf, des pieds à la tête par son patron. La petite arpette fut enchantée et ma silhouette déguenillée fit sensation le jour de la répétition générale. »

Conclusion de l'experte :

« La môme Flora ce n'était peut-être pas de l'art, mais c'était de la poésie. Je m'amène sur scène, en haillons. A ma manière d'être, de marcher, on sait ce que je suis. Je ne sors pas de la coulisse mais des barrières. J'ai le regard peuple. Comme un voile devant les yeux, des souvenirs de misère que je prends pour des rêves. Le public ne se trompe pas. Il me reconnaît. Bon cœur et mauvaise chance, quand c'est bien fait, ça ne fait rigoler personne. J'ai déjà fait pleurer des gens dans la salle, des dames du monde. Je finissais par pleurer avec elles. D'ailleurs, en fait de tristesse, on ne trompe personne. Le public s'y connaît aussi bien que vous... »

Et le public aime. En dehors de la chanson, c'est le premier grand succès personnel de la Miss. C'est aussi la première fois que l'on célèbre « officiellement » ses jambes. Le poète Catulle Mendès — dont la femme était si maquillée qu'on le surnommait le gardien du fard — écrit un article aux accents prémonitoires dans *Le Journal* :

« Ce que Mistinguett a de commun avec Fredona Lalil c'est qu'elle a les jambes nues. Elle a bien raison. Si la revue va jusqu'à la centième, ce sera grâce à ces jambeslà. Dans cette revue s'affirme définitivement la gloire de mademoiselle Mistinguett aux exquises jambes nues. »

Ce que le critique nomme ici « revue » est en réalité un genre plus proche de l'opérette à sketches que de la grande revue du music-hall qui n'en est encore qu'à ses premiers balbutiements. Mais alors qu'elle lutte pour s'imposer comme comédienne, Mistinguett va soudain changer d'orientation, s'unir au spectacle nouveau, et ce pour la vie. Mariage surprise célébré à un moment où la promise n'a pourtant pas très fière allure...

Car derrière la môme Flora, qui ne peut durer éternellement, la môme Mistinguett connaît des hauts et des bas. Question de caractère : l'artiste vient de se faire virer de la Gaîté-Montparnasse où elle jouait une œuvre au titre évocateur, et qui ne lui plaisait guère : *Le Syphon d'Asnières.* Dans les loges, avec ses six petites copines, elle a fait griller des harengs sur les becs de gaz qui servaient d'éclairage. Il paraît que ça sentait et fumait jusqu'à l'entrée du théâtre et ça n'a pas plu à madame la directrice...

Mais Mistinguett n'est tout de même plus une inconnue. Elle ne reste pas longtemps sur le carreau, décroche un petit rôle dans une revue du Moulin-Rouge. Ce n'est pas grand-chose. Pas plus pour elle que pour la jolie Spinelly qui l'accompagne sur scène. Avec son casque de cheveux noirs coupés court, son nez joliment retroussé et son impertinence, Spinelly est, au dire des connaisseurs, une Mistinguett *bis.* Avec la même ambition dévorante et la même puissance de travail. Toutes deux affolent les messieurs du parterre, mais « La revue de la femme », c'est le nom du spectacle, ignore le duo Mistinguett-Spinelly. En fait, Mistinguett n'est même pas prévue dans le final intitulé « Les Pierres » et qui voit de jolies filles figurer le rubis, l'émeraude, le saphir, la perle fine... apparemment, Miss n'est pas d'une beauté assez digne pour y paraître. A moins qu'elle ne soit trop différente des autres.

« Montre voir si tu es souple. Essaye de faire ce que je fais. »

L'homme qui assiste aux répétitions a manifestement l'habitude de se faire obéir. Une telle autorité, une telle prestance... c'est un seigneur des lieux. Mistinguett ne rate pas sa chance, et s'exécute :

« Très bien, dit l'homme. J'ai trouvé ta pierre. La pierre du trottoir, la pierreuse : Lys de Macadam... »

Mistinguett peut être satisfaite. Elle a tapé dans l'œil de la vedette du spectacle, de l'une des grandes étoiles du moment, tout simplement : Max Dearly.

Dans le style brun gominé, le beau Max fait fureur. C'est le séducteur en vogue. Détail qui ne trompe pas : il a même lancé une mode du couvre-chef, qu'il porte négligemment posé sur la nuque, contrairement à la tradition du chapeau posé bien droit sur la tête. Avec son air « un tout petit peu nervi marseillais », assure Maurice Chevalier, il plaît beaucoup aux dames. Lesquelles n'ont pas affaire à un ingrat si l'on en croit cette anecdote :

Le soir d'une première théâtrale où les plus belles femmes de Paris semblent s'être donné rendez-vous, un ami interroge Max Dearly :

« Combien ? »

L'artiste parcourt du regard les fauteuils d'orchestre, les baignoires, les loges...

« Toutes, sauf deux », laisse-t-il tomber.

Ni très galant ni très modeste, Max Dearly est en tout cas un artiste de tout premier plan — il faisait mouche à chaque mot, à chaque spirituelle inspiration — doté d'un flair quasi infaillible pour discerner les talents. Et en choisissant Mistinguett, il ne s'est pas trompé. Cette fille est exactement la partenaire qu'il recherche pour une danse dont il a l'idée, une pantomime plutôt, endiablée, échevelée... quelque chose de balancé, de chaloupé... c'est cela : de chaloupé... C'est la chaloupée.

La danse met en scène un couple des faubourgs : un

mauvais garçon, un « apache » comme on dit alors, et sa gagneuse. L'homme domine, la femme encaisse (seulement les coups)... Et la valse s'achève par une méchante correction que le Jules inflige à sa Julie, toujours amoureuse...

La chaloupée est lancée en 1909, au Moulin-Rouge, et fait un triomphe... La perle du spectacle finalement, c'est celle du trottoir. Mistinguett peut savourer sa revanche. Même si elle n'est que la partenaire de Max Dearly, elle ramasse sa part de lauriers :

« Ces deux-là ! dansant ensemble, cette trouvaille géniale. Ces deux belles gueules. Ces deux personnalités d'êtres et d'artistes. Quel régal ! Quelle jouissance ! La salle était suspendue à leurs expressions, à leurs corps. On avait mal tellement c'était beau... [1] »

Le peintre Van Dongen immortalise le couple sur sa toile. La musique, qui est un extrait, quelque peu déformé, du ballet des *Papillons* d'Offenbach, vit une seconde jeunesse. Jusque-là, deux cents partitions avaient trouvé preneur. Du jour au lendemain, elles sont vendues à des milliers d'exemplaires.

« Cette danse était dans l'air, explique l'écrivain Louis Roubaud. Des faits divers célèbres avaient révélé autrefois Casque d'Or. Bruant avait créé la poésie de la pègre : Charles-Henri Hirsch avait écrit les romans de chevalerie de l'Apache. La chaloupée fut donc la transposition chorégraphique d'un poncif littéraire. Mais ce fut aussi la révélation de la danse acrobatique qui devait triompher plus tard. La pierreuse en corsage rouge, les joues et la gorge blanche ; l'Apache en casquette, veston serré, foulard écarlate au cou, bout de mégot aux lèvres, valsant une brutale pantomime d'amour, transportaient dans le décor d'un bal musette les éternelles passions du théâtre humain... Cependant, la violence des mouvements, le réalisme des gestes arrachaient la danse à la

1. *Ma Route et mes chansons*, Maurice Chevalier, Julliard, 1946.

tradition dont, malgré l'exemple des Ballets russes, elle ne s'était pas encore évadée [1]... »

La chaloupée, qui fera le bonheur de dizaines d'autres revues, descend de scène et se répand dans la rue, dans les bals et les guinguettes. Dans les riches soirées privées aussi. Chez les Edwards par exemple...

Couple étrange. Lui c'est Alfred Edwards, d'origine orientale, ancien patron du *Matin*. Il totalise quatre mariages et pas n'importe lesquels. Il a d'abord épousé Hélène Railli, une de ses cousines, puis Mlle Charcot, fille de l'illustre professeur et sœur de l'explorateur. Il dérobe ensuite l'ensorcelante Missia Gobedska, modèle favori de Renoir, amie de Verlaine, de Toulouse-Lautrec, d'Alfred Jarry. Et pour finir, il succombe au charme sulfureux de Lanthelme. Il est propriétaire du théâtre Réjane, et accessoirement auteur de pièces. Elle est actrice, plus belle que talentueuse. Elle a besoin de lui pour épauler sa carrière naissante.

Mais plus que tout, Lanthelme et son mari deviennent les rois de la fête parisienne. Tout ce qui est extravagant est forcément Edwards. Lors d'un réveillon, ils transforment leur grand salon en boutique de charcutier ! Avec, suspendus le long des murs richement tapissés, des jambons de carton, des saucisses de baudruche ou des hures de plâtre. Edwards accueille ses invités, coutelas à la main. Le repas est somptueux, le champagne coule à flots. Lanthelme la scandaleuse s'offre en dessert, se perd dans un numéro de strip-tease. Quant au duo Dearly-Mistinguett ils dansent, bien entendu, la chaloupée dans une ambiance frénétique...

« Dearly et Mistinguett furent la providence des soirées déguisées », relève encore Louis Roubaud. Et ils ne sont pas les seuls. Car si on ne s'offre pas les vedettes, on se la danse soi-même, la chaloupée. Et avec le costume :

« Les accessoiristes de cotillons vendirent pour les

1. *Music-Hall*, Louis Roubaud, Louis Querelle éditeur, 1929.

salons des nobles faubourgs des surins, des foulards rouges, des tabliers de gigolette et M. de Fouquières — grand arbitre des élégances de l'époque — coiffa la casquette à pont... »

Si la môme Flora demeure un personnage fétiche dans la carrière de Mistinguett... la chaloupée, elle, représente le réel tournant de sa carrière. La Miss en sera la première convaincue, s'en servira souvent de point de repère, pour situer une rencontre, un événement. Dans sa vie, il y aura un avant et un après la chaloupée...

Après, elle ne sera d'ailleurs plus jamais la partenaire de qui que ce soit. Ce sont les autres qui deviendront les partenaires de Mistinguett. Nuance.

La passion qui, pendant des années, va unir la Miss et le music-hall s'ébauche donc. Mais l'artiste ne lâche pas tout de suite le théâtre. Et le théâtre, qui sent peut-être que la belle lui échappe, lui joue la grande scène, traite la roturière du caf'conc' avec beaucoup plus de prévenance. Un auteur réputé, Robert de Flers, lui destine un rôle dans *L'Âne de Buridan.* Au cours des répétitions, l'atmosphère est nouvelle, les autres acteurs sont courtois, la traitent enfin comme une des leurs. Et sur l'affiche...

Dans le bistrot qui fait face au théâtre du Gymnase, Mistinguett sirote son chocolat. Elle est aux anges. Pour la première fois, aux côtés des noms de Marthe Régnier et Renée du Minil, il y a le sien. Qui brille en lettres de feu. Mais comme Mistinguett est toujours Mistinguett, elle exprime toutefois en elle-même un petit regret : elle aurait dû garder le « e » final, ça aurait fait plus riche.

L'Âne de Buridan est un succès. Mistinguett enchaîne avec un vaudeville de Maurice Hennequin et Pierre Weber, *Tais-toi mon cœur* où, en souvenir de la chaloupée, elle introduit une nouveauté chorégraphique : la riboulingue. Cette danse ne connaîtra pas le triomphe de la précédente, mais elle séduit. Et Mistinguett sent qu'elle devient vedette.

Elle ne s'extasie pas outre mesure. Elle est heureuse,

mais sereine. Cette réussite lui semble presque naturelle. Logique en tout cas. Pour en arriver là, elle s'est bagarrée, a évité bien des écueils. Mais le chemin n'est qu'à moitié parcouru. Ce qu'elle veut, c'est rejoindre le peloton des Grands, des stars qui règnent véritablement sur Paris. Monter aussi haut que Mayol, Paulus, Dranem, Guilbert ou Lavallière, se venger, en passant, de l'échec de la Scala. Elle a pris des risques, mais sait qu'elle devra encore se remettre en question, refuser le confort d'un terrain conquis pour courir l'aventure. Monter ou descendre ?

Mistinguett ne se pose pas la question : elle va monter...

Deuxième partie

CHEVALIER OU LA ROMANCE « RENVERSANTE »

CHAPITRE 1

La renversante

« Celle-là, c'est la môme Mistinguett. Avec sa p'tite gueule de guenon, à l'œil triste et au sourire d'enfant, elle est peut-être plus excitante que toutes les poules qui sont là ce soir. »

La comparaison est flatteuse car ce soir-là, les places d'orchestre du Parisiana accueillent l'échantillon le plus représentatif des belles de Paris : Cléo de Mérode, Caroline Otéro, Polaire, Liane de Pougy, Colette... Avant d'entrer en scène, le comique de la troupe, Carjol, les contemple par le trou du rideau. Et, en fin connaisseur, il commente. Son copain, dévoré par le trac, l'écoute sans dire un mot : il ne connaît pas grand-chose aux femmes, surtout ces femmes-là. Cela fait pourtant plusieurs années maintenant qu'il écume les salles de spectacle, mais en coulisses les filles le prennent toujours pour un gosse. Il faut dire qu'il a commencé si jeune, le môme Chevalier...

A dix ans, lorsqu'il est sorti de l'école, son avenir était tout tracé : ouvrier comme son père et ses deux frères. Il a essayé, il a même tout essayé : graveur sur métaux, marchand de couleurs, fabricant de punaises... autant d'apprentissages qui ont tourné court. Ses trop fréquents et interminables séjours dans les cabinets, où il répétait des scènes devant un public imaginaire, ont fait renvoyer le petit Chevalier de tous les ateliers.

Car Maurice n'a déjà qu'une idée en tête : devenir artiste et ce, dès l'âge de onze ans. Plutôt que de jouer aux billes, il tente sa chance dans les salles de quartier où pullulent les chanteurs amateurs. C'est un drôle de numéro ! D'abord, il est petit, très petit pour son âge. Et sur ce petit corps, s'agite une grosse tête de gamin rigolard, toute plissée quand il rit. Et quand il rit, quand il chante de sa voix pointue, mal posée, poussée dans les aigus, il fait rire aussi...

A douze ans, il décroche son premier contrat. Premier argent. Le Casino de Tourelles, au lac Saint-Fargeau, remplace avantageusement l'atelier. De voir ainsi son rêve se réaliser d'emblée bouscule un peu les idées du jeune Chevalier, qui pense que le plus dur est fait, que le reste va rouler tout seul.

Mais dans la famille, les temps sont durs. Après le père — un ivrogne qui a fait ses valises très tôt — puis le frère aîné, c'est Paul, le cadet, qui se marie et quitte à son tour le giron maternel. Encore un salaire en moins à la maison. Ne reste plus que Maurice le saltimbanque qui, contrairement à ce qu'il croyait dans sa naïveté de débutant, voit ses engagements se raréfier, puis disparaître tout à fait. La misère s'installe, une misère noire, dans le modeste logement qu'il partage avec la Louque, surnom affectueux donné à sa mère chérie. Pour survivre, l'artiste déchu « tourne » dans les bistrots et tend la main pour recueillir quelques sous. Une épreuve, une humiliation que le « Grand » Maurice Chevalier n'oubliera jamais...

Une lettre, une lettre inespérée, met fin à ses sombres jours. Paul Ruez, le nouveau patron du Parisiana qui prépare sa revue d'automne, a retrouvé le nom de Chevalier dans un programme périmé. Maurice est engagé pour une chanson en première partie et un peu de figuration dans la revue de la seconde partie. Au tarif de neuf francs par jour. Pour six mois. Le jeune homme est fou de joie :

« Admettons qu'un imprésario m'eût proposé à ce moment de signer un contrat à vie aux appointements de dix francs par jour. Etant bien spécifié que tout ce qu'il pourrait obtenir en supplément sera sa propriété. Et cela durant toute ma carrière... J'aurais signé en lui embrassant les mains... »

Maurice et la Louque fêtent l'événement en se goinfrant d'un énorme plat de pommes de terre. Ils prennent également une décision : à partir de ce jour, la moitié des gains de l'artiste sera systématiquement mise de côté. Maurice ne veut plus jamais superposer les feuilles de papier journal dans ses chaussures, pour colmater les trous de ses semelles. Economiser pour prévoir le retour des jours noirs. Un réflexe que Maurice Chevalier gardera toute sa vie..

La première de la revue ressemble pour le jeune Chevalier à un conte des *Mille et Une Nuits* : le gratin du Tout-Paris est donc dans la salle. Et le spectacle fait une belle carrière. Lui-même passe inaperçu, mais la métamorphose physique dont il est en train de subir les effets suffit à son bonheur : aux premières répétitions, placé côté cour, il était plus petit que le plus petit des boys. Et d'une bonne tête. Aux dernières représentations, on a dû l'exiler côté jardin. Puisqu'il dépasse maintenant tout le monde... d'une bonne tête !

« Comment fais-tu pour grandir d'une façon aussi phénoménale ? » s'enquiert le chef d'orchestre.

Lorsqu'il quitte le Parisiana, Maurice est persuadé qu'il est devenu un homme. Gonflé à bloc, il retrouve ses tours de chant. Il commence par l'Eden-Concert d'Asnières, qui l'accueille à bras ouverts, et les engagements se succèdent. Il a seize ans, deux mille francs d'économies, et se dit que la vie pourrait continuer toujours ainsi...

Il s'est fait un costume et une silhouette. Un petit chapeau défoncé, posé sur une bouille toute barbouillée de rouge et de bleu, un long cou élastique qui émerge d'une marinière, le tout boudiné dans une veste étriquée et un pantalon trop court. C'est Maurice Chevalier le comique, un tantinet grossier, qui fait rire dans les caf'conc' des faubourgs et de la banlieue. Il ne gravite pas encore dans les étages supérieurs, mais là où il est, parmi les petits artistes et les seconds couteaux du music-hall, il fait un peu figure de vedette. Et si jeune, ce n'est déjà pas mal...

Les années qui suivent le voient gravir marche après marche l'escalier de la notoriété. Le môme Chevalier entre à dix-sept ans au Casino-Montparnasse, et à dix-neuf ans à l'Eldorado, où il doit remplacer Dranem. Un jeunot mal dégrossi à la place du Maître ! Dans le landernau des comiques, la nouvelle fait grand bruit. Bien sûr, ce n'est que pour deux mois, le temps que Dranem fasse sa tournée en province... mais n'est-ce pas suffisant pour se faire remarquer ?

Un soir, Paul-Louis Flers s'installe dans la salle. Les coulisses sont en émoi : le metteur en scène des revues d'hiver des Folies-Bergère est à la recherche de talents. Il trouve Maurice, qui est convoqué aux Folies. Contrat proposé : mille huit cents francs, deux mille francs et deux mille cinq cents francs par mois pour trois saisons. Contrat signé. Maurice se sent pousser des ailes, ne prête guère attention à l'oiseau de mauvais augure, Montel, un vieil artiste aigri, qui tente de lui saper le moral. Depuis des années, Montel voit passer les étoiles — à commencer par Mistinguett — alors que lui ne bouge pas. Il en est tellement malade qu'il en est devenu hargneux. Depuis son arrivée à l'Eldorado, Chevalier l'a entendu dire chaque soir dans la loge qu'ils étaient obligés de partager :

« Monsieur Chevalier, vous êtes un gros mauvais. Vous n'avez aucun talent. Vous ne savez que tendre les fesses et c'est tout. Profitez-en, ça ne durera pas... »

Au moment du départ pour les Folies, Montel a récidivé :

« Vous n'y resterez jamais trois ans. On vous balancera après la première saison. Parce que vous êtes un gros mauvais... »

Et s'il avait raison, cet envieux, ce jaloux ? Les débuts de Maurice sont catastrophiques. La direction lui a proposé de faire l'ouverture de la saison, avant la grande revue d'hiver. Maurice insère donc ses chansons au milieu d'attractions internationales, très proches du cirque : jonglage, acrobatie, équilibre. Sa danse sportive qui agrémente ses chansonnettes aurait dû faire l'affaire. Erreur... c'est un bide complet. Et Nozière, le critique du *Figaro*, trempe sa plume dans le vitriol :

« D'où sortait cette espèce d'escogriffe lâché sur la scène de notre premier music-hall ? Qui a engagé ce laborieux et pénible comique pour paraître ainsi au centre de numéros de premier ordre ? Et d'une vulgarité en plus de tout cela ! Cette chanson sur le chef-d'œuvre de Henry Bataille : *L'Enfant de l'Amour*. Quelle ordure !... »

Chevalier s'attend au pire, à la résiliation de son contrat. Mais la direction se contente d'une demi-mesure en écourtant son numéro qu'elle place plus tôt dans le programme. En fait, cette première apparition sur la scène des Folies-Bergère n'est pas catastrophique, pour la simple raison qu'en dehors des critiques, personne n'a vraiment pris garde à la prestation du comique. C'est un peu dans la tradition des attractions du début de saison qui ne semblent exister que pour servir de fond aux retrouvailles du Tout-Paris. On discute à l'orchestre, on se salue d'une loge à l'autre, les petites femmes du promenoir et de petite vertu tentent de trouver leurs clients qui eux-mêmes font leur choix. Seules les galeries paraissent s'intéresser de loin à ce qui se passe sur scène. Maurice a compris. Il lui suffit, comme le lui a conseillé Paul-Louis Flers, d'alléger la charge comique et de passer inaperçu en attendant la rentrée hivernale.

Répétition studieuse et appliquée. Tout en admirant la jolie Gaby Deslys qui mène la revue, Maurice prend modèle sur ses partenaires masculins, Clauduis et Morton, et retient leurs qualités de finesse et de naturel. Il dira plus tard : « J'apprenais à comprendre ce qui est si rare sur scène : la classe. »

La classe, c'est Gaby Deslys... c'est Jane Marnac qui la remplace lorsque Gaby tombe malade... C'est Polaire qui assure la saison suivante... et c'est enfin la vedette féminine de la troisième saison. Mais devant elle, Chevalier reste ébloui. S'il fallait définir le métier en une seule personne, ce serait elle : Mistinguett...

Depuis la chaloupée, Mistinguett n'a pas chômé : elle a d'abord joué une revue aux Capucines, dont elle n'a pas aimé la scène jugée trop exiguë : « Un coup de jambes, j'étais sur le crâne des gens... »

Puis, Samuel le Magnifique, celui-là même qui avait refusé de l'embaucher à cause de son nom, est venu la chercher pour le théâtre de Boulevard et des rôles taillés sur mesure. La Miss a ainsi retrouvé Max Dearly, et découvert Eve Lavallière, Albert Brasseur et Jeanne Granier qui fut la partenaire de Lucien Guitry. Elle a signé un contrat de quatre ans, et certains pensaient qu'un tel fardeau allait peser trop lourd sur ses épaules. Ce fut un peu le cas, elle ne s'écroule pas, mais ne flamboie pas non plus... En fait, ce théâtre qu'elle désirait tellement, qu'elle appelait de tous ses vœux, l'ennuie un peu. Elle s'y sent à l'étroit, comme elle se sentait à l'étroit à l'Eldo. Tout cela est trop petit pour elle...

« Aux Variétés, je faisais mon travail, mais je pensais au music-hall. Le théâtre du Boulevard, ce n'était pas assez riche pour moi et je n'en n'aimais pas les coulisses. J'avais besoin de machinistes braillards, de changements de décor en tremblement de terre. Atmosphère morte où l'on entendait marcher les microbes, rampe anémique, public poussiéreux, c'était du périmé. Je voulais vivre sur scène, comme j'aime me sentir vivre, toute fantaisie. »

Mistinguett se rapproche de son univers. Un dernier effort, et elle dansera, jouera, chantera à sa guise sur des plateaux baignés de lumière, illuminés de rampes énormes... « Une dernière mise au point et je serai vedette... »

En attendant, elle prend tout ce qui vient, successivement ou en même temps : théâtre, cinéma et... music-hall. Elle travaille comme une forcenée et sort en ville tout autant. C'est le début de la vraie grande vie, l'entrée dans le Gotha mondain et dans la ferveur populaire. Les soupirants s'agglutinent devant sa porte, sa loge disparaît sous les monceaux de fleurs. On sort avec Mistinguett, on s'affiche avec Mistinguett, on invite Mistinguett...

Maurice Chevalier voudrait bien. Mais il est trop timide, trop fier, et encore bien trop obscur pour oser. Pourtant, lui aussi soupire. Et ça ne date pas d'hier. Le choc de Mistinguett, il l'a pris en plein cœur lors d'une visite dans sa loge. Quelques secondes sans importance et quelques mots affligeants de banalité. Un sourire. Une porte qui s'ouvre et qui se referme. Rien. Mais Maurice n'a pas oublié.

C'était au temps du Parisiana. Son copain Bépoil l'avait entraîné à l'Eldorado que Mistinguett était sur le point de quitter. Il connaissait vaguement la vedette et la lui avait présentée. Intimidé, Maurice n'avait su que bafouiller quelques compliments d'usage...

« Quel âge avez-vous mon petit... », avait-elle demandé.

Et puis :

« Comment vous appelez-vous déjà ?... Chevalier ?... »

Et enfin :

« Eh bien, mon petit Chevalier, je vous dis moi, Mistinguett, que vous réussirez, parce que vous avez une belle petite gueule !... »

Maurice s'était retrouvé à la porte de la loge, un peu étourdi. De près, la Miss lui avait fait encore plus d'effet que sur scène. Ce qui n'est pas peu dire si l'on en croit ce qu'il décrit dans ses *Mémoires* :

« ... Ses cheveux fous rejetés en arrière, ce profil rien qu'à elle, ce regard émouvant, ce corps souple et terriblement désirable... Parbleu, j'étais chipé amoureux de cette femme dont la seule pensée remuait déjà tout en moi... »

Sa propre ascension artistique, les conquêtes féminines dont il peut désormais s'enorgueillir ne lui font pas oublier la Miss.

« ... Ma pensée s'égarait souvent vers elle. Je l'avais vue jouer aux Variétés. Je l'avais parfois rencontrée, mais elle ne me reconnaissait jamais. L'impression qu'elle me faisait était directe. J'avais chaque fois la sensation de recevoir un coup dans l'estomac. Non pas que je m'imaginais le moins du monde avoir une chance de lui plaire ; mais elle avait la première place sur l'échelle de mes désirs inassouvis. Tout en elle me ravissait. Son visage de Gavroche bon teint. Son corps souple et admirable de jeune cavale. Son accent, sa gouaille légendaire où mon Ménilmontant trouvait aussi sa part. Elle avait tout. Aucune ne lui était comparable à mon sens. Elle était la vivante incarnation de ce qui devait, avec le cinéma, devenir le sex-appeal. Si les films parlants avaient existé à cette époque, Mistinguett y eût été la femme la plus attrayante du monde, et cela sans aucun doute. Les autres béguins que je pouvais avoir venaient loin derrière elle... Mistinguett était mon étoile. Mon étoile inaccessible, mais mon étoile tout de même... »

Par la grâce d'un petit bout de papier, l'existence de Maurice Chevalier va se trouver bouleversée. Une note interne aux Folies-Bergère annonce l'engagement de Mistinguett pour la prochaine saison d'hiver. Celle de 1910–1911. C'est également la dernière saison prévue pour Chevalier dans l'établissement. Pour lui, c'est comme un feu d'artifice.

Dans la foulée, le jeune homme se rend à une représentation en matinée à l'Alhambra. Soudain, dans la loge contiguë, deux femmes s'installent : Lanthelme et Mistinguett. Ils ne sont séparés que par une mince cloison. La Miss se penche, l'aperçoit. Chevalier lui sourit, s'enhardit, et lui explique d'un trait qu'il est très heureux d'avoir lu son engagement aux Folies-Bergère, et qu'il serait encore plus heureux de compter parmi ses partenaires...

« Sous quel nom jouez-vous, monsieur ? demande la Miss.

— Chevalier, mademoiselle.

— Ah, c'est vous Chevalier ? On m'a parlé de vous et Flers m'a promis de vous donner à moi comme partenaire... »

Un sourire, et Mistinguett se détourne, se concentre à nouveau sur le spectacle.

Quel spectacle ? Chevalier ne voit plus rien...

Le premier grand jour arrive. Celui de la distribution des rôles.

Au-dessus de la fosse d'orchestre, un plateau provisoire a été installé. Sur ce trône de bois, l'auteur et metteur en scène, le directeur, le commanditaire, le maître de ballet et Mistinguett. A l'appel de leur nom, les artistes doivent entrer sur scène un par un.

« Chevalier, vous connaissez mademoiselle Mistinguett ? Vous allez jouer tous les deux la principale scène comique de la revue. Je vous explique... »

L'idée de Paul-Louis Flers est de s'inspirer d'une nouvelle danse qui fait fureur : la valse renversée, que la fougueuse et Belle Otéro a notamment lancée chez Maxim's. Il appelle ça « la valse renversante » et elle dément parfaitement l'adage selon lequel la musique adoucit les mœurs. En fait, cette valse commence par une scène de ménage. Et quand Mistinguett se permet de gifler « son homme » à plusieurs reprises, ce dernier l'entraîne dans une valse échevelée sans souci du mobilier alentour. Le couple renverse tout sur son passage et, pour finir, s'enroule dans un grand tapis avant de disparaître par une fenêtre du décor...

C'est du sport. Et Maurice ne se fait pas trop d'illusions. On l'a choisi pour ses qualités sportives bien plus que pour ses qualités artistiques. Il a fait de la boxe, il saura donc encaisser. Le dialogue, il n'existe quasiment que pour Mistinguett ! Mais Chevalier est trop heureux pour se formaliser. Même s'il n'est que le « sois fort et tais-toi », il est tout de même partenaire de Mistinguett. Cela suffit largement à son bonheur.

Il serait encore plus heureux s'il savait que c'est Mistinguett qui a suggéré son nom à Flers. Car contrairement à ce qu'elle a prétendu à l'Alhambra, elle se souvient du jeune Chevalier. En tant que femme et en tant qu'artiste. Elle l'a vu sur une scène de Montmartre. Elle a apprécié sa présence, ses gestes, son sourire heureux, sa « façon de détailler les chansons comme s'il les eût fredonnées pour lui-même », et le chapeau melon que, déjà, il manie avec dextérité... Enfin Mistinguett sent bien que ce garçon, tout en étant très perfectible, est pétri de talent.

Pour Chevalier, les bonnes nouvelles succèdent aux bonnes nouvelles. Compte tenu de la mise au point très minutieuse exigée par la renversante, le duo bénéficie d'un régime de faveur. De onze heures à midi, chaque jour, Mistinguett et Chevalier disposent seuls de la scène. Ces soixante minutes, c'est alors toute la vie de Maurice, les autres vingt-trois heures ne comptent pas...

« Quelle femme, quelle nature, quel tempérament, quel amusement dans l'effort ! »

Le jeune homme ne trouve plus les mots pour exprimer son admiration. Dès les premières répétitions, la vedette fait preuve d'un esprit de camaraderie formidable. C'est une travailleuse acharnée, une perfectionniste, mais dans le meilleur esprit. Elle prodigue tous ses encouragements à son partenaire, ne met à aucun moment son statut d'artiste confirmée en avant, au contraire, elle se montre particulièrement serviable et docile. Chevalier jouit d'une bienveillance particulière, mais il n'en sait encore rien. Ce qu'il voit, c'est une professionnelle de grande classe, et plus encore, une jeune femme belle et désirable. Et cette femme, qui le faisait tant rêver, il la tient aujourd'hui dans ses bras. Maurice se sent de plus en plus à l'aise et, dans ces moments-là, il devient irrésistible. Il ne cesse de blaguer, de plaisanter. Mistinguett éclate de rire. Maurice est aux anges. Si ce n'est pas le bonheur, ça y ressemble bougrement...

Chevalier a bien besoin de cette bouffée d'air pur. Il en oublie Fréhel et les quelques mois terribles qu'il vient de passer avec elle. Cette chanteuse, sans doute la plus grande de sa génération, l'avait envoûté. Lui, le garçon posé, économe, désireux de mener une existence rangée, soucieux de se préparer un avenir lisse et brillant, s'était laissé embarquer dans une aventure chaotique et dégradante. La femme, une rousse flamboyante aux yeux verts, est aussi belle que son âme est noire. Ces bas-fonds qu'elle chante avec tant de chaleur et de vérité, Fréhel les explore avec une passion suicidaire. Sa vie est une orgie permanente, de sexe, de drogue et d'alcool. Sa frénésie, entretenue par la cocaïne, la conduit jusqu'au bout de la nuit dans des bouges infâmes où elle se donne en spectacle. Elle se détruit avec une affolante constance, et Maurice, d'abord follement amoureux, as fini par lâcher prise pour ne pas sombrer avec elle. Car il s'est senti glisser lui aussi vers le néant. Fasciné par Fréhel, il a partagé ses vices, a abusé de l'alcool et pris de la drogue. Et son travail, il le sentait bien, commençait à s'en ressentir.

« Chevalier, je l'ai déniaisé », dira plus tard Fréhel à son compositeur Georges Zwingel [1]. Sans doute lui a-t-elle tout appris des choses de l'amour... mais quand Maurice rencontre Mistinguett aux Folies-Bergère, l'amour pour lui, c'est cette femme concrète et équilibrée, saine et amoureuse de son métier. Fréhel, c'est le diable, et on ne peut pas aimer le diable sans finir par se brûler...

Et, bien sûr, ce qui devait arriver survient. A force de s'enrouler dans ce fichu tapis, si fort serrée contre Chevalier, Mistinguett ressent une émotion qui n'a rien d'amical. Et elle devine aisément que le grand escogriffe qui l'étouffe se trouve dans le même état d'esprit. Lors d'une répétition, ils mettent un temps infini à s'extirper de leur tapis, au point de bousiller le rythme de la scène. Ils ont une excuse valable, qu'ils gardent pour eux, ils viennent d'échanger leur premier baiser.

1. Georges Zwingel, auteur de chansons à succès comme « La guinguette a fermé ses volets » ou : « Au-delà des nuages », qu'interpréta Tino Rossi, fut, au cours des années trente, le violoniste accompagnateur de Fréhel... « Elle avait un talent fou », dit-il de la chanteuse maudite. « Elle savait tout faire. En plus de sa voix exceptionnelle, elle était comédienne, chantant sur les registres comiques ou dramatiques. A la fin de sa vie, nous dûmes organiser une soirée à son profit pour la sortir un peu de la misère où elle était tombée. »

« Mince de turbin », chuchote Maurice...

Ainsi commence la romance « renversante » de mademoiselle Mistinguett, trente-cinq ans, et de Maurice Chevalier, vingt-deux ans...

CHAPITRE 2

Le faux mariage

Un jeune homme fait irruption dans la loge de Maurice Chevalier. Le visage décomposé par la colère, il brandit une lettre, ne se contrôle qu'à grand-peine :

« Vous n'allez pas encore me dire que vous n'êtes que camarades ! »

Maurice est à peine surpris, il savait ce moment inévitable. L'instant grotesque, désespérant, désespéré aussi, où le mari demande des comptes à l'amant... Certes, Louis Verneuil n'est pas l'époux de Mistinguett, mais dans le milieu artistique, c'est tout comme. C'est le compagnon officiel, celui avec qui on s'affiche dans toutes les soirées, avec qui on prend congé.

Plus jeune encore que Maurice Chevalier, Louis Verneuil — *alias* Louis Collin-Barbié du Bocage — est un garçon qui ne doute guère de ses capacités, et qui apparemment n'a pas tort : à dix-sept ans, il clame qu'il veut être auteur dramatique. Ce qu'il devient, un an plus tard, remarqué par le jury du Fémina en 1911.

Sortir avec Mistinguett représente une sorte de consécration pour ce Rastignac des arts et des lettres. Et la vedette du caf'conc' n'est pas perdante non plus. Fréquenter Louis Verneuil prouve ainsi aux yeux du monde théâtral qu'elle fait bel et bien partie de la famille.

Mais aujourd'hui, dans le cœur de la Miss, le music-hall

a supplanté le théâtre. Et Maurice grignote tout doucement la place de Louis...

L'« officiel » de mademoiselle Mistinguett, et l'officieux de « Mist » se rencontrent d'ailleurs pour la seconde fois. La première entrevue s'était déroulée dans un café des Champs-Elysées. Alerté par des bruits de coulisses, et sans doute aussi par le tintamarre orchestré par Fréhel, Louis Verneuil avait souhaité une discussion « entre hommes ». Car Fréhel ne s'est pas laissé « dépouiller » sans réagir. Elle a même confié son chagrin à *La Rampe*, un magazine populaire sur le monde artistique qui adore ce genre d'histoires croustillantes. Lors de beuveries mémorables, elle a hurlé son désespoir et sa haine, allant jusqu'à brandir un couteau en assurant qu'elle allait faire la peau à cette s... de Mistinguett. Elle a d'ailleurs failli passer à l'acte. Un soir, cachée dans l'ombre d'une porte cochère, la main serrée sur son coutelas, Fréhel a attendu que les deux amants viennent, comme ils le faisaient parfois, dîner dans un restaurant de la rue de Ménilmontant. Par chance, ils ont, ce jour-là, changé d'établissement. Depuis, la « pervenche » des caf'conc' s'est un peu calmée, se contentant de clamer un peu partout que, de toute manière, « elle ne voit pas Maurice rester avec une femme de treize ans plus âgée que lui »... C'est vrai qu'elle n'a que vingt ans, Fréhel, mais à s'enfoncer ainsi dans une nuit désespérée, elle va vite les perdre...

Le premier face-à-face entre Maurice Chevalier et Louis Verneuil avait été beaucoup plus courtois. Verneuil, jeune homme élégant, à l'allure sportive et décidée, était visiblement meurtri par l'infidélité supposée de sa bien-aimée. A quoi bon le torturer davantage ? Et comment le chanteur aurait-il raconté à « l'autre » les baisers furtifs, les rendez-vous secrets, les étreintes d'autant plus passionnées qu'elles devaient rester cachées ?... Pouvait-il également évoquer ses propres bleus à l'âme lorsque Mistinguett, après le spectacle, le renvoyait de sa loge, en lui disant d'un air navré : « On vient me chercher pour souper. » Et tandis qu'il rentrait tout seul retrouver la Louque, Verneuil rayonnait au bras de la Miss. Pouvait-il ?... Par compassion pour son rival ou pour son amour-propre à lui, Chevalier avait préféré mentir. Toute cette histoire n'était que ragots et médisances, relayés par les gazettes. La popularité du duo Mistinguett-Chevalier sur scène avait forcément provoqué bien des jalousies...

Louis Verneuil était reparti rasséréné. Comme quelqu'un qui avait décidé de croire l'improbable. Mais aujourd'hui, il y a cette lettre, cette maudite lettre qu'il agite furieusement sous le nez de Maurice. Le contenu ne laisse place à aucune équivoque. Sur cette page, un jour de cafard, Chevalier n'avait rien caché de son amour pour « Mist »... Pourtant, il tente encore de nier l'évidence. Mais cette fois, Verneuil ne se laisse pas embobiner. La preuve, il a la preuve en main. Furieux, il traite son rival de lâche, et pis encore...

« Alors quoi, Chevalier, vous êtes une tante ? »

« La gorge sèche, racontera Maurice, j'eus la surprise de m'entendre dire d'une voix qui devait venir des omoplates : " Venez ce soir à minuit me trouver à la sortie des artistes, et vous m'expliquerez exactement ce que vous entendez par le mot tante. " »

Verneuil promet « d'y être », et claque la porte. En quelques minutes, des loges aux cintres, la nouvelle se répand dans l'enceinte des Folies-Bergère : « A minuit, les deux amoureux de Mistinguett vont se battre. »

Dès la fin de la représentation, acteurs, musiciens, machinistes se précipitent rue Saulnier pour assister à un autre spectacle. Au milieu de la chaussée, bien détachées, deux ombres s'impatientent : Verneuil et son témoin attendent Chevalier qui achève de se démaquiller.

Il arrive enfin. Vêtu d'un chandail sport et les mains gantées. A la salle de boxe, on lui avait toujours recommandé de ne pas se battre les mains nues. Verneuil fait les cent pas. Il est nerveux : le poing de sa main droite frappe sans cesse le creux de sa main gauche. Chevalier tente une dernière fois de le raisonner :

« Ne soyons pas ridicules. Laissons Mist choisir. »

Le surnom de « Mist », que le chanteur est le seul à utiliser, n'est certainement pas fait pour calmer le jeune auteur :

« Je vais vous retourner les pattes », assure-t-il.

Le combat est inégal. Verneuil se bat comme un chien fou, Chevalier a une bonne connaissance des rings : un « une deux », gauche-droite dès que l'adversaire a baissé sa garde, suivi d'un coup à l'estomac, et Louis Verneuil est à terre. K.O.

A l'écart de la foule, dissimulée dans l'encoignure d'une porte, sa guenon dans les bras, Mistinguett a assisté au combat dont elle est l'enjeu. Elle n'a rien fait pour encourager un tel affrontement, mais n'a rien tenté pour l'empêcher. Son regard croise celui de Chevalier. Il n'est pas fier de cette histoire, pas plus que de cette victoire. Simplement soulagé. Il en avait marre de se cacher...

Mais cette péripétie ne compte guère en regard de tous les soucis qui s'accumulent sur la tête du chanteur. Comme il s'y attendait, son contrat avec les Folies n'a pas été reconduit. Le succès de la renversante l'a trop euphorisé. Fréhel l'avait déjà fortement perturbé, mais cette fois, il a vécu sur ses lauriers. En un mot, il s'est cru arrivé.

La vogue des attractions anglo-saxonnes qui déferlent sur le music-hall français le laisse sur la touche. Pis, un autre contrat théoriquement prévu pour trois saisons, décroché à l'Alcazar d'été et aux Ambassadeurs en alternance avec les Folies, est résilié avant son terme. Et là, Maurice acquiert brutalement la preuve qu'il n'est plus dans le coup...

C'est Cornuché, son patron, qui lui assène le coup de massue :

« Vous n'avez pas vu Boucot hier soir ? Débrouillez-vous pour le voir le plus tôt possible. Il est sensationnel, il a un nouveau truc ! Il descend dans la salle, il ouvre les sacs des dames, fume le cigare des spectateurs, discute avec eux sur n'importe quel sujet. Il vous assassine, mon pauvre Chevalier, il vous écrase, vous et tous ceux de votre genre... Boucot est, depuis hier soir, le plus grand comique français. »

Cornuché lui annoncerait sa mise à la porte qu'il ne s'y prendrait pas autrement. Et c'est pour bientôt. Moral en berne, Maurice Chevalier file à l'Alcazar d'Été pour voir le nouveau prodige. Ce qu'il découvre l'atterre et l'émerveille tout à la fois. La puissance comique de Boucot emporte tout sur son passage. Il a dû drôlement travailler pour trouver ce nouveau style qui provoque tant de rires et d'enthousiasme. Et toi ? s'interroge Chevalier, qu'est-ce-que tu as fait pendant ce temps-là ?

Rien. Il s'est laissé bercer par les revues des Folies, a pris ses prestations d'été un peu à la légère, a délaissé ses tournées en province, et surtout n'a pas cherché à se renouveler. Il a oublié que le public n'est jamais définitivement conquis, que ce n'est pas un trophée que l'on met dans une vitrine, qu'il est vivant, et donc exigeant, mouvant et imprévisible. Maurice se frappe la poitrine : c'est sa faute, sa très grande faute... encore une leçon qu'il n'oubliera jamais.

Chevalier est toutefois persuadé que Boucot n'a pas raison sur tous les fronts. Il n'apprécie guère la manière dont le comique fait entrer le public dans son jeu, comment il supprime toute barrière entre la scène et la salle. Boucot descend parmi les spectateurs, les prend comme têtes de Turc, se permet de grosses familiarités et des facéties osées. Chevalier estime le procédé dangereux :

« Aujourd'hui, il ouvre les sacs des dames... et demain ? que sera-t-il obligé de faire pour déclencher les rires ? Un chanteur doit, à mon humble avis, rester un tout petit peu à sa place : sur la scène. »

Plus tard, Chevalier reprochera à Mistinguett ses jeux incessants avec le public. Et tandis que l'une prendra toujours plaisir à se mêler à la salle, l'autre se gardera bien de descendre dans l'arène...

Boucot ne fera pas finalement la carrière qui lui semblait promise. Il se « gâche » avant de tomber. Mais cette chute n'a rien à voir avec les prédictions de son rival...

« Boucot aurait pu être un très grand comique, juge le revuiste Jacques Charles... Il s'est contenté d'être l'amuseur numéro un de ses camarades et des machinistes. Cet artiste si bien parti est resté en route parce qu'il n'avait pas le respect du public, ni le respect de soi-même. Les jours où il était bien disposé, Boucot était éblouissant. Par contre, s'il était d'humeur morose ou folichonné, il était impossible. Si Boucot était triste, il débitait son texte d'une voix caverneuse, le regard et la pensée ailleurs. S'il était trop gai, il ne cessait de rire et de faire rire ses partenaires. Il ne disait plus une ligne du texte, bousculait les effets, les intervertissait, improvisait, si bien que le public n'y comprenait plus rien et la scène qui, la veille, faisait tordre la salle, ne faisait même plus sourire. Par contre, sur le plateau on s'amusait beaucoup. Les artistes, les machinistes, massés derrière les portants, se divertissaient fort aux facéties hors texte de M. Boucot qui, excité par les approbations de ce public improvisé, accumulait ses plaisanteries imcompréhensibles pour le public payant. Et les directeurs finirent par se lasser. Ils n'engagèrent plus le pauvre Boucot qui mourut dans la misère. »

Fin d'un amateur surdoué dans un monde de professionnels. Maurice Chevalier a peut-être moins d'esprit et moins d'inspiration, mais durement secoué par cette chaude alerte, il retrousse ses manches...

Et Mistinguett pendant ce temps-là ? Elle rayonne. La vague anglo-saxonne ne l'éclabousse pas. Elle vole au contraire de succès en succès : été 1912, revue de Rip à l'Alcazar ; automne 1913, retour aux Folies-Bergère où l'on remarque dans un rôle de page une blonde mignonne aux traits de porcelaine : Yvonne Printemps. C'est ensuite la Scala, pour une opérette de Robert de Flers : *Si j'étais roi.* La Scala ! Cela sonne comme une revanche ! Eh bien, aujourd'hui, la Miss fait la moue. Elle n'éprouve pas le plaisir escompté. Finalement, la Scala, ce n'est pas si extraordinaire... sauf que ce bastion, tombé lui aussi, prouve à Mistinguett que, désormais, aucun lieu artistique ne lui est interdit. Et bientôt, c'est elle qui choisira...

Lâché par le succès, Maurice Chevalier suit l'envolée de son étoile avec une inquiétude croissante. Au naturel, c'est un anxieux, un tourmenté qui ne parvient pas à se débarrasser d'un fort complexe d'infériorité. Lui-même englobe cet ensemble de sentiments néfastes d'un nom tout simple : la honte... il a honte de son manque d'éducation, de son manque d'instruction, de son absence de culture, de sa façon de s'habiller, de se tenir... en fait, il a honte de lui-même. Les circonstances difficiles dans lesquelles il se débat n'arrangent évidemment pas les choses, d'autant que son amour pour Mistinguett sécrète un autre venin : il devient jaloux. Et par conséquent ennuyeux...

Chevalier a tort. D'abord, Mistinguett lui est fidèle... comme elle le sera très souvent lorsqu'elle dispose d'un amant en titre. Ensuite, après son K.O. retentissant, Louis Verneuil a, très élégamment d'ailleurs, tiré sa révérence. Il restera ami avec Mistinguett, mais le compagnon officiel, désormais, c'est Maurice Chevalier, qui présente « Mist » à sa mère. La Louque, qui n'aimait pas et craignait la volcanique Fréhel, adopte d'emblée Mistinguett.

Parallèlement, la situation de Maurice finit par s'améliorer. Il est engagé pour une saison à la Cigale, aux côtés de Régina Badet, danseuse de l'Opéra-Comique qui fait là ses débuts de comédienne, Nina Myral, Fred Pascal et Raimu, un Marseillais fort en gueule monté à Paris par le biais des concerts Mayol. C'est un comique un peu ténébreux et pas facile à bouger. Au propre comme au figuré. « Raimu ? dit-on dans les coulisses. C'est celui qui refuse de raimuer... »

L'acteur laisse dire, et trace sa route qui se révélera impériale. De saison en saison, il assoit sa popularité ; que ce soit dans des interprétations de clowns musicaux ou dans cette composition de Rodin à la Cigale, dont Chevalier se souviendra de nombreuses années plus tard. Tout comme de leur amitié qui sera, à l'image du tempérament de Raimu, parfois orageuse.

La revue de la Cigale est un succès et les deux hommes rempilent pour la saison suivante. Chevalier retrouve le moral et s'octroie même un petit week-end à Londres en compagnie de Mistinguett. Pendant deux jours, le couple se livre à une orgie... de spectacles. Et c'est là, que Maurice en prend plein les yeux : Norman Teach, ses claquettes et son élégance... c'est une illumination. Finis le maquillage grossier et les fringues à trous, terminés la grosse caisse et les calembours vaseux. Maurice décide de rogner un peu sur les effets trop lourds. Etre drôle d'accord, mais avec une pointe de charme. Quelque chose du *french lover*...

Après l'Angleterre, le bord de mer. Sur la côte fleurie, en Normandie. Trouville est à la mode, « Deauville reste à faire », assure Mistinguett. La vedette et d'autres personnalités de haut vol s'y emploient et transforme la seule plage au monde qui tourne le dos à la mer, en station balnéaire mondaine. Mistinguett en fait même, en plein été, le cadre de la plus stupéfiante annonce matrimoniale de ce début de siècle : elle se marie avec... Mayol !

C'est le 9 août 1913, outre Mistinguett et Chevalier, Louis Verneuil, « l'ancien » est également en villégiature, ainsi que Mayol qui arrive par avion de Nice, emballé par son baptême de l'air avec le célèbre pilote Ollivéres.

Le quatuor est en balade sur les planches. Mistinguett et Mayol doivent débattre d'une affaire sérieuse (mais on ne saura jamais laquelle) et marchent devant.

« Arrête-toi, penche-toi vers moi et souris », murmure subitement la Miss à l'oreille de Mayol... Ravi, un photographe ambulant ne rate pas cette démonstration d'affection entre deux des plus célèbres artistes du moment.

Clic-clac ! Fin du premier acte.

Le lendemain, une camarade (peut-être de mèche) s'extasie en public sur le cliché :

« Vous avez l'air de deux tendres fiancés sur cette photo ! »

Réponse de la Miss :

« Tu parles, l'air et même la chanson. Parfaitement, Félix en a soupé du métier de directeur. Il plaque son concert et on se marie. Il est très riche : voyez la belle bague qu'il m'a offerte pour nos accordailles. »

La bague brille de tous ses feux. Fin du deuxième acte.

Le lendemain, une petite troupe d'amis se retrouve au célèbre restaurant Guillaume le Conquérant à Dives-sur-Mer. On se croirait à un déjeuner de fiançailles. Mayol prend des photos strictement personnelles, qui, affirme-t-il, ne sortiront pas du cercle des intimes... le lendemain, on les retrouve, illustrant un article du *Matin.* Et c'est parti ! le magazine *Comedia* consacre plusieurs pages de reportage à ce mariage de stars, de nombreux périodiques français, européens, américains suivent dans la foulée. Il y a des photos partout, y compris à la vitrine des magasins... Le mariage de Mistinguett et de Mayol, c'est l'événement de ce printemps.

C'est aussi un sacré gag.

Alors âgé de quarante et un ans, Mayol est une véritable gloire du music-hall. Avec son immense toupet blond en point d'interrogation, son regard fureteur et son éternelle branche de muguet qui éclaire la boutonnière de son complet noir, Mayol sur scène c'est tout un théâtre gracieux qui s'anime. Efféminé jusque dans ses battements de cils, il trouve son inspiration dans les malheurs domestiques et les amours printanières. Et si ses chansons ne sont pas d'une finesse et d'un spirituel remarquables, il les fredonne avec tant de prévenance, de gentillesse et de tact que le public les adopte d'emblée et en fait fréquemment ses mélodies préférées : « Viens Poupoule, viens poupoule, viens... »

Malgré l'âge, son embonpoint peu en rapport avec ses manières de gamine et ses chansons de plus en plus démodées, Mayol ne perdra jamais sa popularité :

« Mayol, jadis essentiellement jeune premier, pourrait

aujourd'hui avec sa gosse bedaine, sa figure poupine et son toupet périmé, nous paraître ridicule. Il n'en n'est rien. Je ne sais quelle bonhomie supérieure à sa silhouette met aussitôt sa bedaine et son toupet à leur place. Mayol est le premier à se blaguer ; il a conservé son apparence tout en abdiquant son prestige. Du coup, on est conquis... Quand il était jeune, Mayol spiritualisait le calicot, l'âge venu et le souvenir aidant, aujourd'hui il le poétise [1]. »

Reste que celui qui chante : « Les mains de femmes sont des bijoux dont je suis fou » recherche l'amitié avec les femmes, mais l'amour avec les hommes. Il faut le voir, grâce aux actualités de l'époque, en tournée sur le front des troupes durant la guerre 14-18, pour saisir à quel point ses airs de grande folle sur le déclin laissent les poilus perplexes...

Pourtant, Chevalier qui, à ses débuts, a copié Dranem et imité Mayol, se voit reprocher par ce dernier d'avoir forcé un peu le trait efféminé : « Tu m'as fait trop tante, lui dira-t-il. Je sais et tout le monde sait ce que je suis, mais mon chou, trop c'est trop. »

Evidemment, puisque tout le monde sait, l'annonce de l'hymen entre Mayol et Mistinguett fait jaser. Satisfaits de leur coup de pub, les deux vedettes annoncent leur « rupture » avec humour et envoient à la presse deux lettres qu'ils sont censés avoir écrites à leurs amis. Ce qui donne...

Mistinguett à mademoiselle Spinelly.

« Je ne te demande pas, ma chérie, si la nouvelle de mon mariage t'a épatée. Je vois d'ici ta bonne petite gueugueule ahurie, quand tu as lu ça dans les journaux. Mademoiselle Mistinguett est fiancée à monsieur Mayol. C'était exact. Ça ne l'est plus.

1. *Le Music-Hall et ses figures*, Louis Léon-Martin, les Éditions de France, 1928.

En baguenaudant dans la rue Gontaut-Biron, Mayol me glisse : “ Si tu veux. ” j’ai répondu : “ Ça colle. ”

Et on s’est bécotés.

Seulement on a réfléchi. On finit toujours par réfléchir. Je me suis dit : Mistinguett, t’emballe pas ! ton fiancé est charmant. Si tu devais épouser quelqu’un, c’est celui-là que je te conseillerais. Mais une alliance au doigt, ça va t’aller comme un anneau dans le nez de mademoiselle Sorel. Pas de blague. Le mariage pourrait te faire grossir. Rends ta parole.

Mayol a très bien compris. »

Mayol à Dranem.

« Mon cher vieux,

Puisque dans son dernier album ce rossard de Sem nous présente aux yeux émerveillés des populations de Tangoville, si tendrement unis, laisse-moi te dire pourquoi j’ai dû renoncer à épouser Mistinguett. Et d’abord, ça devait se faire. Mais oui ! Un matin, à la Potinière de Deauville, je vois devant moi une petite femme, d’allure délicieuse. Machinalement, je lui chantonne :

“ Mademoiselle, voulez-vous me permettre... ? ”

Mais, tu me l’as déjà entendue... Bref, la petite femme se retourne. Eclats de rire. C’était Mistinguett. On bavarde, on bavarde. De fil en aiguille, on se dit des choses tendres. Je me chantonne :

“ Je suis gobé d’une petite... ”

Mais tu me l’as déjà entendue... Bref on s’emballe. On y va des mots sérieux. On parle mariage. Je lui chantonne :

“ Si je t’aime
Si tu m’aimes
Si l’on s’aime... ”

Mais tu me l’as déjà entendue... Bref, on se décide pour le conjugo. Seulement voilà. Le lendemain on avait réfléchi. La nuit porte conseil. J’ai pensé à mon public. Mon public avant tout. Et j’ai eu peur. Oui, peur de lui déplaire. Tu le connais, le public. Tu sais comme il est susceptible... Et si je me mariais, il m’en voudrait.

C'est aussi ton avis, n'est-ce pas. Alors j'ai dit à Mistinguett :

" J'veux rester jeune fille... "

Mais tu me l'as déjà entendue... Enfin, elle a très bien compris et voilà comment finit notre idylle, aussi gentiment qu'elle avait commencé. Nous sommes très heureux et nous n'aurons pas d'enfants.

" Haia, haia... "

Mais tu la connais. Au revoir, mon cher vieux. »

De Deauville à Paris, de la ville à la scène, le mariage de Mayol et de Mistinguett fait les beaux jours de nombreux spectacles. Fernand Rivers, qui en tira un sketch pour le Moulin-Rouge, explique :

« ... Imitant assez bien Mayol, je fus mon interprète et Andrée Marly fut une étonnante Mistinguett. La scène obtint un succès de rire considérable. Et dans toutes les revues qui furent présentées cette année-là, il y eut la scène du mariage de Mistinguett et de Mayol. »

La Miss elle-même, qui joue une revue de Léon Poirier à la Comédie des Champs-Elysées, interprète l'idylle avec pot-pourri des refrains de Mayol.

Chevalier ne pouvait pas y échapper. Lui aussi fait son Mayol à la Cigale, aux côtés d'Irène Bordoni.

Pourtant, à Deauville, Maurice Chevalier n'avait pas du tout apprécié la farce. Que la Miss puisse annoncer son mariage, même faux, avec quelqu'un d'autre, lui avait visiblement déplu. Peut-être y avait-il vu le bras d'une certaine vengeance ? Car l'on murmurait que Mistinguett, à la recherche d'une publicité amusante, s'était adressée à Verneuil. Et c'est lui, l'éconduit, qui avait eu ce trait de génie...

Quant à Mayol, en souvenir, il envoya, bien sûr, à Mistinguett une branche... de muguet. Mais en diamants.

CHAPITRE 3

L'œil de verre

En 1896, moins d'un an après la naissance publique et tonitruante du cinématographe dans le salon Indien du Grand Café, le chanteur Paulus demande à Méliès de le filmer tandis qu'il mimerait trois de ses succès : « Coquin de printemps », « Derrière l'omnibus » et « Le Père la Victoire ». Il ne s'agit pas là d'un caprice de star. Ce film, Paulus a bien l'intention de l'utiliser pour corser son numéro en le projetant sur écran avec accompagnement orchestral. Idée originale qui exige de surcroît une réalisation révolutionnaire. Car la vedette veut tourner en secret, refuse d'apparaître en public et en plein air, grimée et déguisée comme sur la scène. Méliès le magicien trouve la parade : il crée un décor, garni de lampes à arc, dans son laboratoire du théâtre Robert-Houdin. C'est le premier studio de l'histoire du cinéma.

Artisan involontaire du progrès cinématographique, le grand Paulus a senti le vent et tout compris des avantages qu'il pouvait tirer de son image animée. Parmi les artistes de la tradition, il est alors à peu près le seul...

Le petit monde du caf'conc' et du théâtre observe en effet avec un certain mépris l'agitation des défricheurs de pellicule. La caste du rideau rouge ne croit pas à l'aube d'une ère nouvelle pour le spectacle, encore moins à un art nouveau. Elle a d'abord pensé à un divertissement mineur sans lendemain, à une attraction de curiosité qui allait s'éteindre d'elle-même... ce qui faillit être le cas d'ailleurs, dès 1897, lorsque l'opinion publique, bouleversée par la tragédie du Bazar de la Charité [1], apprit que le local du cinéma était à l'origine de l'incendie. Les gens raisonnables prirent peur, désertèrent les représentations, et les hommes d'affaires y regardèrent à deux fois avant d'investir dans un secteur aussi risqué. Mais alors qu'on le croyait condamné, le suspect alla s'ébattre en des lieux invraisemblables : dans des caves obscures, des arrière-boutiques, des salles de village, des hangars de campagne aux vitres aveuglées et aux ouvertures bouchées... au milieu des champs de foire, des kermesses paroissiales et, surtout, des fêtes foraines.

Que pouvait donc faire l'artiste, le vrai, dans cette ambiance de tirs de casse-pipes et de barbes à papa ? Qu'avait-t-il à gagner, même par image interposée, dans ces séances qui tournaient à la chaîne ? C'était du même niveau que l'homme-serpent ou la femme à barbe... Car il fallait voir ce qu'était le cinéma à la foire... Une baraque de planches poussiéreuse, un public rigolard et irrespectueux qui se trémoussait sur des bancs de bois dur, un pianiste qui faisait tout, la musique et le bruit, le cheval et l'amoureuse, le cocu et le train, la pluie et le beau temps, l'amour et la haine... quand ce n'était pas le bonimenteur de service, debout sur l'estrade, qui commentait, dans un esprit de bas étage, les ébats sur toile blanche... N'était-ce pas galvauder son talent et risquer sa réputation que de descendre dans cette cour des Miracles ?...

L'Exposition universelle de 1900 sort le banni de son ghetto. On le présente en grand, en majesté. On l'exhibe. Mieux encore, on le fait parler. Ça, c'est la grande nou-

1. Le 4 mai 1897, l'élite de la haute société parisienne périt dans ce terrible incendie. Il semble qu'une imprudence soit à l'origine du sinistre : alors qu'une bonbonne d'éther avait été débouchée pour regarnir le réservoir d'une lampe « Molteni », un assistant eut la malencontreuse idée de s'éclairer en enflammant une allumette. On devait retrouver 125 cadavres atrocement carbonisés dans les décombres.

velle, la grande trouvaille. Par le biais des enregistrements, les personnages ne s'animent plus en silence. Ils parlent, ils chantent, ils déclament, ils rient, ils pleurent... Pont des Invalides, au stand « Photo-cinéma-théâtre », pour la première fois, et pour vingt sous l'entrée, quelques chanteurs, comédiens et fantaisistes prennent réellement vie : la belle Cléo de Mérode, Little Tich, le nain génial, Polin, l'imperturbable tourlourou... mais aussi, Coquelin dans *Cyrano de Bergerac*, Réjane dans *Madame Sans-Gêne* et Sarah Bernhardt dans *Hamlet*...

N'empêche. Les Grands du spectacle ne se ruent pas sur la nouveauté. Jamais, pensent-ils, l'écran ne pourra remplacer la scène. Le cinématographe, s'il dure, ce qui n'est pas sûr, ne sera jamais qu'un spectacle de roulotte, qu'une sorte de théâtre du pauvre plaqué sur une toile. Comment pourrait-il rivaliser avec la réalité, avec des personnages de chair dont le public capte en direct la moindre expression, le moindre sentiment ? Faut-il s'embarrasser d'une machine, d'un artifice pour mieux faire rêver ? Allons donc !

Mistinguett fait partie des sceptiques. Elle n'a pas une âme de pionnière, et qu'est le cinéma de ce début du vingtième siècle si ce n'est une affaire de pionniers ? Le phénomène la laisse de glace. Non seulement, elle ne se voit aucun avenir dans toute cette machinerie bruyante, mais elle estime le résultat désastreux.

Tremblotantes, imparfaites, les images ne flattent pas l'artiste, c'est le moins que l'on puisse dire. Sarah Bernhardt, paraît-il, s'est évanouie lorsqu'elle se vit dans *La Dame aux camélias*.

« Nous sommes défigurés, juge Mistinguett, c'est ridicule... »

Propulsée par ses récents succès, elle est alors en passe de devenir vedette. La foule se presse pour l'acclamer, les journaux la suivent à la trace, on ne voit plus que son nom sur le programme. La gloire est à portée de main. Qu'aurait-elle à gagner à se jeter ainsi dans l'inconnu, à confier son talent à une bande de débutants frénétiques, égarés dans des techniques hasardeuses, qui improvisent comme d'autres font la soupe, inventent mille nouveaux procédés par jour, sans jamais donner l'impression de savoir ce qu'ils font et où ils vont ? Que les hommes de la préhistoire cinématographique continuent à frotter leur silex dans les cavernes obscures... ce sera sans elle. Le cinéma n'est pas de son monde et tout ce qui n'est pas de son monde lui échappe.

Elle va y venir pourtant. Sans grand enthousiasme. Plus par intérêt que par goût. Et cela pour plusieurs raisons. D'abord parce que le cinéma progresse, que ce vaste fourre-tout, ce bric-à-brac indescriptible des débuts où se mélangent inventeurs géniaux et marchands vénaux commence à s'organiser vaille que vaille... Ensuite et surtout, parce que la ferveur populaire pour le film ne se dément pas, bien au contraire et qu'il y a de plus en plus d'argent à prendre... le public et l'argent, ça, c'est le monde de Mistinguett.

1908. Création du Film d'Art, société créée sous l'impulsion des frères Lafitte, avec pour directeur littéraire, l'académicien Henri Lavedan et pour directeur artistique, Le Bargy, sociétaire à la Comédie-Française. Le cinéma acquiert vis-à-vis de ses détracteurs ses lettres de noblesse, mais se fait tout bonnement avaler par le monde artistique traditionnel et singulièrement par le théâtre qui, la veille, lui opposait tant de mépris. Finie la fête foraine, finis les scénarios griffonnés au jour le jour, en dix minutes, sur une table de bistrot, finis les saltimbanques et la roulotte. Pendant plusieurs semaines, à Neuilly, dans le studio « ultra-moderne » de la rue Chaveau, dont « le fer de couleur tendre sertit le verre limpide », on déroule avec solennité le tapis rouge pour accueillir les recrues. Il faut dire qu'il y a de quoi ! Citons : Sarah Bernhardt, Julia Bartet, le mime Séverin, Gabrielle Robinne, Max Dearly, Albert Lambert... et Mistinguett comme acteurs... Anatole France, Victorien Sardou, Jules Lemaître comme auteurs... Camille Saint-Saëns, Georges Hüe, Fernand Le Borne comme compositeurs... c'est le gratin, le dessus du panier, enrôlé pour réhabiliter le ciné. Et il faut lire le papier de *L'Illustration,* daté du 31 octobre 1908 sur le théâtre cinématographique :

« Il est dirigé par l'un des plus artistes metteurs en scène qui soient, et nul ne l'a proclamé ; ses auteurs portent les noms les plus retentissants de la littérature dramatique, et l'on n'en sait rien : comédiens et tragédiens choisis entre les plus fameux, les plus applaudis, se sont succédé sur ses planches ; des talents originaux, et parfois un peu excentriques, y ont alterné avec des talents classiques et consacrés (...).

(...) Je ne crois pas faire de tort au cinématographe en constatant que son répertoire dramatique, s'il est curieux, amusant, et bien souvent tout à fait étonnant quant à l'exécution, est généralement assez puéril d'invention. Le film, alimenté au jour le jour par des passants [1], pour ainsi dire, n'a pas trouvé encore son Shakespeare ni son Molière.

« Pourtant quel admirable public à satisfaire, à cultiver, que ces foules où se coudoient les plus humbles et les plus délicats ; où quelque candide écolier, un jour de vacances, risque de s'asseoir, chétif, auprès de M. Anatole France, par exemple, passionné de ces spectacles ! Et qui n'a rêvé d'une dramaturgie spéciale, intelligemment appropriée à laquelle ne dédaigneraient pas de collaborer des écrivains en pleine gloire, d'authentiques artistes, et que viendraient enrichir tour à tour des féeries naïves

1. Ce qui réserve parfois quelques surprises. On lit ainsi dans *Les Cent Visages du cinéma* de Marcel Lapierre :

« Un jour, un vieux monsieur décoré se présente chez Pathé. Il propose tout un lot de scénarios. Le comité de lecture (qui est composé d'un vieil acteur en rupture de planches, d'un ancien boucher et d'une manucure retirée des affaires) trouve que c'est vraiment intéressant. Il achète dix scénarios pour mille francs.

Quand les films sont tournés, la Société des gens de lettres vient réclamer des droits d'auteur au nom des héritiers de Guy de Maupassant, d'Alphonse Daudet et de Paul Arène : le vieux monsieur décoré a puisé son imagination chez ces inestimables conteurs que le comité de lecture lui, n'a pas lus. »

et souriantes comme des contes de grand-mère, des drames sobres, émouvants comme des épopées, tout cela sera réglé par un metteur en scène rompu à toutes les habiletés, et interprété, dans de somptueux décors, dans l'auguste cadre de quelque demeure historique ou devant la frissonnante toile de fond d'un beau paysage, dans la clairière ensoleillée, au bord du fleuve ou de l'étang, par les reines et les rois de la rampe ?

Ce rêve-là est précisément celui qu'ont ambitionné de réaliser les créateurs du Film d'Art. Dans quelques jours, enfin, après bien des semaines d'un consciencieux et lent travail, on va pouvoir apprécier le plein succès de leur entreprise... »

Le 17 novembre 1908 exactement. Et Mistinguett est de la fête. Pas dans le morceau de bravoure de la représentation, le désormais illustrissime *Assassinat du duc de Guise* d'Henri Lavedan, mais dans *L'Empreinte,* adapté d'un vieux mimodrame de Rouffe, *La Main sanglante,* et réalisé par André Calmettes, un ancien comédien de théâtre qui régnera de longues années sur le Film d'Art. Outre Mistinguett, la distribution comprend Séverin et Max Dearly, et tous trois se taillent un beau succès dans les scènes réalistes de *L'Empreinte* plus spécialement destinée aux amateurs d'émotions fortes. Essai concluant. A partir de ce premier film, et jusqu'en 1917, la Miss ne cessera plus de tourner...

Elle n'est pas la seule. Après le succès retentissant des premières productions du Film d'Art, des firmes rivales se créent et s'engouffrent dans la brèche. C'est un déchaînement inouï. On pille à pleines brassées dans tous les répertoires littéraires : du tragique, du comique, de l'historique, du romanesque, en vers, en prose... on tourne à la chaîne... on s'arrache les vedettes qui, en passant, touchent des cachets princiers. La grande Sarah Bernhardt — mille huit cents francs par prise de vues, plus un droit de vingt pour cent par mètre de film — déclame à longueur de pellicule... et Ferdinand Zecca, vétéran de la mise en scène chez Pathé, passe à la postérité pour cette phrase lancée alors qu'il triture allégrement un texte de Shakespeare : « Ce qu'il est passé à côté de belles choses, cet animal-là ! »

Engagée par la Société cinématographique des auteurs et gens de Lettres (S.C.A.G.L.), Mistinguett se cantonne, à quelques exceptions près, dans un répertoire léger. Fantaisie ou mélo. Films et rôles très inégaux, parfois franchement débiles. Mais elle s'y trouve plutôt à son aise et on la retrouve à peine moins naturelle et spontanée que sur les planches. Elle offre son sourire éclatant et son regard expressif à la caméra sans poser, sans se figer. Ce qui contraste singulièrement avec l'interprétation lourde, les mimiques outrancières des divas transplantées du théâtre.

De 1909 à 1912, Mistinguett apparaît dans plusieurs dizaines de films et tourne avec les plus illustres et les plus féconds réalisateurs du moment : Georges Denola, Georges Monca — qui donnera sa première chance à Maurice Chevalier dans un rôle de collégien —, Michel Carré et Georges Capellani, metteur en scène vedette de la S.C.A.G.L. Les titres à eux seuls sont tout un poème : *Mimi Pinson aime les fleurs, Le Jupon de la voisine, La Fiancée récalcitrante, Les Fiancés de Colombine, La Note de la blanchisseuse, A bas les hommes, Léocadie veut se faire manucure, Les Danseurs obsédants,* etc. Bien entendu, son statut de vedette du caf'conc' lui confère des rôles appropriés : comme dans *Fleur de pavé* (Albert Capellani et Michel Carré) où, pauvre fille au départ, elle devient étoile du music-hall au final ou encore *La Valse renversante* (Georges Monca) qu'elle danse évidemment à l'écran, comme sur la scène, avec son cher Maurice Chevalier...

Elle devient — entre autres — partenaire de Rigadin, première star comique française de l'écran. Ancien artiste du théâtre des Variétés sous le nom de Prince, prix du Conservatoire en 1896, Rigadin est un véritable stakhanoviste du cinéma et tournera, à raison d'une ou deux bandes par semaine — généralement assez brèves — plus de six cents films. Son succès alors phénoménal dépasse de loin les frontières nationales, couvre pratiquement le monde entier. Adepte du comique à grosses ficelles, Rigadin figure l'ahuri lunaire et malchanceux, en butte à tous les malheurs du monde. Et plus son malheur est grand — notamment en amour —, plus les gens se tordent de rire dans leurs fauteuils. En fait, et malgré un manque de finesse évident, Rigadin est un précurseur. Il annonce Max Linder, Buster Keaton, Harold Lloyd, et bien évidemment, Charlie Chaplin...

1912 marque une date dans la carrière cinématographique de Mistinguett. Elle figure dans la distribution des *Misérables* d'Albert Capellani, film-monument pour l'époque. La projection dure deux heures, le triomphe est complet. On parle de chef-d'œuvre dans la presse, et les critiques remarquent, plutôt étonnés, l'apparition d'une Mistinguett grave et émouvante dans le rôle d'Eponine.

Prestation sans lendemain. Peu soucieuse de faire ses preuves à l'écran, l'artiste s'entête dans l'insignifiant, enchaîne pochades, petits films à dimension de sketches... et passe à la caisse. Ce sont alors des journées folles, car Mistinguett, bien entendu, ne délaisse pas le music-hall.

« Quand je faisais du ciné, je me levais à six heures et je tournai jusqu'à midi. Je déjeunais peu, en vitesse. Ensuite, répétitions pour une tournée future. Et puis, simultanément, couturiers, modistes, fournisseurs, tout en recevant des journalistes et des impresarii. A neuf heures, j'entrais en scène, après avoir pris un dîner aussi léger que possible. »

Dans la série des tournages d'alors, *La Glu* reste dans sa mémoire comme un douloureux souvenir : l'incident se déroule lors de la séquence finale, lorsque Mistinguett se fait proprement estourbir à grands coups de marteau. Albert Capellani, réalisateur adepte des scènes réalistes, a tout de même enrobé l'arme du crime d'une couche d'ouate... mais pas suffisamment, selon toute évidence. A moins que sa partenaire, conditionnée par le metteur en scène, n'ait mis un peu trop de cœur à l'ouvrage. En tout cas, elle frappe. Sur le crâne. Une fois, deux fois. Et la victime s'écroule, visage en sang, à demi évanouie. Dans son brouillard, Mistinguett entend la voix d'Albert Capellani qui hurle : « C'est mauvais ! Il faut remettre ça ! »

Le détour à l'écran de Mistinguett s'achèvera avec la Première Guerre mondiale. Déjà, en 1915, et alors que la production cinématographique, brutalement stoppée par le déclenchement des hostilités, reprend de plus belle, avec bien entendu une floraison de films à caractère patriotique, le rythme de ses apparitions s'atténue. Mais sa popularité fait que l'on continue à lui écrire des rôles sur mesure. André Hugon, ancien journaliste et critique de cinéma passé à la mise en scène, la dirige notamment dans *Chignon d'Or* et *Fleur de Paris*, deux films qui font courir les foules. Elle part chanter en Italie et tourne en même temps *La Doppia Ferita* d'Auguste Genina... En 1917, André Hugon, toujours lui, tente de lancer une sorte de feuilleton où la fantaisie se mêle à l'intrigue policière [1], et choisit la chanteuse pour héroïne. Mais *Mistinguett Détective* ne dure que l'espace de deux épisodes. Succès plus que mitigé. A noter encore : *Ils y viennent tous au cinéma* de Henri Diamant-Berger, toujours en 1917. Et clap de fin. Ou presque [2].

Mistinguett quitte alors le cinéma sans remords. Elle ne s'est plantée devant les caméras qu'à regret, parce qu'il n'était pas question pour elle de rater le train de la nouveauté et de l'attrait, et encore moins de disparaître de la vue d'un public qui se ruait dans les salles obscures. Mais, malgré cette débauche de films, son avis n'a pas évolué. Elle n'est toujours pas fascinée par la Lanterne Magique, cet œil de verre qui ne se laisse pas séduire,

1. Le retentissant succès populaire de la série des *Fantômas* de Louis Feuillade avait évidemment suscité la naissance de toute une série d'autres feuilletons du même style...

2. Il y eut encore *Bonjour Paris* d'André Bay en 1925, et *L'Ile d'amour* deux ans plus tard, de Jean Durand et Berthe Dagmar.

devant lequel elle doit rire ou pleurer sur commande, sans avoir la moindre perception du public, ce cher public dont elle attend tout et à qui elle donne tout, sans lequel elle est perdue. Sur un plateau de tournage, Mistinguett se sent inerte. Obéir aux rigueurs de la technique ou aux ordres du réalisateur, ne rien improviser, ne pas communiquer, ne pas transmettre, « ne pas prendre le public, mais se laisser prendre par une machine », est contre sa nature d'artiste... Ce qu'il lui faut, c'est être libre, être la patronne aussi, sans la moindre entrave, la moindre retenue. En fait, c'est être sur scène.

Bien des années plus tard pourtant, en 1936, elle se laissera tenter par un jeune cinéaste plein de charme et d'humour, lequel envisage de retracer à l'écran la vie tumultueuse de Céleste Mogador, célèbre danseuse de french-cancan du second Empire :

« C'était une artiste, une véritable artiste, une grande danseuse et une personne intelligente... Tout à fait vous, vous êtes le personnage », susurre Christian-Jaque sur tous les tons pour convaincre Mistinguett qui accepte, après quelques atermoiements, de caser ce film dans son emploi du temps surchargé. Ce sera son unique film parlant.

En fait, la biographie de Céleste Mogador se transforme en un mélo fantaisiste, avec *happy end*, bien dans la veine dite réaliste de l'époque. Cette histoire de chanteuse de bastringue faussement meurtrière, qui quitte Dakar pour Paris, affronte vaillamment erreurs judiciaires et vilains messieurs pour finalement triompher sur la scène d'un music-hall, est évidemment bâtie sur mesure pour Mistinguett. A cet inconvénient près que la Miss est alors âgée de... soixante-trois ans ! Elle a beau apparaître alors comme un phénomène d'éternelle jeunesse, et défier, de revue en revue, les lois de la longévité artistique, c'est tout de même lourd à porter. Pourtant, elle s'en tire sans gros dommages. Même si Jules Berry écrase le film de son éblouissante présence, même si les gros plans sont parfois cruels, et si dans les scènes d'émotion pour ingénue, la Miss n'évite le ridicule que d'extrême justesse. *Rigolboche*[1] demeure également la preuve d'une popularité qui se jouait de tous les obstacles. Que Christian-Jaque ait pu — en insistant — lui proposer le rôle, et que pratiquement personne, hormis les chansonniers goguenards, n'ait trouvé invraisemblable de voir grand-mère Mistinguett tenir un rôle de jeune première est, sur ce point, assez éloquent. La Miss était un monument national. Et un monument n'a pas de rides...

1. Durant l'Occupation, le film fut interdit par les Allemands. La légende prétend qu'ils avaient cru à une comédie satirique déguisée, où l'on « rigolait » des « Boches... ».

CHAPITRE 4

La mascotte de guerre

Engagements, succès, amour... Maurice Chevalier doit tout abandonner sur un coup de clairon. Fin 1913. Le devoir l'appelle, il a vingt-cinq ans et son sursis expire. Son caractère anxieux, sa propension calamiteuse à broyer du noir font qu'il passe mal ce nouvel obstacle. Son pessimisme lui fait craindre le pire : tous ces mois sans la Miss et tous ces mois sans le music-hall... il voit son idylle brisée, sa carrière réduite en miettes.

Dès son arrivée à Belfort, ses appréhensions se confirment. Dans cette ville-caserne, il n'est plus qu'un anonyme, un troufion de base perdu dans la masse. Son seul souci doit être de ne pas oublier de saluer le plus petit gradé qui passe et d'obéir sans chercher à comprendre...

C'est le lot commun de tous les bidasses, mais tous les bidasses n'ont pas connu sa vie « d'avant ». Ils n'ont approché les Folies-Bergère qu'en rêve ; quant à Mistinguett, n'en parlons pas...

Maurice a le moral plus bas que l'ourlet de sa capote militaire, son ego souffre le martyre. Il pousse la porte d'un bar à soldats... Evidemment, ici, il n'y a que ça. Ambiance cafardeuse, désespérante. Sur l'estrade, une chanteuse de beuglant, dans le coin, tirant le maximum d'un instrument désaccordé, un pianiste... tiens ! un bon, un très bon pianiste. D'autant meilleur qu'il repère Chevalier. Son morceau terminé, il se dirige vers la table de Maurice. Bien sûr qu'il le reconnaît ! il l'a même vu sur scène.

Un sauveur. Maurice Chevalier revient à la vie. Avec ce musicien, Maurice Yvain, il réintègre le métier. Comme tous les dépressifs, le chanteur retrouve son moral et son esprit d'entreprise sur cette simple impulsion. Il demande à Mistinguett de lui envoyer des partitions et les nouveaux copains travaillent sur les derniers succès, donnent même quelques représentations. Une amitié qui se poursuivra bien au-delà du service militaire. Après la guerre, Maurice Yvain, que Chevalier a présenté à Jacques Charles, collaborera avec le revuiste. De leurs talents, associés à un troisième auteur, Albert Willemetz, naîtront, notamment, les plus grands succès de Mistinguett.

Changement de décor. Chevalier quitte Belfort pour la caserne de Melun. A une quarantaine de kilomètres de la capitale, le titi parisien respire déjà mieux...

Pas Mistinguett. Elle est hospitalisée. Cette fois, elle n'a pas pu y échapper. Car elle a retardé jusqu'au dernier moment l'échéance. A la première alerte, elle a passé outre aux conseils du médecin. L'appendicite pouvait patienter encore un peu. Elle venait de créer le personnage de Milord l'Arsouille dans une revue de Barde et Carré, et devait enchaîner aux Variétés avec un spectacle d'Alfred Capa : « L'Institut de beauté ». C'était tout de même plus important qu'un petit bout de chair à enlever... Malgré des crises de plus en plus préoccupantes et douloureuses, elle signe dans la foulée un engagement pour l'Olympia. Mais dès les premières répétitions, l'appendicite s'est vengée : péritonite, hospitalisation en urgence, opération... et à peine ouvre-t-elle un œil, le lendemain matin, qu'elle découvre une lettre de sommation de la direction de l'Olympia qui prétend la faire revenir immédiatement sur les planches... Mistinguett le sait bien, dans ce métier il ne faut jamais s'absenter. A peine était-elle sur le billard que de bonnes âmes ont comploté contre elle : Mistinguett n'était pas malade, elle avait inventé cette histoire pour pouvoir jouer une pièce de Feydeau à l'Athénée sans avoir à régler le dédit de son contrat ! D'où la lettre comminatoire de l'Olympia...

Petits soucis, petites vacheries et mesquineries qui ne pèsent pas lourd en cet été 1914. Le 28 juin, l'archiduc François-Ferdinand d'Autriche est assassiné à Sarajevo. Le 29 juillet, la Russie mobilise, l'Allemagne lance son ultimatum à la France, et le soir même, Jaurès est assassiné au café du Croissant. Le 3 août, la France entre en guerre. Le 4, c'est au tour de l'Angleterre. L'Europe entière se rue dans la plus sinistre et la plus effroyable des tragédies humaines...

Mistinguett sort de l'hôpital, découvre une ville en état de léthargie, comme tétanisée. L'atmosphère est oppressante, les rues désertées, les salles de spectacle fermées. Elle croise un homme, seul lui aussi. C'est Raimu :

« ... Il marchait vite, chargé d'une lourde mallette. Je lui demandai :

— Où vas-tu avec ça ?

— Je m'en vais.

— C'est lourd, c'est au moins de l'or.

— L'argenterie.

Heureux homme ! Ce qu'il avait à sauver tenait dans une valise !... »

Mistinguett pense à Chevalier. Son régiment stationne toujours à Melun. En attente. Elle le rejoint, s'installe à Bois-le-Roi pour achever sa convalescence. Ils se voient quotidiennement, de dix-sept heures à vingt et une heures. Petite oasis de bonheur pour deux amants qui se croient seuls au monde. Illusion qui ne dure que l'espace de quelques jours... personne n'échappe à la tourmente qui s'abat, et surtout pas le soldat de seconde classe Chevalier du 31ᵉ régiment d'infanterie. Il part pour le front. La Louque accourt pour embrasser son fils. Deux femmes sur le quai de la gare, perdues dans la foule des adieux déchirants...

« Je revois les soldats, raconte Mistinguett, sacs au dos,

prêts pour l'abattoir, réunis sur une place. Les familles étaient venues voir et embrasser une dernière fois leurs êtres chers. Nous étions là, la Louque et moi, dans ce marché à la douleur où les sentiments déballés sont pénibles à force d'être vrais et inutiles. Devant les catastrophes, je ne trouve plus rien à dire. Je me sens comme rétrécie. Si j'avais le temps, je me mettrais en colère. On nous accorda un dernier baiser. Les chefs crièrent des ordres. Les petits soldats se mirent en colonnes... »

Maurice Chevalier lui aussi s'est souvenu longtemps de ce jour-là :

« Des femmes, des mères de soldats forment une foule qui nous fait face. Je n'en peux plus, j'ai envie de chialer pour tout le monde à la fois tellement ça déborde. " On y va Maurice, me dit un troufion les yeux brillants. Ça va barder ! " Je lui réponds par un hochement de tête et à ce moment j'aperçois maman et Mist là, qui me fixent avec des yeux que je ne leur connaissais pas. Ah ! vite, qu'on nous foute dans les wagons, qu'on embarque, qu'on parte. Il y a de quoi crever de chagrin à ressentir ces coups au cœur au milieu de gars qui ressentent sûrement la même chose d'une manière différente... »

Cette épreuve apporte au moins un éclaircissement à Mistinguett. Dans cet arrachement, cette bousculade pathétique, ces cris et ces larmes, elle a pu sentir à quel point elle tenait à Maurice. Ce n'est plus une liaison amoureuse comme une autre, mais un sentiment profond, un attachement qui la bouscule, qui lui fait revisiter toutes les valeurs auxquelles elle tenait tant jusqu'alors. Aujourd'hui, elle doit en convenir, rien ne compte que Maurice, le retrouver, ne pas le perdre surtout...

Vague à l'âme... « Quand je suis malheureuse, je pars en voyage », affirmera souvent Mistinguett. Elle part donc pour une tournée en Italie. D'ailleurs, que feraitelle à Paris, sans Maurice et sans travail ? Car bien évidemment, en ces jours sombres, toute distraction est bannie de la vie quotidienne. On n'a pas encore l'habitude. Bientôt, on saura s'amuser à l'arrière...

C'est certainement bon signe : cette tournée est placée sous le chiffre treize. La troupe comprend treize artistes et est partie un treize ; les petites femmes touchent treize francs par jour et Mistinguett quatre cent treize francs. Somme passablement ridicule si l'on considère ses cachets futurs. Néanmoins, l'Italie constitue sa première tournée à l'étranger et son premier « succès élargi », comme elle dit. Pour la première fois, elle réclame et obtient deux loges : une pour le travail et une autre pour recevoir. Turin, Florence, Bologne... tout se passe bien. Et puis, désillusion à Naples. Un directeur véreux, manipulateur de contrat, refuse de la payer et fait même saisir ses malles. Finalement, la vedette flouée revient sur son impression première. Le chiffre treize ne lui est pas bénéfique...

La Miss, comme tous les artistes de renom, s'embarque pour le spectacle aux armées, chargée de remonter le moral des troupes qui en ont bien besoin. La grande tuerie est commencée et tourne à l'avantage de l'ennemi. Les troupes de Ludendorff ont envahi la Belgique et le nord de la France et dévalent vers le cœur du pays. Le miracle de la bataille de la Marne est pour très bientôt, mais en ces premiers jours de guerre, il y a du défaitisme dans l'air. Mornes journées... Privée de sa drogue, de son music-hall, Mistinguett erre dans une vie désœuvrée. Elle s'ennuie tellement en cet été 1914, qu'elle récupère son fils, jusqu'alors plutôt oublié, pour quelques jours de vacances. On ne peut nier sa bonne volonté, son désir de bien faire. Il est si mignon le petit Léopold. Mais au premier accroc, l'expérience tourne court :

« C'étaient mes premières vacances de mère de famille. J'avais beaucoup de tendresse en réserve. C'était un plaisir et une faveur de pouvoir m'occuper de mon enfant. Je le surveillais, je le promenais, c'était charmant. Mes tristesses s'inscrivaient dans les paysages. Un enfant, ça vous oblige à regarder autour de soi-même quand on n'en n'a pas envie. Ça vous pose des questions. Ça vous oblige à connaître des gens nouveaux. Et mon Popol

Photographies de Mistinguett à trente ans,
vue par Nadar.
(Archives Bibliothèque nationale)

Rue de la Pointe-Raquet,
à la frontière de Montmorency
et d'Enghien-les-Bains,
la modeste maison d'enfance.
(Photo des auteurs)

En pleine gloire, Mistinguett achète à Bougival l'ancienne propriété de la comtesse du Barry. *(Photo des auteurs)*

Léopold, le fils naturel de Mistinguett, avec son père, Paul de Lima, héritier d'une riche famille brésilienne. *(Collection des auteurs)*

Avec son jeune frère, Marcel, Jeanne-Florentine Bourgeois sera toujours protectrice et dominatrice. *(Collection des auteurs)*

La « môme Flora», un des personnages fétiches de la Miss. *(Collection des auteurs)*

La reine de l'Eldorado.
(Collection Paulin Toma)

Mistinguett et Chevalier :
le duo d'amour.
(Collection des auteurs)

Polaire, la première rivale,
avait un atout majeur :
sa taille de guêpe.
(Archives Bibliothèque nationale)

Le couple mythique du music-hall, dans «Paris qui danse». *(Collection des auteurs)*

1925 : la Miss s'amuse en garçonne, pour le journal *Vendémiaire*. *(Collection Paulin Toma)*

La star adorait les belles fourrures... et les bijoux. *(Collection Paulin Toma)*

Une des folies de Mistinguett : les poupées, rassemblées ici dans son appartement, boulevard des Capucines. *(Collection Marc Bonel)*

Les plumes, les aigrettes, l'escalier... même si celui-ci est en coulisses.
(Collection Paulin Toma)

La célèbre affiche signée d'un surdoué, mort à 25 ans : Gesmar, que Mistinguett surnommait «maman».
(Collection des auteurs)

Indésirable sur scène, le micro était indispensable en studio. Comme ici, pour l'enregistrement de «Mon homme» et du «Refrain du faubourg», avec Marcel Pagnouz.
(Collection Paulin Toma)

Mistinguett et Bouboule,
«sa filleule» au cinéma.

La star en effigie
sur les boîtes de biscuits.

Une dédicace
très... libre
de la Miss.

L'Ange bleu...
(Collection Paulin Toma)

Dans la revue «Paris Miss».
(Collection Paulin Toma)

Un des petits formats, vendus à des millions d'exemplaires. *(Collection des auteurs)*

n'arrêtait pas de se faire des relations. Un jour, je le vis revenir à la maison en pleurant. Il s'était battu avec ses camarades parce que ceux-ci m'avaient appelée Mistinguett. On lui avait appris dans sa famille que c'était un mot grossier. " T'es pas une Mistinguett, m'avait-il dit en sanglotant. " J'écourtai les vacances. »

Les Allemands stoppés sur la Marne grâce à ses taxis héroïques, Paris reprend goût à la vie. Les milliers de permissionnaires qui déboulent sur les boulevards sont un bon prétexte à rouvrir les théâtres, les salles de concert et les music-halls. Le monde artistique batifole à nouveau en grand, aligne les spectacles en chaîne. Pour Mistinguett, en novembre 1915, la reprise se fait à l'Olympia. Le mois suivant, elle est de retour à la Scala pour une revue de Michel Carré qui porte un titre de circonstance, symbolique de l'espionnite aiguë qui règne alors dans Paris : « Taisez-vous, méfiez-vous... » Et c'est en pleine représentation, que la foudre tombe sur la tête de Miss : Maurice est blessé et a été fait prisonnier !

Mistinguett s'affole. On lui a balancé la funeste nouvelle telle quelle. Et puis plus rien. Où est-il Maurice ? Et dans quel état ? Rien... Maurice Chevalier, dans cette guerre qui broie la vie humaine par centaines de milliers d'unités, ce n'est rien d'autre qu'un numéro, qu'un matricule... prisonnier ? Disparu ? Blessé ? Mort ? Comme un pauvre animal qui se cogne aux murs de sa cage, Miss se heurte à l'ignorance des autorités militaires qui expriment froidement, avant de passer au dossier suivant, leur impuissance : « On ne sait pas... Faut attendre... Soyez patiente... »

De la patience ! Mistinguett n'en a jamais eu. Et dans ces circonstances moins que jamais... cœur serré, mais femme de tête, la vedette commet alors un acte fou, quelque chose d'impensable, dont elle ne se serait jamais crue capable. Pour l'unique fois de sa vie, Mistinguett, soldat du music-hall, déserte la scène pour se lancer à la recherche de l'homme qu'elle aime.

Et elle ne fait pas les choses à moitié, multiplie les

voyages en Suisse, au siège de la Croix-Rouge, seul organisme dans ce capharnaüm cauchemardesque, à pouvoir donner une réponse. C'est là, à Genève, que se situe un épisode obscur de son existence. D'autant que Mistinguett ne contribue pas, dans ses *Mémoires*, à lui donner un éclairage satisfaisant...

A deux reprises, au moment de franchir la frontière suisse, l'artiste se fait arrêter et passe plusieurs heures en cellule. Libérée à chaque fois, elle s'installe à Genève qui, comme toutes les capitales neutres géographiquement proches d'un conflit, grouille d'espions de tout poil et de tout bord. Mistinguett entre-t-elle dans la grande confrérie des « taupes et barbouzes » ? Et ce, pour mieux intervenir en faveur de Chevalier ? C'est ce qu'elle prétend : officiellement, elle attend chaque jour des nouvelles de Maurice, sagement, comme une épouse éplorée. Officieusement, elle travaille pour les services secrets alliés selon la vieille recette de l'agent double. Schématiquement exposée, la stratégie aurait été la suivante : Mistinguett, personnalité connue, contacte les Allemands en leur proposant de travailler pour eux contre la libération de Chevalier... et Mistinguett, patriote modèle, informe le 2e Bureau sur l'organisation des services secrets teutons en Suisse.

On en restera là. Ce qui est sûr en revanche, c'est que la guerre une fois terminée, l'artiste sera convoquée devant un tribunal militaire où comparaissent les membres d'un réseau d'espionnage. Est-ce, ainsi que le prétendent certains, comme témoin à charge... ou bien, comme le raconte, mais très vaguement, Mistinguett, pour avoir participé à une grande soirée donnée par un chef du contre-espionnage allemand ? Le procès-verbal des débats ne sera jamais rendu public.

Mistinguett en Mata-Hari, côté tricolore ? La comparaison est tentante... Mais déjà que l'on doute fort des activités traîtresses de la danseuse exotique, alors pour la Miss...

Au milieu de cette épopée souterraine, la vedette

obtient des nouvelles de Maurice. Il va aussi bien que possible. Blessé au poumon par un éclat d'obus lors de la bataille dans le petit village de Cutry, il a été fait prisonnier de guerre et d'abord conduit dans un château réquisitionné où il a été soigné. Rétabli, il a été envoyé en captivité en Allemagne où il se trouve actuellement.

Le temps passe et c'est long. Le prisonnier, d'un naturel toujours aussi consciencieux, s'occupe comme il peut. Il apprend l'anglais avec un sergent britannique puis, grâce à la complicité d'un copain de captivité, se retrouve infirmier. Évidemment, ses connaissances sont plus que légères, mais à la guerre comme à la guerre... et s'il ne peut réellement soigner les blessures, Maurice peut toujours soigner le moral. Ce qu'il fait d'ailleurs.

Après vingt-six mois de ce régime de bon Samaritain, une nouvelle tombe dans le camp qui inquiète fortement le secouriste improvisé : « Les infirmiers dont les noms suivent devront se tenir prêts à subir un interrogatoire du médecin-général allemand ce matin dix heures . »

A priori, c'est plutôt pour la bonne cause. Régulièrement, en effet, et par l'intermédiaire de la Croix-Rouge, Allemands et Alliés organisent des échanges de médecins et d'infirmiers. Mais au préalable, les veinards doivent subir un interrogatoire. Histoire de démasquer d'éventuels fraudeurs. Chevalier est sur la liste, mais se voit mal répondre à une question de spécialiste. Or, si le départ est promis à ceux qui savent se montrer à la hauteur, les autres, les mystificateurs, se retrouvent en forteresse.

En fait, Chevalier n'a rien à prouver. Il est d'ores et déjà inscrit non seulement sur la feuille des postulants, mais également sur celle des partants. D'office. Grâce à qui ?... Mistinguett, toujours Mistinguett. Inlassable, la Miss n'a cessé de frapper aux portes. Quand on a des relations, il faut savoir s'en servir. Conseillée par Emile Buré, chef de cabinet d'Aristide Briand, elle a contacté le roi Alphonse XIII. Et le monarque espagnol, en souvenir du bon vieux temps de l'insouciance, du Paris de la Belle Epoque et de la délicieuse petite Mistinguett, est intervenu personnellement en faveur de Chevalier. C'est ainsi que Maurice, infirmier bidon, mais vrai pistonné, se retrouve à l'air libre...

Heureux. Mais ingrat. Bien des années plus tard, dans son autobiographie pourtant abondamment détaillée, Maurice Chevalier « oubliera » qu'il doit sa libération à sa maîtresse aimante. Bien entendu, il se souvient des colis, des lettres, de l'affection dont elle fait preuve pour la Louque. Il la juge même admirable... mais la Suisse, les démarches, les négociations, et Alphonse XIII passent à la trappe. Quant à sa libération elle-même... sa version tient en un mot : miracle.

« A l'heure prescrite, nous sommes tous alignés devant l'infirmerie. Que va-t-il arriver ? Punitions ? Examen ? C'est à se trouver mal. Le médecin-général arrive, suivi d'un interprète. Il commence à poser deux ou trois colles au premier. L'homme répond bien. Accepté sur la liste de départ. Le deuxième homme est interrogé. Il répond mal. Rayé. C'est une vraie tragédie. Je suis environ le quinzième et épie, l'œil hagard, les succès et les insuccès de l'angoissant interrogatoire. J'essaie de repasser un peu ce que je sais. Rien ne fonctionne plus dans mon cerveau. Rien. Je ne vais sûrement pas savoir quoi répondre. Je ne sais même plus si le foie est à droite ou à gauche ou si tel pansement se commence comme ci ou comme cela. Il n'y a plus que deux hommes à passer et ce sera mon tour. Au secours maman ! Je n'entends même plus ce qui leur arrive. Je ne pense qu'à ma propre aventure. Voilà, on vient de terminer à côté, on avance et on me fait face. Mon œil désespérément va droit dans l'œil qui me fixe. Le médecin-général dit quelque chose en allemand à l'interprète. Quoi ? Je n'en sais rien. Il va pour me poser une question et, là, se passe un genre de miracle. Il ouvre la bouche pour parler, puis, se ravise et... passe, sans même m'adresser la parole. Cela n'est pas possible ! Ce serait trop de chance ! Je regarde l'interprète. Il me fait signe que ça colle, que mon nom reste sur la liste. Je deviens fou. Qu'est-il arrivé ? Le médecin a-t-il eu un instant de lassitude en passant devant moi ? A-t-il eu pitié de mon air affolé ?... Le fait se trouve que je pars... »

Ce miracle a un nom : Mistinguett, mais Maurice est frappé d'amnésie. Pourtant lorsqu'elle lui écrit :

« Monsieur de Villefleur s'intéresse à toi. »

Et qu'il répond :

« Dis à M. de Villefleur que je le remercie du fond du cœur... »

Il sait pertinemment que ce cher monsieur au nom bucolique n'est autre que le roi d'Espagne.

Dans ces conditions, pourquoi ce silence, et en quoi le fait de restituer à Mistinguett son véritable rôle de saint-bernard pouvait-il gêner celui qui était devenu une gloire nationale ? Justement... Maurice Chevalier ne sortira pas de la Seconde Guerre mondiale avec tous les honneurs. Officiellement « blâmé » par le Comité national de la Résistance — comme tant d'autres intellectuels et artistes, dont Mistinguett... — son statut d'ancien combattant de 14-18, blessé au combat, et d'ancien prisonnier de guerre va fortement joué en sa faveur. D'avouer, au moment de la rédaction de ce tome de ses *Mémoires* (en 1946) qu'il a bénéficié d'appuis importants pour sa libération, même à son insu, lui est peut-être apparu préjudiciable...

Mais au-delà d'une telle hypothèse, une constatation s'impose qui, évidemment, n'embellit pas la personnalité de Maurice Chevalier : au dire de ceux qui furent ses familiers tout au long de sa carrière, la reconnaissance n'a jamais été le fort de « Momo » de Ménilmontant. Au contraire, il montre une constance rare à vouloir effacer — quand ce n'est pas renier — de ses souvenirs tous ceux qui, à un moment ou un autre de sa vie, ont pu lui venir en aide. L'artiste veut oublier tout ce qui lui rappelle ses instants de faiblesse. Les exemples abondent, et celui d'Yvonne Vallée est sans doute l'un des plus édifiants :

L'épisode se déroule aux Bouffes-Parisiens. Traumatisé par le succès de Dranem et de ses chansons, Chevalier tombe malade. Une terrible dépression qui nécessite son hospitalisation. Yvonne Vallée le soigne, l'assiste, l'aide à remonter la pente. Elle est amoureuse de lui : pendant sa maladie, il l'épouse. Une fois remis sur pied, il ne supporte plus l'image de cette femme infirmière. Et divorce...

Il y aura encore d'autres faits identiques, comme ce couple d'Américains qui héberge Maurice aux Etats-Unis et le guide dans sa profession. Au bout de quelques mois, une fois lancé, il ne se souviendra même plus de l'existence de ses bienfaiteurs...

Jacques Charles non plus n'est pas tendre lorsqu'il évoque les « trous de mémoire » de l'artiste. Notamment lorsque ce dernier attribue son déplacement de Belfort à Melun à une décision de l'armée, qui aurait pris soudain en considération son statut de « chargé de famille ».

Ce n'est pas la version de Jacques Charles :

« A voir ce grand garçon de vingt ans, toujours ruisselant de sueur, travailler sa danse ou la boxe au lieu d'aller au café du Globe avec ses camarades, nous nous étions tous pris de sympathie pour lui. Aussi est-ce avec empressement que je promis à Miss de m'occuper de toute la puissance de mes relations pour faire revenir Chevalier à Paris. Je ne réussis pas complètement, car je n'obtins que son rapprochement, mais cela les combla de joie tous deux et Chevalier me câbla :

“ Miss me télégraphie votre geste, vous en serai éternellement reconnaissant. ”

... Il a un peu oublié cette dépêche depuis... et pourtant, sans doute Chevalier me doit-il la vie car, sans ce déplacement opportun, il se serait trouvé à Belfort à la déclaration de guerre, un an après... »

Avec Mistinguett elle-même, le phénomène est plus complexe. Chevalier ne reniera jamais la Miss, il ne le peut pas et ne le souhaite pas. Simplement, il gomme certaines de ses interventions décisives. Et surtout, il n'admet pas être « sa créature artistique ». Alors que tous les partenaires de Mistinguett reconnaissent avoir beaucoup appris à son contact, c'est tout juste si lui, l'élève chéri par excellence, concède une quelconque influence de la jeune femme sur son travail.

On peut comprendre son agacement, lorsque parvenu au zénith, il ne peut ouvrir un dictionnaire artistique sans lire à la lettre C : « Maurice Chevalier découvert par Mistinguett... », et à la lettre M : « Mistinguett a lancé Maurice Chevalier... » C'est un peu vrai et un peu faux. C'est oublier par exemple que le talent réel de Maurice Chevalier ne doit rien à personne. Et qu'il n'a cessé de travailler avec un acharnement phénoménal pour s'améliorer, se perfectionner sans que quiconque n'ait eu besoin de venir le tirer par la manche. Mais que Mistinguett lui ait transmis sa propre science de la scène — qui était immense — cela ne fait également aucun doute. En fait, c'est elle qui trouve la juste mesure lorsqu'elle confesse :

« On a souvent prétendu que j'avais " créé " Chevalier. C'est faux. Je lui ai seulement montré quelques petites ficelles que j'avais apprises au cours de ma carrière, à lui qui devait tellement dominer le monde de la scène de notre temps. Je n'ai fait que lui tendre la main de là où j'étais, que lui souhaiter la bienvenue dans cet univers luxueux et extravagant de spectacle, que réclamait notre époque agitée. Enchante-les avec ton sourire, avec cette lueur de gaieté parisienne qui brille au fond de tes yeux et dont toi et moi nous savons la véritable valeur, nous qui avons connu la misère, qui nous battons pour gagner notre pain depuis notre enfance. Entre avec moi dans ce monde fou de chansons et le public te suivra... Il se peut que ce soit moi qui ai lancé sa carrière, mais si je ne lui avais pas servi de tremplin, il en aurait trouvé ailleurs [1]... »

Était-ce encore trop pour Maurice Chevalier ?

Quoi qu'il en soit, en 1917, à son retour de captivité, il a plus que jamais besoin du soutien de Mistinguett. Sans elle, il est perdu. Phénomène classique : passer bru-

1. *Mistinguett and her confessions,* propos recueillis par le journaliste anglais Herbert Griffiths en 1938.

talement de l'état de prisonnier à celui d'homme libre pose un certain nombre de problèmes psychologiques, et pour un caractère tel que le sien, le passage ne se fait pas sans douleur. Le mieux, c'est d'oublier (cette fois à bon escient...) et de remonter sur scène. C'est là où le bât blesse. Même dans les petites salles de Montparnasse qui ont affiché « Chevalier de retour de captivité », et dont il était naguère l'enfant chéri, le courant ne passe pas. L'accueil est froid, Chevalier se sent décalé et les grands music-halls d'avant-guerre lui paraissent hors de portée. Il ne se trompe pas : aucun directeur ne lui fait la moindre proposition...

Mistinguett le saint-bernard entre à nouveau en piste, porte littéralement son amant dans son éprouvant *come-back*...

« ... Je le revoyais après vingt-six mois de séparation... Provisoirement, nous n'étions plus les vedettes : Mistinguett et Chevalier, mais deux personnes qui s'aiment et cherchent à se rejoindre. Pour une fois, nous pouvions presque avoir les sentiments de tout le monde et nous reposer l'un sur l'autre. A son égard, je me découvris tous les droits et tous les devoirs. Lui se laissait faire. J'ai compris, depuis, qu'il n'en pensait pas moins. Il s'était perdu au cours de sa captivité et était prêt à tout supporter pour se retrouver. J'ignorais que lorsqu'il se retrouverait, ce ne serait pas avec moi. Mais c'est un prudent et le camp lui avait enseigné toutes les patiences. Il était revenu d'Allemagne sans appétit, sans moyens, sans nature. Que pouvait-il faire d'autre que d'accepter mes volontés ? Comme il était malheureux, je le croyais près de moi et à moi. C'était une erreur. Il agissait comme il l'a fait toute sa vie, se faisant patient dans l'espoir d'être de nouveau vivant un jour et de l'être à son propre compte.

— Tu verras Mist, me disait-il. Je ne retrouverai pas les six mille francs par mois que j'avais avant. Je suis un type fichu...

Je n'en croyais pas un mot. Il se disait mou et cassé de

l'intérieur. J'avais l'impression au contraire, qu'il était prêt à repartir. Cependant, on ne voulait plus de lui nulle part et je dus chercher à imposer ses seconds débuts. »

Mistinguett parvient à convaincre Volterra et Beretta, alors directeurs des Folies-Bergère, de prendre Chevalier. Ce ne sont pas des poètes et s'ils acceptent, c'est pour faire plaisir à Miss. Le cachet toutefois est modeste : cent francs par jour.

Mistinguett adopte alors une attitude inouïe... qu'elle ne répétera plus jamais au cours de sa carrière : elle demande que la même somme (cent francs) soit prélevée sur son propre salaire afin de les donner au chanteur. Et sans que celui-ci le sache. Elle ne gagne alors que trois cent trente-trois francs par jour.

Mistinguett est vraiment amoureuse...

CHAPITRE 5

Dernières scènes

« Je passais souvent boulevard des Capucines prendre Miss et Maurice pour aller au Casino. Nous faisions marcher Maurice devant nous pour corriger les défauts de son allure, car Chevalier chaloupait comme presque tous les gars des faubourgs. “ Tiens-toi droit ”, lui disait Miss. “ Pas tant, rentre ton derrière, mets tes pieds en dehors... ne roule pas les épaules. ” Et, docile, Chevalier obéissait, car il a toujours eu en lui cet ardent désir d'apprendre, de tout apprendre... C'est à ce travail constant qu'il doit sa réussite. J'ai connu Chevalier à ses débuts, alors qu'il n'était qu'un petit comique de quartier. Je regarde le chemin parcouru et j'admire... »

Ou encore :

« C'est parce que Mistinguett l'a obligé à porter l'habit qu'il est devenu un jeune premier... Mistinguett lui a fait renoncer à son premier genre, à son maquillage outrancier, elle en a fait un beau gosse alors qu'il n'était qu'un petit comique. Miss l'a dégoûté de la vulgarité, de l'effet grossier ; elle lui a donné tous ses trucs pour prendre le public, jusqu'à sa façon de “ poser le regard ” sur un spectateur ou une spectatrice... »

Avec l'œil du professionnel, Jacques Charles raconte comment Maurice Chevalier se métamorphose sous la baguette de Mistinguett. De treize ans son aînée, la Miss façonne son élève. Sans doute a-t-il encore beaucoup à apprendre, mais il dispose déjà d'une arme qui ne s'acquiert pas : le sens du public. Et le jour de la première aux Folies-Bergère, Mistinguett constate que les épreuves de la guerre n'ont pas « tué » l'artiste Chevalier. Elle pourrait répéter ce qu'elle avait murmuré en le regardant chanter quelques années plus tôt : « Il a le fluide... Tant pis pour lui ! »

Après les Folies, deux revues au Bataclan. Maurice se refait une santé, reprend des forces, et de l'assurance. Et sa vraie rentrée, il va la faire au Casino de Paris. Au bras de Mistinguett.

La revue s'appelle : « Laissez-les tomber ». Rarement titre ne fut aussi trompeur, car en vérité, cette revue se révélera une merveilleuse aventure qui ne laissera personne sur le quai. « Laissez-les tomber », c'est une belle histoire à tiroirs, un conte de fées. Avec les gentils, les méchants. Et une fin heureuse.

Il était une fois, Léon Volterra, un patron de music-hall pas comme les autres. Il débute par le bas de l'échelle, le très bas : groom à la Cigale, puis vendeur de programmes à l'Olympia. Son truc, pour vendre, n'est déjà pas ordinaire : il dit en tendant le programme au client : « Il me coûte cinquante centimes... » Autrement dit, je l'ai payé tant, à vous de décider combien vaut ma peine. Comme les spectateurs font preuve de générosité, le jeune débrouillard récidive au Palais de la danse, le premier dancing de Paris, dirigé, tout comme l'Olympia, par Jacques Charles. Avec la guerre, Jacques Charles perd ses établissements. Avec la guerre, Volterra, jeune homme illettré mais plein de ressources s'associe avec Beretta, un chef d'orchestre lassé de manier la baguette. Et tous deux raflent, une à une, les grandes salles parisiennes. Ils commencent par l'Olympia où, d'entrée, ils proposent une gestion originale : Volterra-Beretta montent les spectacles à leurs frais, puis partagent les bénéfices en quatre parts : un quart pour le propriétaire des murs, un quart pour les actionnaires de la société, un quart pour les artistes, et un quart pour eux-mêmes. Un peu incrédules, les actionnaires et les artistes — qui sont pour une bonne part, sur le pavé — acceptent néanmoins. Ils n'ont pas tort. A sa réouverture, l'Olympia déclare quatre cents francs de recette... et dix fois plus, un mois plus tard ! Les directeurs reviennent vite à des règles plus classiques avec salaires et bulletins de paie.

Pendant la guerre, les affaires marchent si bien pour le tandem Volterra-Beretta qu'ils rachètent dans la foulée, les Folies-Bergère, les Ambassadeurs et le Casino de Paris... Rien que ça ! Malgré cette prospérité, ou peut-être à cause d'elle, les associés divorcent. En 1917, Léon Volterra est débarqué de la société avec un million d'indemnité.

Plutôt que de vivre de ses rentes, l'ancien vendeur de programmes se remet aussitôt dans le circuit. La même année, il rachète en sous-main le Casino de Paris, pour un prix dérisoire. Car contrairement aux autres salles, le Casino végète lamentablement et a déjà fait l'objet de plusieurs faillites. C'est tout à fait le challenge qui convient à un personnage comme Volterra. Il n'a pas digéré son éviction et a juré de se venger. Pour cela, il n'y a qu'un moyen : faire du Casino de Paris un palais de music-hall supérieur à tout ce que l'on a vu jusqu'alors. Et présenter en ouverture le plus fabuleux des spectacles...

Un seul problème, mais de taille... Si Léon Volterra a de l'argent et une énergie de bulldog, il n'a, par contre, aucun talent pour monter une revue. Il lui faut un auteur. Et il en connaît un, remarquable, même si pour l'instant, il gît sur un lit d'hôpital militaire. Volterra se rend au chevet de Jacques Charles, qui se remet lentement d'une grave blessure au poumon et lui propose une association. L'ancien patron de l'Olympia, qui dispose de six mois de convalescence, accepte sans se faire prier. Dès sa sortie de l'hôpital, il se réfugie en Normandie, à Villerville où on le retrouvera d'ailleurs plus d'une fois. C'est là, dans la campagne normande que naît sur le papier la revue qui va transfigurer le destin du Casino de Paris.

Quelques semaines plus tard, l'auteur est plutôt satisfait de son travail. Mais il lui manque un nom. Car pour gagner le pari de Volterra, il faut à cette nouvelle revue une vedette de très, très haut calibre (la Mistinguett de 1925 aurait évidemment fait l'affaire, mais nous ne sommes qu'en 1917)... Jacques Charles pense, rêve plutôt, à Gaby Deslys. C'est la fée du conte.

Son vrai nom est Gabrielle Caire. Elle est marseillaise, toute blonde, avec un grand regard bleu perpétuellement étonné et une très jolie petite bouche. « Je chante la gloire de la Parisienne », qu'elle entonnait avec son accent ensoleillé, lui a permis, sous les rires affectueux d'un public déjà conquis, de faire ses débuts à Paris.

Sur scène, Gaby apparaît la taille bien serrée, la poitrine et les hanches rebondies, les mollets emprisonnés dans de hautes bottines. Mais ce sont ses coiffures monumentales qui étonnent le plus et qui provoquent son succès aux Etats-Unis. Une montagne de faux cheveux blonds, où s'accroche comme aux branches d'un arbre un méli-mélo de fleurs, de tulles, d'oiseaux, d'aigrettes, de plumes... Bref, elle lance à New York le chic parisien grand format. Malgré tout, c'est en Grande-Bretagne qu'elle fait l'essentiel de sa carrière. Et c'est à Londres que s'est soudée l'amitié qui lie la jeune femme à Jacques Charles alors qu'elle était malade, victime des premières alertes de la tuberculose qui l'emportera une dizaine d'années plus tard. Craignant la contagion, Le directeur de l'hôtel londonien, où elle séjournait avec sa mère, avait alors voulu la chasser. Gaby, complètement perdue, c'est Jacques Charles qui s'occupa de tout : médecin, soucis matériels, appartement... Appartement où l'ex-roi du Portugal, Manuel, toujours fou amoureux de celle qui, dit-on, lui fit perdre sa couronne, venait rendre visite à la malade.

A son rétablissement, l'artiste avait fait un serment à Jacques Charles :

« Gros, tu pourras toujours, à n'importe quel moment de la vie, me demander ce que tu voudras, je le ferai toujours pour toi. »

En 1917, Gaby est devenue l'immense vedette que cherche le revuiste. Mais va-t-elle se souvenir de sa promesse ? Pour le savoir, il faut aller la voir.

Jacques Charles et Volterra embarquent donc pour l'Angleterre, ce qui n'est guère aisé en cette période de guerre, au point que Volterra doit se travestir en soldat britannique. Une fois à Londres, les deux hommes se précipitent dans la loge de Gaby peu de temps avant son entrée en scène, et livrent aussitôt le but de leur visite :

« Impossible, répond Gaby, j'ai pris ce théâtre à mon compte. La pièce est un succès, je peux la jouer tout l'hiver. Et à Paris on ne peut pas me donner ce que je gagne ici. Alors ? »

Alors, Jacques Charles se lance à corps perdu dans une plaidoirie style « ou tu nous sauves la vie ou on meurt... ».

« Voilà un contrat tout préparé où Volterra a mis d'avance le chiffre maximum du cachet qu'il peut te donner. Rappelle-toi ce que tu m'as promis un jour. Eh bien, aujourd'hui, je viens te dire : Gaby, je n'ai plus rien, la guerre m'a fait perdre mes deux théâtres. Après trois ans de guerre et six mois d'hôpital, il faut que je refasse ma situation, veux-tu m'y aider ? »

Long silence. Puis Gaby dit :

« Allez voir la pièce. Venez demain à la maison, je te donnerai ma réponse. »

Le duo passe une mauvaise nuit. Et chez Gaby Deslys, le lendemain, leur angoisse redouble. Elle les accueille à bras ouverts, leur parle de tout et de rien, leur fait visiter l'appartement de fond en comble... Volterra a compris : c'est non. Il trouve d'ailleurs ce refus logique. S'il lui avait fallu lui, le petit grouillot du music-hall, céder à de tels sentiments, il en serait encore à ouvrir les portes aux spectateurs ou à vendre des programmes. Quand on vient du ruisseau, que l'on ne sait ni lire ni écrire, on ne bâtit pas sa fortune sur de beaux sentiments et sur des promesses...

Gaby ne dit toujours rien. Mais quand les deux hommes passent à table, Jacques Charles découvre un petit cadeau plié dans sa serviette : le contrat signé. Et Gaby a ajouté à la main...

« Mademoiselle Gaby Deslys paiera sur son cachet son danseur, monsieur Harry Pilcer, ses costumes personnels et ceux des girls de son numéro... »

Toutes les valeurs de Volterra s'écroulent et Jacques Charles n'en peut plus de reconnaissance. D'autant qu'il connaît la réputation de Gaby Deslys : abandonnée à Paris par son amoureux alors qu'elle n'était encore qu'adolescente, elle avait dû, pour survivre, se faire entretenir et céder à quelques vieux amants. Dans le même temps, elle avait pris des cours de maintien et de danse et s'était lancée dans une désespérante course aux cachets. Elle avait fini par s'en sortir, mais elle n'avait jamais oublié. Depuis, elle faisait payer aux hommes le prix fort. Calculatrice, intéressée, elle humiliait volontiers les « fiancés » qui se jetaient à ses pieds. Et un certain Sacha Guitry allait en garder un souvenir cuisant. Seuls, le roi Manuel du Portugal, un grand amour malheureux, et Harry Pilcer, son amant et danseur qui lui vouait une véritable dévotion, trouvèrent grâce à ses yeux. En fait, le cœur de Gaby bat plus pour la famille et les amis que pour les amants. Jacques Charles fait partie des amis. Une chance...

Les répétitions s'engagent dans une telle euphorie que les concurrents, d'abord goguenards, finissent par s'inquiéter. Les échos qui leur parviennent parlent d'une revue à nulle autre pareille, d'un spectacle qui éclipsera tous les autres. Bien sûr, l'existence de ce malheureux Casino de Paris a toujours été marquée du mauvais œil, mais on peut peut-être forcer le destin ? Cela commence par des rumeurs malsaines qui se répandent parmi les ouvriers, puis par des tentatives de grève, des malfaçons, des dénonciations... Un jour, en pleine répétition, dans un local extérieur, le capitaine des girls des Folies-Bergère fait irruption dans la salle et s'écrie : « Girls, cessez de répéter, l'ouverture n'aura pas lieu, le balcon du Casino vient de s'effondrer... »

La nouvelle est fausse, mais le doute s'insinue dans les esprits. Alertée (par qui ?), la préfecture exige de procéder à des tests. On empile donc sur le balcon suspect des sacs de sable d'un poids total dix fois supérieur à celui du maximum de spectateurs qu'il aurait à supporter. Un appareil mis sous scellés doit constater un fléchissement éventuel. Les sacs resteront en place toute la nuit. A minuit, Léon Volterra s'installe juste sous son balcon, les yeux rivés sur l'appareil de mesure. Si l'édifice s'écroule, il mourra avec son affaire. Le lendemain matin, Jacques Charles le retrouve au même endroit. Le balcon a tenu et Volterra le joueur est sain et sauf. La préfecture exige tout de même la construction de deux piliers. Piliers qui sont toujours en place aujourd'hui alors que le balcon avait été spécialement construit pour ne nécessiter l'apport d'aucun soutien...

Mais Jacques Charles, c'est pire que le balcon...

« Il est devenu fou depuis la guerre... »

Gaby Deslys aime bien le revuiste, mais là, il exagère. Et tous les autres sont d'accord avec elle.

« Ça ne marchera pas, c'est trop dangereux... Placez les femmes sur les barreaux mais qu'elles ne bougent pas. »

Jacques Charles ne veut rien savoir. Il a mis tout son talent pour imaginer et régler ce tableau des « Echelles », et jusqu'au jour de la dernière répétition, il se bat contre tous pour le maintenir tel qu'il est.

« Si elles ne bougent pas, ça ne fera pas le même effet... Je suis sûr de mes calculs, je ne peux pas m'être trompé. L'inclinaison des échelles est telle qu'on ne peut pas tomber... »

Non seulement les femmes ne tombent pas, mais elles soulèvent l'enthousiasme général : triomphe...

« Lorsque à dix mètres de haut parurent les vingt-quatre premiers petits pieds blancs, les applaudissements éclatèrent pour aller en augmentant ; à la fin, la salle entière était debout ; Gaby elle-même me traîna sur la scène, m'associant à son triomphe. J'avais eu raison contre tous et la suite me donna encore plus raison. Le tableau des " Echelles " fut représenté dans le monde entier. Des centaines de femmes ont descendu des milliers de fois mes échelles. Jamais une seule n'est tombée. On ne pouvait pas tomber... [1] »

La mal nommée « Laissez-les tomber » devient tout bonnement la « Revue des Echelles ». La presse est unanime dans ses louanges et tresse des couronnes à Gaby Deslys. L'ensemble est célébré avec ferveur : la première apparition de la vedette sous un pommier en fleur au son d'une valse, le « Rêve », symphonie en blanc et noir avec ses changements à la Frégoli, sa descente de l'escalier, tout auréolée de perles et de plumes... sans oublier le ragtime du duo Gaby Deslys-Harry Pilcer sur la musique du premier jazz-band invité à Paris et dirigé par le frère de Harry, Murray Pilcer. Car, bien avant Joséphine Baker, la France de 1917 découvre le jazz au Casino de Paris :

« Le jazz était venu, non pas seulement dans l'orchestre avec les xylophones, les sarrussophones, les banjos et les balafons, mais dans les jambes, dans les hanches, dans les épaules de Gaby, dans les cheveux de Pilcer qui se hérissaient aux frénésies de la danse. Les spectateurs électrisés se soulevaient de leurs fauteuils et, de la tête, du buste, des bras, suivaient le rythme [2]. »

Et Jean Cocteau peut écrire :

« Nous voyons danser sur cet ouragan de rythmes une sorte de catastrophe apprivoisée... »

Le jazz transforme irrémédiablement le music-hall et ses revues. Une révolution qui naît au Casino de Paris. Léon Volterra a gagné son pari. Tous les officiers améri-

1. *La Revue de ma vie*, Jacques Charles, Fayard, 1958.
2. *Music-Hall*, Louis Roubaud.

cains, nombreux en cette époque à Paris où l'armée américaine se constitue, les Anglais, les permissionnaires français, tous envahissent chaque soir le Casino de Paris... C'est comme si la guerre était déjà terminée. L'ambiance est déchaînée jusqu'à l'euphorie. Les girls, courageuses patriotes, lèvent les jambes en jurant : « La mort des sales Boches, jusqu'au dernier », ou en promettant : « Fidélité à nos poi-poi, à nos poilus glorieux. »

Mais « les Boches » se rappellent au bon souvenir du Gai Paris par une série de raids nocturnes et les bombardements de la Grosse Bertha tapie à cent vingt kilomètres de Paris. Dès lors, les représentations sont fréquemment interrompues par les alertes. Lorsque les sirènes hurlent avant vingt-deux heures, le public est remboursé, mais les artistes ne sont pas payés. Passé l'heure fatidique, les artistes respirent et les spectateurs en sont pour leurs frais. Les stations de métro Trinité et Pigalle servent d'abris au public. Le personnel du Casino se retrouve dans les caves de la caserne des pompiers de la rue Blanche. Dans un premier temps, les femmes des pompiers n'apprécient guère cette invasion de filles à demi nues dans l'enceinte des soldats du feu. Réputation oblige... Mais elles apprennent à les connaître. Ces créatures légères ont aussi un mari ou un fiancé au front, elles sont parfois mères de famille, tremblent à l'idée d'avoir dû laisser leur bébé seul à la maison. L'alerte risque de le réveiller et elles n'ont qu'un désir, rentrer chez elles pour se rassurer...

Ces craintes maternelles créent des liens.

« Amenez-le ce petit, dit la ménagère en bigoudis à la girl outrageusement décolletée. Pendant le spectacle, je le garde. S'il y a une alerte, on se retrouve tous ici. »

L'élan est donné. Plusieurs autres dames respectables proposent à leur tour leurs services. Les caves de la rue Blanche se transforment alors en crèche où l'on berce et allaite les marmots.

Gaby Deslys, qui n'a pas ce genre de souci, se contente de distribuer des friandises...

Aux Folies-Bergère, Mistinguett affiche elle aussi son patriotisme.

« Elle chante en anglais avec l'accent de Belleville, s'avance en balançant une crinoline second Empire, sur un praticable, jusqu'au milieu de l'orchestre, tombe habilement sur les genoux des officiers qu'elle couvre de baisers patriotiques, pendant que les poilus applaudissent à tout rompre [1]. »

Parfois, la Grosse Bertha ne parvient même pas à chasser les spectateurs. On s'habitue à tout. La Miss retient son monde en dansant de plus belle. Chevalier, lui, joue au boxeur d'opérette, lance un défi chaque soir à un spectateur. Un comparse qui se laisse allonger pour le compte. Quand la sirène mugit, Maurice gronde, poing levé vers le ciel : « Mais, je ne l'ai pas défié celui-là ! »

Et le public oublie ses craintes dans une tempête de rires. Sans bouger de son fauteuil.

Lorsque ça cogne trop fort, il faut toutefois se résoudre à descendre aux abris. Avec les caves de l'hôtel Edouard-VII, les Folies-Bergère ne s'en tirent pas trop mal...

« Le directeur de cet hôtel était des plus gentils. Il nous faisait déguster ses meilleures bouteilles, raconte Mistinguett. Lorsque l'atmosphère y était, il nous arrivait de continuer le spectacle dans la cave. Ça plaisait aux snobs qui se prenaient pour les derniers Romains dans les catacombes, décadents mais héroïques... »

Exaspéré par ces bombardements qui ne respectent rien, Léon Volterra se résout à transporter la « Revue des Echelles » à Marseille. Gaby est ravie à l'idée de retourner jouer dans sa ville natale. Volterra achète un ancien théâtre, qu'il fait transformer en un tournemain et baptise le « Grand Casino ». Dans la cité phocéenne, la revue remporte un succès identique à celui de Paris... où finalement Volterra décide de jouer les prolongations.

Grande nouvelle, Mistinguett vient de signer chez lui.

1. *Le Roman vrai de la IIIe et IVe République*, collectif dirigé par Gilbert Guilleminault, Robert Laffont.

Un événement que Léon attend depuis des siècles. Et contre Mistinguett, la Grosse Bertha ne fait pas le poids. Volterra est en transe : la Miss et Chevalier vont reprendre « Les Echelles » à Paris, avec de nouvelles scènes spécialement écrites pour ce couple typiquement parigot... Tout est en place ? Non... nouvelle péripétie. L'orage qui menaçait depuis quelque temps entre Volterra et Gaby Deslys finit par éclater. Prétexte : des admirateurs un peu trop envahissants qui pourrissent l'ambiance. Engueulade monstre. Et le directeur chasse sa vedette. Avant d'appeler Jacques Charles à la rescousse pour monter un nouveau spectacle en quelques heures. Ce n'est plus du music-hall, c'est du yo-yo ! Fort heureusement, de nombreux artistes, et non des moindres, ont fui Paris et se sont réfugiés dans le Sud. Ils sont à portée de main et acceptent, bien entendu, cette offre inespérée. Cela tient du grand art et de l'acrobatie. Les plus grands, comme Dranem, se retrouvent avec plusieurs rôles à assumer, passant de simple figurant à vedette selon les tableaux. Quelques jours plus tard, Volterra calme le jeu, fait venir « Les Echelles » à Marseille. Mais il prend un risque : quel accueil les Marseillais vont-ils réserver au couple le plus parisien du music-hall ? C'est un public redoutable et connaisseur... « tellement connaisseur, dit le pianiste Georges Tabet, qu'il en devient professionnel... ».

C'est en fait le public idéal pour « Les Echelles », pour Mistinguett et Chevalier. Nouveau triomphe...

Après être passé si près de la catastrophe, tout le monde se félicite. Mais plus que les autres sans doute, Maurice Chevalier irradie de bonheur. D'abord, il revient en trombe sur la grande scène. Ensuite, Marseille ne lui rappelle que de bons souvenirs. En effet, sans avoir les racines méridionales d'un Raimu ou d'un Fernandel, le p'tit gars de Ménilmontant a toujours été l'enfant chéri de la Canebière. Ce ne fut pas à proprement parler un coup de foudre, plutôt un corps à corps. Cela remonte à ses débuts, quand la future étoile n'avait encore que seize ans :

« ... Je commençai ma première chanson. Mes trois premiers couplets s'étalèrent dans un silence de morgue. Le cœur serré, je fis semblant de ne pas m'en apercevoir et commençai un monologue comique sur l'atavisme... S'il vous plaît... Vous êtes-vous déjà mis cinq minutes à la place d'un pauvre type, habillé grotesquement et maquillé de rouge, qui doit faire rire absolument... Et qui ne fait pas rire du tout ?... Cela m'arriva. Quelle souffrance ! Une vague murmurante accompagna ma sortie... A peu près désespéré, je commençai la troisième chanson. Prêt à recevoir l'estocade. C'était une suite de titres de chansons connues qui formaient une histoire sous le nom de " Rondeau Populaire ". Est-ce que j'ai bien entendu ? Ils viennent de rire. Gentiment. Sans méchanceté ! Ce n'est pas possible. Ils rient encore une fois. Et puis encore. Et puis plus fort. Je termine la troisième très applaudi. Un renversement vient de se produire. Le danger est passé. On devient amis eux et moi... La quatrième va comme dans du beurre... C'est déclenché, ça n'arrête pas de rire... C'est gagné... Le reste se déroula comme un miracle. La masse maintenant hurlait, réclamait mon retour sur l'air des lampions...

Comme dans un songe j'entendis Franck (le régisseur, administrateur) me dire : " Est-ce que tu te rends compte petit, que tu viens de gagner toute la province. Parce que l'Alcazar de Marseille, tu sais, c'est un peu l'Opéra du concert. "

Tandis que dans ma sensibilité un peu trop brutalisée ce soir-là, j'étais encore terrorisé d'avoir entrevu combien le désastre se trouve rapproché du triomphe dans ce métier où les extrêmes se frôlent... »

Les Allemands reculent et la maudite Bertha s'éloigne. Paris se retrouve vraiment à l'arrière et reprend son rythme de vie, Mistinguett et Maurice regagnent leurs pénates.

S'il est un couple qui, aux yeux des foules, symbolise le bonheur, le talent et l'amour, c'est bien celui-là. On pourrait sonder, faire voter, comme on le fait maintenant, les lecteurs de magazines, Miss et Momo viendraient en tête de la rubrique « Cœurs en fête ». Ils ont tout pour eux, ils respirent la joie de vivre et la réussite. Car leur carrière paraît désormais indissociable. C'est ainsi que le public les voit et les adule : ensemble, serrés l'un contre l'autre. Et c'est ainsi qu'il les propulse au firmament des stars. Plus aucun directeur, plus aucun auteur ou compositeur n'oserait désormais leur proposer de jouer les remplaçants, de reprendre une revue en seconde main. Les spectacles, les plus beaux et les plus coûteux, sont montés pour eux, autour d'eux...

Les deux bêtes du music-hall donnent l'illusion d'être au septième ciel. C'est leur métier, c'est leur passion. Et personne n'est doué comme eux pour jeter ainsi de la poudre aux yeux aux passants obscurs qui, au ras du sol, mélangent facilement factice et réalité. Qui pourrait croire que le couple idéal se fissure et qu'il va, comme n'importe quel couple ordinaire, retomber en poussière... ?

C'est d'abord simplement une question d'adaptation dans des milieux qui, à l'origine, ne sont pas les leurs. Là encore, Mistinguett et Chevalier devraient pourtant être en harmonie. A peu de chose près, ils sortent tous deux de la même misère. Mais si la Miss, par la grâce de la célébrité, entre en conquérante dans le monde des nantis, balaye tout sur son passage et finit par régner, quel que soit son entourage... Chevalier lui, ne parvient pas à se débarrasser de son habit d'ancien pauvre et de parvenu :

« J'avais des frissons d'homme embarrassé pour pénétrer dans des restaurants élégants ou, par exemple, dans des endroits à la mode comme chez Fisher. Il me semblait que je venais là me mêler à un monde qui m'était trop supérieur. Des sensations de honte m'assaillaient et il me semblait que je devenais le point de mire un peu emprunté de tous ces snobs. J'avais hâte de me retrouver en compagnie plus modeste et le premier smoking que je me fis faire me parut être en métal, tellement je me sentais guindé à chaque fois que je le revêtais pour sortir. »

En réalité, c'est Mistinguett qui lui fait faire son premier smoking. Et c'est elle qui l'oblige à le porter le plus souvent possible, « pour qu'il s'habitue ». Ça la fait rire, la Miss. De quoi a-t-il peur, Maurice ? N'est-il pas beau ? Célèbre ? Envié ? Jalousé ? Qu'est-ce qui peut le gêner... Et elle l'entraîne dans toutes ses sorties. Elle se dit que ça va forcément passer.

Ça ne passe pas. Chevalier traîne en chemin et Mistinguett va trop vite. La guerre et la captivité n'ont fait qu'accroître l'écart. Syndrome du prisonnier. Mistinguett n'y comprend pas grand-chose... mais le fait est là, Maurice n'a pas envie de se jeter dans cette nouvelle vie parisienne qui s'ouvre à lui. Il s'en exclut :

« Etait-ce lassitude ou impossibilité de me faire à ce monde d'une gaieté trop facile ? écrit-il. Je commençais à rechercher le calme de mon chez-moi et m'y trouvais plus dans mon élément qu'à jouer le rôle de chevalier servant de Mistinguett.

Eût-elle compris cela et organisé autrement notre vie, l'espèce de détachement que je sentais se former en moi à son égard ne se serait peut-être pas produit. »

Premiers tiraillements. Elle est triste quand il refuse de l'accompagner, triste quand il quitte seul et soudainement une réception où il s'ennuie. Mais que peut-elle y faire ? Elle, ce qui l'ennuie, c'est le pot-au-feu et les soirées au coin du feu. Et Maurice sera toujours un ténébreux. Ils n'ont pas la même manière d'accrocher la vie et d'approcher les autres. Question de caractère. Ce que définit la journaliste Jacqueline Lenoir en parlant du métier :

« Pour Mistinguett, jouer était une délivrance, pour Chevalier une angoisse à dominer. Voilà pourquoi, à la fin du spectacle, l'une était en pleine forme et l'autre n'aspirait qu'au repos... »

Au repos, façon de parler. Car Chevalier devient infidèle. Il a pris depuis peu un petit appartement dans le quartier Saint-Augustin. Un jour, Mistinguett qui a la clef de sa garçonnière, décide de lui faire une surprise : en son absence, elle va lui installer un nouveau salon... La surprise est pour elle : un pantalon de femme en dentelle rose oublié sur le lit.

Mistinguett ne fera pas de scène, mais en représailles, elle interdit désormais à Chevalier de monter chez elle si un chiffon rouge n'est pas accroché au balcon.

A vrai dire, tout ceci n'est pas très grave. Beaucoup moins en tout cas que le différend qui, bientôt, les oppose violemment. Et sur le seul terrain qui, à leurs yeux, compte réellement, sur lequel ils ne sont prêts, ni l'un ni l'autre, à faire la moindre concession. Ce n'est pas l'amour, non... ou plutôt si, leur amour d'eux-mêmes et du music-hall...

Les vraies disputes, celles qui laissent des traces, éclatent pendant les répétitions de la revue « PA RI KI RI ». Chevalier souhaite introduire dans le spectacle un de ses tours de chant. Mistinguett refuse. Elle estime qu'un tour de chant casse le rythme d'une revue. Chevalier doit céder, mais au fond de lui-même, il n'accepte pas cette décision. Le chanteur a encore en mémoire l'alerte du comique Boucot. Il se souvient aussi d'une réflexion que lui murmura, un soir de ses débuts, un artiste, que lui-même venait de supplanter à Toulon : « Tu vois, petit, c'est tout notre métier. Toujours un jeune qui pousse. »

Or, le jeune Chevalier n'est plus très jeune (il a trente ans et Mistinguett quarante-trois) et considère que sa place n'est plus à l'ombre, fût-ce à celle de la Miss. De plus, il sait que les revues sont des avaleuses de talents et que pour s'y faire remarquer avec Mistinguett en meneuse, c'est plus que délicat. Le tour de chant était un moyen. On le lui refuse, Maurice décide de tenter l'affiche.

Il présente une requête plus qu'audacieuse, suicidaire. Chevalier veut voir son nom en aussi gros caractères que celui de la Miss. Après tout, argumente-t-il, c'est le couple que le public vient acclamer. Là, le prétendant s'est mis carrément dans le rouge. L'affiche, c'est une exclusivité Mistinguett, un domaine privé. A peu de chose près, c'est elle qui la fait. Nouveau refus avec, à l'appui, un prétexte qui est à lui seul une provocation : on ne grossira pas les lettres de Chevalier afin de ménager la susceptibilité des autres artistes.

Chevalier cède. En apparence. Mais c'est Mistinguett qui va le perdre. Pour quelques centimètres de plus ou de moins sur une affiche, le couple est brisé. Jacques Charles peut bien parler de malentendu et écrire en une jolie formule : « Chevalier croyait que Miss voulait l'empêcher de grandir, alors que Miss voulait simplement ne pas se diminuer. »... Ces deux-là ne pouvaient se déchirer que pour une question d'emblème.

Pour retrouver sa liberté d'artiste qu'il se sent maintenant capable d'assumer, Chevalier décide d'abord de reprendre sa liberté d'homme. C'est donc lui qui cherche la rupture. Et tandis qu'ils roucoulent comme deux tourtereaux sur scène, les répétitions ne sont plus que querelles incessantes.

Charmante ambiance. Sans vouloir céder un millimètre sur le plan professionnel, Mistinguett souhaite ardemment continuer son roman d'amour. Chevalier, lui, se voit déjà ailleurs. Hors le spectacle lui-même, il joue les arlésiennes, ne vient plus avec Mistinguett au théâtre, repart sans elle, l'évite dans les couloirs, ne la salue même plus avant de commencer à travailler... Son attitude frise l'incorrection, au point que Jacques Charles, sans doute envoyé en éclaireur par Mistinguett, lui reproche un jour son impolitesse.

« Comment cela ? s'étonne Chevalier froidement. Mais je ne peux pas être impoli, je ne lui adresse même pas la parole.

— Justement, répond Jacques Charles. Etant donné ce que vous avez été l'un pour l'autre, comme tu n'as rien à lui reprocher que de ne plus te plaire, tu dois la saluer, lui serrer la main et agir avec elle comme avec un ami... Et même, tu dois être le plus dévoué de ses amis. »

Il y a un risque, mais Chevalier ne le voit pas. Il tend donc la main... Et Miss prend le reste. Réconciliation, nouvelle brouille, réconciliation... les petits coups de canif n'en finissent plus de mutiler la romance « renversante », et le couple s'effiloche inexorablement. Mistinguett et Chevalier ne sont plus ensemble qu'épisodiquement. Pour se consoler, la Miss adopte sa recette habituelle, elle voyage, s'embarque pour les Etats-Unis avec Jacques Charles. A son retour, surprise... Maurice l'attend sur les quais du Havre, en compagnie de Marcel son frère et de Léon Volterra. Tout le monde prend la direction des « Marmousets », la villa que Mistinguett possède désormais à Villerville, tout près de Deauville. La trêve dure quinze jours. Et puis ça recommence...

« Il nous arrivait de nous raccommoder, explique Mistinguett, mais c'était trop pratique pour être durable, trop facile pour qu'on puisse en espérer quelque chose. Notre rupture dura des années. En fin de compte, je ne sais pas si on a rompu... »

Le public non plus. Il continue à suivre le couple idyllique dans de nouvelles revues. « Paris qui danse », « Paris qui jazz »... Chevalier prend ombrage de la présence d'un danseur américain, Carl Randall, ramené de New York par Jacques Charles et Mistinguett. Cette fois, il est bien décidé à s'éloigner « sérieusement ». Il a fait la connaissance de la ravissante et talentueuse star américaine Elsie Janis. Avec elle, il part en Grande-Bretagne, honorer un contrat au Palace de Londres. Aux côtés de Janis, Chevalier le studieux continue à prendre des leçons :

« A Paris, Mistinguett avait fait de lui un monsieur, raconte Jacques Charles. A Londres, Janis fit de lui un gentleman... »

Ce n'est pas encore fini. En 1920, le couple Chevalier-Mistinguett se reforme une dernière fois dans la villa de Villerville. Et comme si le destin voulait leur faire un dernier cadeau, leur offrir un dernier souvenir, ils assistent à la naissance de « Mon homme » que la Miss chantera toute sa vie en pensant à Chevalier.

Cette fois, leurs routes se séparent. Ne reste plus que l'amitié.

Et Mistinguett constate :

« Nous nous sommes revus... J'avais toujours de la peine. Mais il existe des choses plus importantes que les choses sans remède, les revues succédaient au voyage et il fallait que je fasse ma vie. »

... analyse :

« La présence de Chevalier ne m'a jamais apporté grand-chose. Mais son absence a dominé le reste de ma vie. Peut-être est-ce ma faute s'il m'a quittée.... »

... vise juste :

« Peut-être est-ce parce que je n'avais jamais pu oublier le garçon qui essayait son premier smoking en chaloupant sur le boulevard pour faire distingué, si gonflé de sa nouvelle importance, que l'on n'aurait pas pu glisser une feuille de papier à cigarette entre son fond de culotte et ses fesses. »

... et enfin avoue :

« En ce qui me concerne, Maurice n'est jamais vraiment parti ni revenu. En amour, je me passe de géographie. Le souvenir de ce que fut notre amour me tint lieu, toute ma vie, d'état d'âme. Grâce à lui les paroles les plus anodines prenaient du paysage... En cachette, je songeais encore à lui... Maurice Chevalier, c'est un chapitre à part dans ma vie, sans grand rapport avec les dates, sans grand rapport même avec la vie que nous avons menée... Notre histoire n'est peut-être pas finie... »

La Miss écrit ces lignes en 1954. Elle a soixante-dix-neuf ans.

CHAPITRE 6

« *Mon homme* »

Jour après jour, des rêves de musiciens s'entassent par dizaines au 24, boulevard des Capucines. Etre sélectionné, voir sa mélodie interprétée par la Miss revient pratiquement à s'ouvrir une porte sur la réussite. Alors, ils s'y mettent tous : vieux professionnels à la recherche d'un second souffle, jeunes loups affamés de gloire, et même des amateurs rêveurs et ambitieux...

Mistinguett n'est pas pressée. Elle stocke, laisse traîner ces pages d'espoir striées de portées et noircies de notes un peu partout, retarde au maximum le moment fatidique... jusqu'au jour où, prise d'un souci de rangement et de remise en ordre, à moins que ce ne soit la perspective d'une nouvelle revue à monter, elle décide : « Oh, oh, la musique monte, il va falloir faire de la place. »

Le rite est en place. Au piano, noyé sous un déluge de partitions, le répétiteur. Etendue sur son divan laqué ou lovée contre sa panthère, son ouistiti dans les bras, la Miss. L'artiste se place toujours suffisamment loin. Question d'oreille...

« Moi, je n'y comprends rien si j'entends de près ! »

Et ça défile. Vite, généralement très vite. Premières notes...

« Non ! Une autre... »

Ce n'est pas meilleur. Mistinguett s'énerve...

« Non et non ! Une autre... »

Parfois, un début d'espoir...

« Tiens ! Pas mal... »

Et puis, tout s'écroule.

« Une autre... »

Ça défile. Les javas, les valses, les fox-trot et les tangos...

« Y a rien, y a rien, conclut Miss accablée, que des trucs à la noix de coco ! »

Le piano se referme. Les prétendants à la conquête du monde en chansons restent sur le quai.

Comme toujours, la reine du music-hall est intraitable. Plus encore peut-être pour ses chansons que pour le reste. Ce qui n'est pas peu dire. Et elle se trompe rarement. En ces années vingt Mistinguett aligne succès sur succès. On dirait aujourd'hui des « tubes ». Pas une de ses revues qui ne voie une mélodie — quand ce n'est pas deux — s'envoler du spectacle pour faire un triomphe. Sorti d'un sketch intitulé « Salsifis », « J'en ai marre » de Maurice Yvain est édité à près de trois millions d'exemplaires. Record battu avec l'illustrissime « Valencia [1] », un paso doble de José Padilla.

« Il fut une année, note Louis Roubaud, où vous ne pouviez partir par la gare du Nord pour Moukden, ni revenir à la gare de Lyon par Colombo, sans avoir entendu, dans toutes les villes de la terre, l'orchestre du dancing, du club, du théâtre, le piano ou le disque du home, jouer " Valencia " ! »

Avec sa mauvaise foi coutumière, la vedette peut bien affirmer lors d'une interview que « les chansons n'ont pas beaucoup d'importance, ce qui compte avant tout, c'est d'être Mistinguett... », elle n'en croit pas un mot.

1. Il existe deux textes de cette chanson, la « version-salon », selon l'expression de Mistinguett : « Valencia, terre exquise... », et une version Mistinguett, beaucoup plus coquine qui commence ainsi : « Valencia, je suis un' fille étrange, j'viens du pays d'oranger, Valencia, voulez-vous la fleur d'orange, c'est gentil, frais et léger, Valencia... »

Lucien Boyer et Jacques Charles sont les auteurs des deux versions.

Le soin qu'elle apporte à leur choix, à l'élaboration du texte et de la mélodie, puis enfin à l'interprétation est si exigeant, si méticuleux qu'elle pousse ses compositeurs et ses auteurs les plus doués et les plus perfectionnistes au bord de la dépression nerveuse.

Agacé de voir la Miss lui refuser en quantité des airs qui lui paraissent très bien venus, Maurice Yvain se décide un jour à lui demander des comptes. C'est vrai qu'elle a un goût extraordinaire pour repérer à la fois ce qui lui convient et ce qui deviendra populaire, mais tout de même...

« Pourquoi est-ce que ça ne te plaît pas ? interroge Yvain d'un ton rogue...

— Parce que ça ne monte pas, répond Mistinguett d'une voix sucrée.

— Ça ne monte pas, ça ne monte pas... Alors, qu'est-ce qui monte selon toi ?

— Bah ça ! par exemple... »

Et Miss fredonne :

« On fait une petite belote, et puis ça va... »

« Tu vois, à partir de ça va... ça monte. C'est bien. »

Maurice Yvain hoche la tête sans répondre. Miss a raison.

Les plus grands sont là bien sûr pour la servir, mais Mistinguett n'écoute d'abord que ses propres ondes. C'est elle qui décide. Après, mais après seulement, il y a le savoir, l'expérience. Par exemple :

« Une chanson ne doit pas être mesurée comme une danse. Ça ne doit pas se répéter devant une glace. Une chanson, c'est quelque chose qui vit. Aussi, je n'en chante jamais une de la même façon. Je modifie mon interprétation d'après le public, d'après ses réactions qui se répercutent en moi... »

Et :

« Pour durer dans les mémoires, une chanson ne doit rien avoir qui accroche le temps. Ainsi, j'ai interprété un jour une chanson sympa intitulée “ Bec de gaz ”. Elle n'a pas tenu le coup à cause... de l'électricité. »

Et encore :

« Je lis la chanson une fois, si elle veut dire quelque chose, je la sais le lendemain... Il n'y a plus qu'elle qui compte !... quand je dois recommencer vingt fois, trente fois, je n'insiste pas, ça ne s'accrochera jamais... alors, on s'aborde avec le parolier, je lui glisse en douce de ma voix la plus suave : " Mon cher ami, si j'ai pas vos paroles dans la bouche, il n'y aura rien à faire pour que ça prenne dans la rue ! " »

La rue. « Le juge à mille pattes », comme elle l'appelle. C'est la seule chose qui compte, la seule question. La rue va-t-elle s'emparer de cette chanson ? Va-t-elle la fredonner, la porter comme une oriflamme ? Jeanne-Florentine Bourgeois se revoit en train de s'égosiller sur les rengaines à la mode tout en gambadant autour du lac d'Enghien : « J'étais la gosse-sans-le-sou et c'était mon seul luxe »... Depuis, elle n'en démord pas :

« Si l'air que j'entends me chatouille, alors, je suis certaine qu'il ira dans la rue ! »

Justement en cet été 1920, aucune des chansons que ses trois auteurs-compositeurs favoris lui propose ne la chatouille. Elle est pourtant dans de fort bonnes dispositions. En vacances aux « Marmousets », « Mist » coule à nouveau des jours — et des nuits — de bonheur amoureux avec Maurice Chevalier. Une trêve, on le sait, sans lendemain. Mais Mistinguett fait mine de l'ignorer.

Elle est heureuse donc. Il fait un temps radieux sur la côte normande et Jacques Charles, Albert de Willemetz et Maurice Yvain, trio maître de la chansonnette, ont loué une villa toute proche afin de concocter le menu de la rentrée : « Paris qui jazz », au Casino de Paris.

Or, les trois mousquetaires ferraillent dans le vide. C'est du moins l'avis de Mistinguett. Elle veut une chanson réaliste, quelque chose de précis, inspiré d'un autre succès qui lui a plu. C'est dans ses habitudes : la Miss est toujours influencée par une réussite extérieure. Pour elle, c'est comme une preuve, une garantie... mais Jacques Charles, Willemetz et Yvain ont assez de talent pour ne pas se préoccuper de celui des autres. Ils travaillent toute la nuit, et chaque matin, lorsque la vedette descend de sa propriété pour juger du travail fourni, c'est la déception. Pour tout le monde.

« Non, je n'aime pas. Ça ne va pas, trouvez autre chose... »

Ce qu'elle n'aime pas, ce qu'elle refuse depuis trois jours, ce sont trois futurs succès : « J'en ai marre », « En douce », « La Java », qu'elle acceptera dans les années qui suivent. Mais pour l'instant, elle ne veut pas en entendre parler...

Les forçats se remettent une nouvelle fois à l'ouvrage. Maurice Yvain s'est souvenu d'un sketch dans lequel Mistinguett devait être Bécassine et apparaître à la fin avec un âne, sur le plateau. Miss avait renoncé à cette idée. Mais Yvain avait toujours la musique de ce sketch en tête, un fox-trot rapide... il avait même projeté d'en faire une chanson sur le « milieu », en songeant à Cora Laparcerie qui jouait alors *Mon homme*, une pièce de Francis Carco au théâtre de la Renaissance.

Derrière Yvain qui leur pianote cent ou deux cents fois le refrain, les deux auteurs s'attellent à la tâche, trouvent un texte, une sorte de recette de cuisine en musique, quelque chose de léger et d'amusant. Quand ils s'arrêtent enfin, le jour est levé et les cendriers sont pleins à ras bord. Abrutis d'avoir répété pendant des heures les mêmes mots et les mêmes notes, les trois hommes sont épuisés. En pyjama, ils somnolent doucement en attendant l'arrivée de Miss...

Cette fois, c'est pire... la musique passe encore, mais les paroles...

« C'est complètement idiot, je ne vais tout de même pas chanter une recette de cuisine ! »

Le tableau est cocasse comme un vaudeville : la Miss qui surgit, mine reposée, fraîche comme la rosée du matin. Et face à elle, dans une odeur de tabac froid, avachis, éparpillés dans la pièce, les travailleurs de la nuit...

Mi-furieuse, mi-moqueuse, Mistinguett invective les

trois hommes. Blasés, habitués à ce genre de scène, ils ne répliquent même pas...

« Trois jours pour ça ! » continue-t-elle.

Willemetz déplie son grand corps, bâille longuement...

« Et trois nuits. Pendant ce temps-là, tu dors... »

Réputé pour son élégance, sa fine moustache d'hidalgo et son goût des nœuds papillons, Jacques Charles est vautré sur le grand billard du salon, penché sur un livre...

« Et tu ne dis rien, toi ?

— Rien. »

Mistinguett continue à asticoter le revuiste :

« Et qu'est-ce que tu lis ?

— *Mon homme*, la pièce de Carco...

— Un beau titre », juge la vedette, un peu calmée.

Maurice Chevalier entre dans la pièce. Rien qu'à voir la tête de Maurice Yvain, son copain de régiment, il a compris. Lui aussi attend que ça se passe...

« Tu viens, Maurice, il fait beau, on va se baigner... Tâchez de faire mieux la prochaine fois vous autres », et elle disparaît sur la terrasse. Légère, en pleine forme et sans le moindre remords...

Mines chiffonnées, Willemetz, Yvain et Jacques Charles émettent de sinistres grognements, parlent vaguement d'abandonner, tout en sachant fort bien qu'ils n'en feront rien... mais pour aujourd'hui, c'est fini, ils sont trop fatigués...

La femme de chambre apporte le petit déjeuner. Machinalement, tout en avalant son café, Maurice Yvain se remet au piano, rejoue distraitement sa musique, sur un rythme traînant, bien plus lent. Le regard de Jacques Charles s'éclaircit brusquement...

« Dis donc, c'est bien mieux comme ça... vas-y, continue... »

Willemetz renchérit...

« Il a raison, c'est beaucoup mieux. »

Maurice Yvain s'applique, enchaîne avec conviction.

Les yeux de Jacques Charles tombent sur le livre de Carco : *Mon homme*... Le titre a plu à Miss. Il fredonne :

« Sur cette terre, ma seule joie, mon seul bonheur, c'est mon homme... »

Trente secondes plus tard, c'est le branle-bas de combat. Willemetz et Jacques Charles reprennent leurs crayons et leurs feuilles de papier, Yvain joue comme s'il venait de dormir douze heures d'affilée...

« Ah, elle veut une chanson réaliste... elle va être servie ! »

Les rimes s'accolent les unes aux autres à une allure record. En quelques minutes, l'affaire est bouclée. « Mon homme » est né.

Mistinguett revient de la plage. Seule.

« Alors, ça carbure toujours ? » lance-t-elle goguenarde...

Maurice Yvain reprend le morceau, chantonne les paroles. Mistinguett fait la moue, hésite un instant, mais concède comme à regret :

« C'est pas mal. »

... et ajoute aussitôt :

« Mais il y a encore du boulot.

— Non !... Pas question !... Elle est bien comme ça ! »

Cette fois, les trois esclaves en ont ras la partition. Ils brisent leurs chaînes.

Interloquée, Mistinguett se radoucit un peu. Chevalier fait son entrée.

« Tiens, v'là Maurice, il va nous dire, lui... »

L'arbitre prend place dans un fauteuil, écoute à son tour son copain Maurice Yvain. Une fois la chanson terminée, il se lève et dit simplement :

« Miss, si tu ne la prends pas pour toi, je la prends pour moi. »

Cette toute petite phrase fait l'effet d'un Sésame. Mistinguett adore Chevalier, mais pas au point de lui faire un tel cadeau. Elle prend [1].

Dix-sept ans plus tard, Mistinguett allait rendre la mon-

1. Maurice Chevalier aimait tellement cette chanson qu'il demanda à

naie de sa pièce à « Momo ». Celui-ci hésitait à prendre dans son répertoire une chanson que lui avait apportée un ami, Raoul Breton, éditeur d'un jeune auteur-compositeur-interprète qui commençait à faire des éclaboussures : Charles Trenet...

« Je ne suis pas fou, disait-il, je ne veux pas chanter " La Tour Eiffel en balade "... »

La suite est racontée par Mme Breton elle-même dans l'ouvrage de Richard Cannavo, consacré à Charles Trenet [1] :

« Il l'avait tout de même emportée et l'avait mise sur son piano, à Cannes. Il y avait là Mistinguett qui lui avait dit : " Qu'est-ce que cette chanson ? " Il lui avait répondu : " Oh, c'est un fou ! " Elle avait regardé, s'était mise à fredonner et s'était soudain exclamée : " Le fou, c'est toi si tu ne la chantes pas ! " C'est elle qui a fait chanter " Y a d'la joie " à Maurice Chevalier. Et vous savez ce qu'il en a fait ! »

Willemetz, Jacques Charles et Yvain d'en faire une parodie : « C'est ma bonne », qu'il interpréta l'année suivante au Casino de Paris.

Le succès de « Mon homme » fut si immédiat et si grand que Francis Carco, devant les réclamations du public, dut l'intercaler dans sa pièce de théâtre.

1. *Trenet*, Richard Cannavo, Hidalgo éditeur.

Troisième partie

ANNÉES FOLLES, ANNÉES REINE...

CHAPITRE 1

Le feu aux planches

Mistinguett est sortie de la guerre en triomphatrice, mais avec une blessure au cœur. La plaie Chevalier ne cicatrisera réellement jamais. L'artiste l'évoquera toujours, plus encore sur ses très vieux jours, avec une touchante sincérité. Mais le cœur n'est pas le moteur de Mistinguett. Maurice Chevalier fut sans conteste un grand amour et un grand chagrin. Et plus aucun amant ne comptera désormais dans la vie de la Miss comme a compté « son Maurice ». Mais si prenant soit-il, cet amour-passion ne fait pas le poids devant l'autre feu qui dévore Mistinguett, et qui fait d'elle une esclave, une maîtresse et une reine...

« Mon métier, c'était ma vie privée et ma vie privée, c'était mon métier. On ne pouvait sortir de là. J'étais la chose du public. Je me devais à lui. Le public est le plus exigeant des amants. »

C'est la seule vraie liaison de Jeanne-Florentine Bourgeois. La liaison de toute une vie, sans lassitude, ni bouderie. Sans même l'ombre d'une rupture. Coup de foudre constant, amour irraisonné dont la déclaration se fait au débouché de la grande cassure 14-18 pour ne s'achever qu'avec la mort. Ce qui fait écrire au chroniqueur du *Monde* [1] en ce jour de séparation définitive :

1. *Le Monde* du 6 janvier 1956, article de Jean Couvreur.

« Si l'on a pu dire du second Empire que c'était aussi Thérésa, on dira peut-être de notre époque, et singulièrement de la période comprise entre les deux guerres mondiales, que c'était aussi Mistinguett... »

L'artiste s'engouffre dans la brèche des temps nouveaux. L'ivresse de la paix retrouvée est à la mesure du carnage subi durant ces quatre années démentes. Les têtes sont malades, les corps fatigués. Ou estropiés. Il n'y a guère que les hôpitaux pour être plus peuplés que les cimetières militaires... Mais on ne cherche plus, tandis qu'on rebouche les tranchées, qu'à revivre, qu'à s'étourdir, qu'à plonger dans l'espérance qui se lève. On veut danser sur les tombes...

Dans ce siècle qui revit, dans le tourbillon de cette résurrection endiablée, Mistinguett se sent bien. Elle saute dans l'ère nouvelle d'une jambe légère — la paire est assurée pour une petite fortune... — et abandonne à jamais, sauf pour son numéro fétiche, le temps d'un sketch ou d'un tableau, ses frusques de petite môme du Casino ou de p'tite reine de l'Eldorado. Maintenant, il faut de l'épate dans le spectacle. De l'éblouissant et du scintillant, du strass et des perles, de l'empanaché et de l'emplumé. Des décors qui ruissellent de richesses, des Niagara de dorures, des girls aux seins nus, et des boys beaux comme des angelots. Les troupes de Pershing ont amené dans leur barda des rythmes syncopés qui ne se sont pas réembarqués. Le jazz et les *hot dances*, entrelardés de langoureux airs sud-américains, déferlent dans les boîtes de nuit, les thés dansants, et bien entendu, dans les music-halls. La grande revue en couleurs et à budgets faramineux tue le caf'conc' de papa aux petites loupiotes tremblotantes. Mistinguett n'a pas le goût du sacrifice, d'autant que tout ce luxe flatte son goût d'artiste pour la magnificence exhibée, qu'il est symbole de réussite, qu'il recouvre aussi de son satin et de ses ors le souvenir pénible des débuts difficiles, pour ne pas dire misérables. Dès qu'elle a vu le couple Gaby Deslys-Harry Pilcer sur la scène du Casino de Paris, l'artiste a senti le vent tourner, a compris que l'avenir était dans la féerie somptueuse. Elle ne serait plus gommeuse ou gigolette. Elle n'irait plus trémousser de la croupe sur le trou du souffleur. Le music-hall s'ouvre au gigantisme, et pour ne pas se laisser écraser par le monstre naissant, il faut soi-même prendre de l'ampleur et de la hauteur... Mistinguett suit la voie tracée par la ravissante Gaby, meneuse de revue hors pair, en l'éclaboussant encore de mille splendeurs supplémentaires. Avec sa marque de fabrique. Jusqu'à se montrer sans rivale...

La Miss devient l'emblème du fastueux en matière de spectacle. Au milieu de l'apparat, elle surgit en apothéose, tel un insecte géant et phosphorescent, cuirassé de blanc et de rose, caparaçonnée de robes invraisemblables, fourreaux ou crinolines, traînant dans son sillage d'interminables panaches de plumes et d'aigrettes... et dans le même temps, ainsi transfigurée, elle reste la même. La meneuse de revue à grand spectacle est un caméléon qui change sans cesse de costume et de personnage dans la soirée. La Miss excelle dans cet exercice de haut vol, adore se métamorphoser sur un rythme forcené. Huit, dix fois dans la même soirée, elle se glisse dans d'autres costumes, d'autres personnages... « Pas plus, confie-t-elle... c'est le grand maximum. Car après, tu n'es pas assez présente sur scène. »

Mais huit, dix fois dans la même soirée, le spectateur ébahi retrouve « sa » Mistinguett. C'est un premier coup de génie : le carrosse change, pas la passagère. Attifée comme une princesse orientale, une héroïne de conte de fées ou une fille des rues, Mistinguett conserve intacte sa nature qui lui permit de percer à l'Eldo lorsqu'elle fauchait les rubans des fleuristes et des chocolatiers dans les loges des vedettes pour agrémenter ses robes miteuses. Noyée sous le faste et l'amoncellement des atours-catafalques ou moulée dans une jupe collante de danseuse apache, c'est toujours la petite môme de Paris railleuse et insolente, le même esprit de repartie, les mêmes mimiques, la même manière de s'unir au public, de le tutoyer, de le prendre par le bras et d'en faire un complice. Le même esprit « bien parisien », coquin comme un dessous de femme, mais qui jamais ne tombe trop bas :

« Populo, d'accord, dit Miss, je travaille pour le balcon. On a le droit d'être canaille, jamais vulgaire... »

Souveraine, mais près du peuple.

« L'orchestre, qui jouait en sourdine, attaque de tous ses archets et de tous ses cuivres, écrit Louis-Léon Martin en 1928 [1]... au bout des bras les cannes se lèvent, et les projecteurs, se concentrant en haut de l'escalier, vont chercher une femme vêtue de tulle et de perles et que couronne une immense auréole d'aigrettes roses. La femme descend ; elle a l'aisance et la sécurité, et elle a aussi le ravissement. Nulle fierté empruntée, nulle distinction de commande, nulle froideur et nulle pose, mais un surprenant naturel, une simplicité inimitable, la grâce d'une Parisienne aimant les hommages et une joie immense, une joie neuve et comme donnée, une joie du cœur et du visage, une joie persuasive qui gagne la salle entière, d'où l'ovation jaillit en hommage à l'étoile dont le sourire sous l'émoi s'attendrit.

« Ce n'est rien, et c'est une merveilleuse réussite. C'est un instant, mais cet instant résume le music-hall. C'est un moment de charme sensible, de panache et de gentillesse. C'est une entrée de Mistinguett. »

Fermez le ban ! Souveraine des Folies-Bergère, du Casino de Paris et du Moulin-Rouge, Mistinguett électrise les foules, fait main basse sur son public. Elle prend le pouvoir. L'étoile monte au firmament et nulle autre ne brillera autant, et aussi longtemps, qu'elle dans le ciel du music-hall. Suprématie absolue. Elle devient unique, irremplaçable. Pourquoi elle ? Son abattage ? Son sens du spectacle, de la revue ? Sans doute... mais la Miss n'est

1. *Le Music-hall et ses figures,* Louis-Léon Martin, Les Éditions de France, 1928.

pas, loin s'en faut, la plus belle, la plus talentueuse et la plus douée des meneuses de revue de sa génération.

« Ne pas être douée, c'est la suprême élégance, ironise-t-elle. Dans la vie, je n'avais pas à être douée, mais à être Mistinguett. Les gens doués, c'est bon pour la figuration... »

Elle en rajoute. Comme bien souvent. Mais Paul Derval, patron des Folies-Bergère, ne dit pas autre chose quand il constate :

« On ne peut pas dire qu'elle soit parfaitement belle et je ne pense pas être méchant en révélant qu'elle n'est ni une très bonne chanteuse, ni une très bonne danseuse. Oui ! Mais voilà, c'est Mistinguett... Elle met le feu aux planches. »

Une présence alors, une formidable présence qui rejette dans l'ombre ses partenaires quelles que soient leurs qualités. Sauf quand ils rayonnent du même éclat qu'elle. Sur scène, Maurice Chevalier est aussi un soleil. Et Jean Sablon les réunit tous deux dans la même galaxie :

« Chevalier avait une présence incroyable. Dès qu'il apparaissait, un frisson parcourait l'assistance. A ma connaissance, seule Mistinguett possédait ce magnétisme, ce pouvoir d'hypnotiser quasiment la salle... »

Un peu plus tard — nous sommes alors dans les années trente —, Georges Tabet, celui d'avant le fameux duo Pills et Tabet, peut juger de cette fascination. Repéré par la Miss alors qu'il est jeune chef d'orchestre au Mac Mahon-Palace, il est engagé pour « Paris qui brille » au Casino de Paris avec le groupe The Double-Two. Jetant un regard lucide, critique, mais non dénué de tendresse sur la vedette, il confirme :

« C'était une très grande vedette. La plus grande. Comme on n'en trouve plus... Elle dégageait un magnétisme défiant l'analyse... »

Et s'interroge :

« D'accord, elle avait un joli nez en l'air, une blondeur claire et surtout, un esprit parisien qui pétillait dans son regard ironique. Ses jambes célèbres en forme de slogan ? Elles nous paraissaient belles, sans doute, mais il n'y avait pas de quoi se relever la nuit... »

Alors ? Alors pourquoi cette emprise ? Pourquoi ces salles ensorcelées par une doyenne du music-hall à la voix qui déraille un peu ? Pourquoi une telle place dans le cœur des foules, dans l'insconcient de l'affection populaire : ce n'est pas un amour solennel, une dévotion de marbre pour une Madone sanctifiée sur les planches ou une Sarah Bernhardt de la rengaine statufiée dans sa gloire... mais un échange vivant, une sorte de correspondance presque palpable, à la fois charnelle et fraternelle. Entre la foule et cette drôle de bonne femme au drôle de minois et à la voix traînante, qui arbore ses gambettes en double étendart, qui sait ce qu'elle veut et vous ne l'envoie pas dire... il y a comme une télépathie familière, ils sont sur la même longueur d'onde...

Le secret d'une telle communion, c'est peut-être Mistinguett qui le livre elle-même quand elle répond simplement à un journaliste : « Pourquoi le public m'aime ? Parce que je l'aime... »

Jusqu'à la folie. Jusqu'à se laisser engloutir tout entière, Mistinguett ne fait pas du music-hall, elle est le music-hall. Elle l'incarne, comme le buste de Marianne peut incarner la République française. Le music-hall, c'est sa terre, sa patrie, l'air qu'elle respire... hors les revues, les décors et les coulisses, elle est en attente et en manque. Mais, écrit-elle, « pour réussir, le talent ne suffit pas ».

Tenir son rang de star, c'est un autre métier. A la ville comme à la scène, Mistinguett se dépense sans compter.

CHAPITRE 2

Le Bœuf sur le toit

À peine sortie de son effroyable boucherie guerrière, la France se passionne pour le procès d'un tueur en demi-gros, un *serial killer* à l'ancienne, qui trucidait ses belles au feu de bois. Henri Désiré Landru comparaît le 7 novembre 1921 devant les assises de Versailles. A partir de cette date, et pour trois semaines, le « train Landru » de onze heures quarante s'élance de la gare des Invalides avec, en première classe, la faune élégante et babillante d'un Tout-Paris qui ne veut rien manquer du spectacle : il y a là des princesses comme Hélène de Grèce, des fils de roi comme l'héritier du trône de Perse, des littéraires comme Colette, des artistes comme Polaire, à la taille toujours prise dans un anneau. Du beau monde et du demi-monde...

Dehors, il gèle à ne pas mettre un condamné à mort dehors... mais sous les plafonds lambrissés de la salle d'audience, c'est la fièvre des sentiments troubles et des curiosités malsaines. Atmosphère suspecte, dont se repaît, méprisant ou rigolard, le petit homme au crâne d'ivoire et à la sombre barbiche.

C'est donc ça, le Barbe-Bleue de Gambais, le virtuose du fourneau ? Ce quinquagénaire chétif, silhouetté comme un employé de commerce, minutieux comme un rond-de-cuir ! Dans leurs toilettes moussantes, présentées comme en vitrine, les dames s'émoustillent de stupéfaction. Penchée sur son calepin, tenant la chronique judiciaire du *Matin*, Colette relève dès le premier jour : « Ses yeux qui ne cillent pas, comme ceux des oiseaux »... Dans le prétoire, personne ne songe réellement aux victimes depuis longtemps parties en fumée. C'est Landru qui fascine. Par son insignifiance physique, son cynisme, sa bonne éducation et son souci de la morale. Ses réflexions provoquent quelques rumeurs, quelques mouvement divers. Parfois même, on s'esclaffe. Seul, son illustre défenseur, maître de Moro-Giafferi, qui n'aime guère qu'on lui vole la vedette, détourne parfois l'attention, s'envole dans des effets de manche de tribun à l'antique.

Au premier rang du gratin parisien soumis au dur régime du banc de bois, Mistinguett dissimule mal sa surprise. Elle a, comme elle dit, « le goût du spectacle criminel », mais plus elle fixe l'ogre, moins elle comprend. Les beaux hommes, elle connaît. Elle les trie à longueur d'année, les sélectionne, parade au milieu d'eux chaque soir. Mais là... mine goguenarde sous son chapeau-parasol, elle se penche vers sa voisine, la princesse Hélène :

« Ben mince, vous parlez d'un Casanova ! »

Mistinguett est là. Elle est partout. Partout où il faut paraître, se faire voir, se faire envier et acclamer. Partout où Paris brille et scintille. Les derniers endroits à la mode, les cabarets en vogue, les grandes soirées, les premières... impensables sans la Miss. Elle inaugure, coupe des rubans à la chaîne, donne des coups d'envoi de rencontres sportives, préside des concours d'élégance, des concours de beauté, règne sur Paris la semaine et Deauville le week-end. Miss qui essaye le premier scooter (1916) ; Miss au premier salon de l'Auto (1919) ; Miss, première passagère de la ligne aérienne Paris-Deauville (1920)... Elle est filmée, photographiée sous toutes les coutures, interviewée à longueur de colonnes. On se passe et repasse les bons mots, les fameux bons mots de la Miss, ses vacheries de titi parisien. Quand, en juillet

1921, toute la France attend dans la fièvre le combat du siècle Carpentier-Dempsey, elle se drape de tricolore pour défendre « son » Georges : « Ce Dempsey, raille-t-elle, il a un menton comme tout le monde, pas ? Alors Georges le descendra comme tout le monde »..., et le soir du 2 juillet, réfugiée avec Harry Pilcer, Maurice Chevalier et quelques autres amis du boxeur chez madame Carpentier, rue Magellan, elle suivra le match, haletante, grâce à une ligne de téléphone directement branchée sur le stade : « On se battait aussi pour avoir le téléphone »... et sanglotera avec tout le pays sur la défaite du héros.

Mistinguett a passé la rampe, franchi le point de non-retour de la notoriété. Célèbre, ce n'est pas assez. Elle est célébrée. Elle ne règne plus seulement sur scène, avec son casque à panache, sa traîne à plumes et ses aigrettes. Elle n'est plus seulement vedette de music-hall, en stuc et paillettes, elle est reine de Paname. Vénérée comme une déesse, tutoyée comme une arpette : « T'es belle, Miss »... « t'es la plus grande »... Son nom lui-même, suprême marque d'affection, devient commun, entre dans la langue du peuple. On surnomme « Mistinguett » sa copine ou sa fillette. C'est le sceau des plus grands. Des gars des faubourgs aux snobs des salons dorés, tout le monde est à ses pieds. Elle peut tout se permettre, et se permet tout. On ne lui pardonne pas ses insolences, on en raffole. On se régale de ses excentricités, on se repaît de ses romances, de ses amours, de ses coups de gueule. Ses chansonnettes deviennent des hymnes de la rue. Ses égoïsmes, ses jalousies et ses férocités s'abattent à la volée dans les revues, les journaux et les complots de coulisses.

Emplumée d'extravagances, d'impertinences et de contradictions, spontanée et calculatrice, généreuse et avare, immorale et naïve, insupportable et touchante, cœur de pierre et amoureuse... Mistinguett manœuvre sur les sentiers de la popularité en virtuose. Elle actionne tous les leviers qui servent une réputation — que ce soit en bien ou en mal, du moment qu'on en parle... — et gonflent artificiellement une célébrité, jusqu'à ce que plus personne ne sache où meurt la réalité et naît la légende. Hormis la fantasque Joséphine Baker, plus aucune meneuse de revue n'acquerra après Mistinguett cette auréole de gloire qui déborde, et de loin, le cadre du music-hall, qui descend dans les ruelles, sur les places publiques et monte à tous les étages. Bien avant tout le monde, la Miss — ce surnom déjà, c'est quelque chose... — est une star moderne, avec tout ce que cela implique de ragots, de scandales et de provocations. De sacrifices aussi, celui notamment de se donner en spectacle hors de la scène, d'être fardée à tout instant, d'être vraie, d'être Mistinguett, mais sans ôter ses faux cils. De ne plus dresser la moindre barrière entre ce que vous êtes réellement et ce que voulez paraître...

« Vingt-quatre heures par jour, j'avais un sourire heureux plaqué sur le visage comme un masque de carnaval. J'étais gaie, j'étais triste, toujours je souriais... »

Quelques lignes écrites sur le tard, à l'heure du crépuscule. Mais au zénith de sa carrière, Miss ne se pose pas la question. C'est son choix. Plus encore, c'est sa vie. Lâchée dans une société en plein cannibalisme de ses propres us et coutumes, elle n'est pas la dernière à manquer d'appétits...

La Belle Epoque passe la main. Le promenoir des Folies-Bergère, rendez-vous illustre des mœurs légères de naguère, n'est plus. Même Maxim's, le grand Maxim's, décline, s'abandonne dans des nuits sans grâce et sans classe. Les courtisanes se rangent ou s'alourdissent, et pas seulement en bijoux. Ruinés par leurs moujiks bolcheviques, les princes russes en exil sont portiers à l'entrée des cabarets qu'ils inondaient jadis de leur folle prodigalité.

La Belle Epoque passe la main. Feydeau est parti placer ses cruelles reparties au paradis. Sarah la divine se plaît à subjuguer les anges. Un Guitry chasse l'autre. Sacha le fils a, comme de juste, dévoré Lucien le père adoré, et promène son bonheur de boulevardier surdoué au bras d'une petite merveille : Yvonne Printemps, « son p'tit printemps ». Volage et primesautier.

Et Cocteau ? Le petit Cocteau émerveillé qui jetait des bouquets aux pieds de la gommeuse pailletée de l'Eldo, et qui, depuis, ne l'a plus quittée du regard ? Le collégien a fait du chemin, entame sa carrière de génial touche-à-tout, mène ses nuits à bride abattue. Lui aussi a fait le grand écart, délaissé Maxim's et ses fastes nostalgiques pour le cabaret de la rue Boissy-d'Anglas que Jean Moysès a baptisé du titre de son dernier livre : Au Bœuf sur le toit. Cocteau promène son fin visage d'oiseau de proie dans la cohue, fait voltiger ses mains fines comme des serres de rapace au-dessus de la mêlée, des rires et des rumeurs. Il tapote sur la batterie de jazz, aux côtés du pianiste Jean Wiener et d'un saxophoniste noir américain, mais surtout, il étonne, il n'en finit pas d'étonner, comme si toute sa vie en dépendait...

Le Bœuf sur le toit, c'est la boîte dernier cri, la dernière folie. Autour du bar d'acajou surmonté de l'énigmatique tableau de Picabia *L'Œil cacodylate*, Jacques Chastenet [1] note : « On est alors à peu près certain de rencontrer là maints représentants des milieux littéraires, artistes et mondains de la capitale, choisis dans ce que ces milieux ont de plus précieux et aussi de plus jeune. Faune très rive droite chez laquelle l'air bohème n'est qu'un raffinement supplémentaire, faune un peu snob, mais sans pose et authentiquement exempte de tout conformisme... »

Jean Oberlé [2] y aperçoit « les plus jolies femmes de Paris, accompagnées de messieurs en habit ou en smoking, voisiner avec un Picasso en chandail ou un Derain fumant sa pipe, Erik Satie apparaissait comme quelqu'un d'un autre âge, en jaquette et chapeau melon, serrant

1. *Quand le Bœuf montait sur le toit*, Jacques Chastenet, Arthème-Fayard, 1958.
2. *La Vie d'artiste-souvenirs*, Jean Oberlé, Denoël, 1956.

son parapluie qu'il perdait chaque jour, Boni de Castellane, sanglé dans son habit, son plastron blanc saillant comme un bréchet, semblait luxueusement empaillé... ». Et Jacques Chastenet encore : « Noms historiques et fraîches renommées se mêlent. Valentine Hugo, la princesse Murat, Missia Sert, Violette Trefusis et Nathalie Paley sont en conversation avec Drieu La Rochelle, Emmanuel Berl et Gaston Bergery ; Maurice Martin du Gard avec le comte de Beaumont ; Anna de Noailles et la princesse Soutzo avec André Citroën ; Pierre Benoit interpelle Paul Morand, Maurice Chevalier Ida Rubinstein, Paul Poiret Coco Chanel, Maurice Rostand Cécile Sorel, Georges Auric René Clair, Mistinguett Georges Carpentier... Cocteau, électrique feu follet, saute d'un groupe à l'autre cependant que Raymond Radiguet, déjà guetté par la mort, montre un visage d'enfant sage où détonne un monocle... »

Inépuisable locomotive des nuits parisiennes de l'après-Première Guerre, la Miss déboule dans le cercle des esprits brillants, des artistes raffinés et la nouvelle génération des intellectuels avec sa gouaille d'impératrice des faubourgs. Madame Sans-Gêne parmi les princes de la pensée, de l'art et de la culture [1] !... C'est du dernier chic. La môme Moineau sortie du ruisseau par le couturier Poiret et qui deviendra une grande amie de la Miss, est l'une de celles qui profitent alors de l'aubaine. On retrouve l'ancienne vendeuse de violettes à toutes les tables d'une élite qui s'extasie devant tant de culot et de mauvaises manières. Mais la Miss, elle, n'est pas là pour amuser la galerie. Elle règne. Elle a sa cour et ses adorateurs, ses bouffons et ses poètes. Georges Tabet la décrit magnifiquement lors d'une audition au

1. Après la Première Guerre mondiale, Mistinguett fut au théâtre une « Madame Sans-Gêne » éblouissante de naturel. Le rôle lui plaisait énormément et elle était très fière de succéder à la grande Réjane qui mourut durant les répétitions. Mais, vexée de ne pas obtenir l'exclusivité du rôle, elle retourna au music-hall et ne remit plus jamais les pieds sur une scène de théâtre.

Moulin-Rouge : « Une rumeur se fit entendre, grandissante. La porte de fer fut poussée avec violence, et Mistinguett fit son entrée comme un soleil, tout en vison, tout en diamants. Entourée de ses courtisans et de son état-major, elle avançait, véritable souveraine au milieu d'un nuage de poussière d'or et de parfum enivrant qui transformèrent le plateau misérable en palais impérial... ». Et c'est ainsi qu'elle surgit également, spectacle terminé, dans les boîtes de Paris où elle finit ses nuits. Jamais seule. Même si, à la ville comme à la scène, son incroyable présence fait qu'on ne voit qu'elle...

Sa bande l'accompagne, changeante selon les humeurs et les goûts de la souveraine. On peut y trouver quelques partenaires bien en cour, un milliardaire-mécène éperdu d'admiration, comme le Chilien Arturo Lopez dit « Lolo », familier de Liane de Pougy, qui, qualité essentielle, « n'est pas serré du portefeuille », et puis « le bon ami » du moment ou tout simplement des copains, comme Jean Dessès le couturier.

Enfin, sur les talons de la Miss, ne quittant pas son idole des yeux, il y a l'inévitable Gesmar, le gamin aux doigts de fée. Minuscule et insignifiant, si ce n'est par son allure efféminée, ce très jeune costumier-décorateur est l'un des talents les plus extraordinaires de l'époque. Il n'a pas encore vingt ans qu'il révolutionne déjà l'art d'habiller le music-hall, qu'il crée des maquettes et des costumes d'une beauté et d'une originalité époustouflantes. C'est Spinelly qui bénéficie de ses premières prouesses, mais le gamin, déjà désespéré, tente de se suicider chez elle. Il loge une balle de revolver dans... le réservoir d'eau des toilettes, et inonde l'appartement. Spinelly, qui n'aime pas le désordre, le met à la porte.

Mistinguett ne laisse pas échapper l'oiseau rare, d'autant que l'artiste de génie, paumé dans la vie, ne demande qu'à se se faire mettre en cage. Ce sera boulevard des Capucines, sur le même palier que la vedette. Une chambre sous-louée à une locataire où Gesmar dort, dessine et imagine les mille et une manières nouvelles d'embellir toujours plus sa bienfaitrice...

Il ne la quitte pas, la suit comme son ombre. Au temps des amours avec Maurice Chevalier, il accompagne le couple, veille sur son bien-être. Ainsi, un soir qu'ils rentrent tous les trois bras dessus, bras dessous, ils sont attaqués par trois voyous, place de la Trinité. Chevalier, boxeur émérite, en met rapidement un hors de combat... Et le petit Gesmar, tel un chat au poil hérissé, saute sur les autres assaillants, les griffe et pousse de tels cris qu'il les met en fuite.

Chevalier est parti, mais le fidèle Gesmar n'abandonnerait sa Miss pour rien au monde. En contrepartie, elle le protège des sarcasmes de ceux qui se moquent trop ouvertement de son homosexualité :

« Ces " vrais " hommes du music-hall, raille-t-elle à son tour, ceux qui étaient virils jusqu'au bout de leurs quarante-quatre fillette et qui n'avaient pas le moindre talent à dissimuler où que ce soit. »

Mais Miss est impuissante à freiner les errements de son protégé : Gesmar se drogue depuis l'adolescence, est abonné en permanence aux abus en tout genre. D'une folle prodigalité, et malgré l'argent qu'il gagne, il est perpétuellement fauché. Mistinguett le nourrit, le blanchit, s'occupe de tout. Dans ses moments de mauvaise humeur, elle le bouscule méchamment, en fait son souffre-douleur... il subit en silence, prodigue à la Miss un amour quasi maternel. Ce qui, par un curieux retournement de génération, lui vaut de sa part, le surnom de « maman ».

« Maman » Gesmar a tous les dons et tous les atouts. Mais cela ne suffira pas. Un soir de février 1928, alors que le revuiste Jacques Charles dîne chez Mistinguett pour sceller une énième réconciliation, Gesmar, pris d'un accès de fièvre subite, doit quitter la table pour aller se coucher...

« Vers dix heures, raconte Jacques Charles, j'allai voir comment il était, et le trouvai si peu bien que je téléphonai au médecin de venir immédiatement. Celui-ci ne cacha pas son inquiétude, surtout en raison de l'état de délabrement du malade ; il ordonna un traitement qui exigeait des soins à donner d'heure en heure. N'ayant pu trouver d'infirmière à cette heure tardive, nous passâmes la nuit au chevet de Gesmar. Nous nous relayâmes ainsi pendant quarante-huit heures, malgré tout ce que l'on put faire, le pauvre petit Gesmar mourut le troisième jour. Il n'avait pas vingt-cinq ans. »

En quelques lignes tendres, les plus touchantes de ses *Mémoires,* Mistinguett décrit le « petit jeune homme aux doigts de fée » :

« C'était un de ces garçons très fins, très sensibles, si féminin qu'on employait presque toujours avec lui des expressions douces. Je ne suis pas une belle parleuse, mais avec lui je faisais attention...

On ne le prenait pas beaucoup au sérieux et pourtant il était splendide. Il fallait voir comme on le copiait, comme on lui volait ses idées... "Je m'en fous, disait-il, j'ai d'autres idées... "

Je me souviens qu'à son enterrement, au milieu de la foule énorme de ses amis et de ses ennemis, il y avait un jeune garçon de son âge qui voulut tirer son mouchoir pour essuyer une larme furtive. Avec le mouchoir, il livra à la curiosité des spectateurs un paquet de confettis et un lot de serpentins enfouis sans doute au cours d'une joyeuse expédition nocturne. Les confettis lui jetèrent comme une sorte de masque sur le visage. Gaieté et tristesse, je suis sûre que Gesmar aurait apprécié cette scène, ce mélange de vie exubérante et de mort. De là où il est, il l'a peut-être appréciée... d'ailleurs. »

« L'Ailleurs, dit encore Mistinguett reste pour moi un mystère peu attachant. » Le présent, il est vrai, occupe toute son énergie.

Sous les toiles dadaïstes qui ornent les murs du Bœuf sur le toit, celle qui se vante de ne jamais ouvrir un livre — sauf ceux de Mac Orlan — et de ne parcourir les journaux qu'à la rubrique des faits divers, adore la compagnie de Sacha Guitry et de Jean Cocteau. Parce qu'ils sont spirituels et beaux parleurs... et les deux virtuoses de la langue française fondent littéralement devant cette « ignorante » que rien n'impressionne, et qui leur balance de sa voix gouailleuse les mêmes reparties qu'aux baratineurs du caf'conc'. Grand amateur de femmes contrastées, Sacha s'était déjà « essayé » au music-hall avec Gaby Deslys. Plus tard, il aurait, paraît-il, déclaré sa flamme à Mistinguett. Allant jusqu'à la demander en mariage. « Je n'ai pas envie de vivre vingt-quatre heures sur vingt-quatre avec un monument historique ! » aurait répondu la Miss [1].

Cocteau lui, est déjà un vieux copain. Dès qu'il est question de Mistinguett, il tombe en transe, continue d'accumuler les dithyrambes déjà entamés au temps de l'Eldo :

« Elle est de la race animale qui ne doit rien à l'intellectualisme, écrit-il dès 1919. Mistinguett est la vie même, une force instinctive plus lumineuse que l'intelligence et le savoir... Elle exprime une poésie involontaire... » Ou encore : « Les larmes me montaient à entendre cette voix mise de longue date à l'école des cris de la rue et des marchandes de journaux, cette voix pour se plaindre, cette voix qui est un autre regard de cette figure construite par les taloches... »

Même Rodin, le dieu Rodin lui sculpte des mots en forme d'éloge : « S'il me fallait personnifier la muse du music-hall, à défaut de péplum et de profil grec, je lui donnerais vos jambes, Mistinguett... »

La Miss accueille cette flopée d'hommages sans se formaliser. Après tout, lorsqu'elle n'était encore qu'une petite chanteuse de beuglant, les rois, les princes n'étaient-ils pas déjà ses admirateurs ? Quand ils n'étaient pas ses amants ?

1. Selon Dominique Desanti, auteur de *Sacha Guitry, 50 ans de spectacles*, Grasset, Arletty aurait elle aussi refusé d'épouser Guitry en employant la même formule.

La vie tourbillonne, la vie s'emballe. L'époque absorbe les plaisirs nouveaux comme un buvard, les modes se succèdent à une vitesse folle. C'est le règne du fulgurant et de l'éphémère. Dans les amours, les fortunes, les affaires. Celui de la décontraction à tous crins également. Les carcans de l'autre temps sont réduits en miettes par une intelligentsia avide de brûler le passé. On viole les mémoires et les traditions dans l'allégresse. Un parfum de scandale flotte en permanence sur la capitale où les lieux de distractions nouveau style poussent comme des champignons. Il y a des dancings, des thés dansants et des cabarets dans tous les quartiers. Les réceptions privées prennent aussi une tout autre allure. A quoi bon envoyer des bristols pour s'inviter de manière officielle et guindée ? C'est de la préhistoire. La vogue est aux « surprises-parties » importées des États-Unis. Les bras chargés de bouteilles et de victuailles, amis, vagues connaissances et même étrangers débarquent chez vous pour faire la fête jusqu'à l'aube...

Ces mœurs de « sauvages », stigmatisées par l'Église, les ligues de vertu et les gardiens des us et coutumes de tout poil vont comme un gant à la Miss, à son tempérament endiablé et à son « je-m'en-foutisme » clairement affiché. L'évolution a beau se faire à grande vitesse, elle semble toujours avoir une longueur d'avance. Que sont pour elle les premières manifestations féministes ? Ou le scandale de *La Garçonne* ? Son choix d'existence s'affiche avec autant d'éclat que son nom sur la façade des Folies-Bergère. Elle mène sa vie comme ses revues. En patronne. Elle conduit ses bolides, sa Graham-Paige, sa Lincoln ou sa Delage jaune canari à capote noire dans les rues de Paris, elle dirige ses affaires d'argent et de cœur en totale indépendance, offre à l'admiration du public « mes perles, mon chien, mon danseur », elle commande et se ne laisse pas commander, elle domine et ne se laisse pas dominer. Alors, que ce brave Victor Margueritte fasse un tel tapage avec ses héroïnes et leurs « garçonnières », symboles de libération sexuelle, lui apparaît quelque peu dérisoire. Elle n'a nul besoin d'avoir les cheveux coupés, de porter des robes courtes et moulantes, de laisser pendre à son cou des colliers souples comme des cordes à sauter ou d'arborer un fume-cigarette de trente centimètres pour s'affirmer. Seulement, lorsque dans sa suite d'un palace de Deauville, il lui prend, pour rigoler un peu, l'envie de raser la nuque de quelques-unes de ses amies, le célèbre coiffeur Antoine saute sur l'aubaine. Mistinguett ! Mistinguett elle-même ! C'est la publicité rêvée, la publicité d'une star.

« Oui, j'ai été dans des night-clubs, dans des restaurants où le caviar est le plat du jour, dans les pesages, dans les automobiles longues comme des havanes, dans tous les lieux où l'argent veut dire plaisir, oui, c'est vrai. Et pourtant... Et pourtant, qui devine qu'il y avait là une sorte de jeu où la prime était ma réputation, mon standing, mon gagne-pain. Paris, tout entier, parlait de mes colliers de perles et de mes Rolls carrossées en peau de crocodile, du gymnase de Montparnasse où je faisais de l'acrobatie avec un maillot rouge couvert d'étoiles noires. Publicité. Publicité aussi, les innombrables amants, aussi gigolos que beaux. Pas tous, peut-être, il y en avait pour le plaisir. Le Bal des Chiffonniers, chez Henri Varna, où Oscar Dufrenne était déguisé en ramasseur de mégots et moi en ramasseuse de chiffons. Publicité. »

Une fois sortie de « l'usine à plaisirs », la Miss entame le second volet de son travail, s'exhibe comme une reine de la nuit : tournée des grands-ducs, porte-à-porte de la mondanité... paraître, toujours paraître, mais plus encore, étonner. Au petit matin, lorsqu'elle se décide enfin à rentrer chez elle, aussi fraîche que si elle sortait du bain, la Miss laisse derrière elle, écroulés sur les banquettes, des cohortes de cavaliers exsangues. Des mômes qui ont vingt ou trente ans de moins qu'elle. Et qui n'ont pas la santé...

Renseigné sur de tels faits d'armes, alimenté en permanence par la presse du cœur et d'ailleurs, le public en fait une amoureuse insatiable, une « foireuse » de haute volée, à la vitalité surhumaine, lancée dans une recherche effrénée du plaisir. Publicité ?

« Publicité, assure Georges Guétary. Les sorties de Mistinguett, c'était du cinéma, de la représentation, du business. Quand je l'ai connue, ce numéro était réglé depuis longtemps déjà. Ces virées de noctambule faisaient partie de son métier. D'abord, elle était sobre, ne buvait que du champagne, et elle picorait plutôt qu'elle ne mangeait. Du poulet, elle adorait le blanc de poulet... »

Quand la Miss ne sort pas, elle reçoit. Dans sa loge. L'époque est loin des cabanes à lapins sombres et glaciales qui constituaient l'envers du décor des caf'conc', où la jeune chanteuse rongeait son frein en attendant des jours meilleurs. Aussi, le journaliste venu l'interviewer aux Folies-Bergère, qui aura la fâcheuse idée de la plaindre d'avoir à vivre dans cet « air confiné », se verra-t-il sévèrement rembarrer :

« Confiné ! On voit bien que vous n'avez pas connu les coulisses en sous-sol de la Scala ! Pas une aération ! Là, vous aviez de l'air nourri. Les séances d'entraînement du Pétomane, paraît qu'elles profitèrent longtemps à tout le monde ! »

Au Casino de Paris et aux Folies-Bergère, Mistinguett exige deux loges. L'une, classique, à destination professionnelle où officie la brune Jacob, l'habilleuse aux épaules de déménageur, et l'autre... pour les visites. L'endroit tient d'ailleurs plus du salon, du boudoir que de la loge d'un music-hall. Située au rez-de-chaussée, tendue de bleu ciel, elle est meublée comme un appartement. Il y a des glaces un peu partout, des monceaux de fleurs, des bibelots et des portraits de la vedette. Les habitués ont leur place. Dans sa loge comme partout ailleurs, Miss déteste la solitude. Parfois, une femme corpulente, dont on devine qu'elle tente désespérément de reculer l'échéance du temps qui passe, vient tenir compagnie à son amie qu'elle est la seule à appeler « Jeanne ». Calée dans son fauteuil, ombre très épaissie de la courtisane au monocle, Emilienne d'Alençon envie à loisir celle qui a su ne pas vieillir...

Négligemment étendue sur un grand canapé très *cosy*, la Miss reçoit les journalistes, les amis, les hommages, les offrandes... Et parfois, dans la boîte tapissée de chocolats ou de pralines, un bijou brille de tout son éclat.

Le jeune garçon qui entre dans la loge du Moulin-Rouge, un jour de 1927, n'a rien d'autre à offrir que son talent. Rédacteur-pigiste au quotidien *Le Soir*, il est l'auteur d'une série de portraits consacrés aux vedettes, comme Gaby Morlay, Harry Baur, Raimu, Max Dearly et... Mistinguett :

« ... Cette tête de chien briard, auréolée de cheveux de flamme ; ces bons yeux malins, ce nez que rien ne peut plus épater ; cette bouche et ces dents célèbres (qui ne sont pas à la hauteur de leur gloire), et cette voix qui racle au fond de son cœur des souvenirs de faubourgs, et tout ce corps de pierreries et d'argent, et d'or, et ces jambes presque nues, dont Dieu n'a tiré que ce grand exemplaire de luxe, c'est Mistinguett, notre Mistinguett... »

C'est tranchant, moderne et brillamment imagé. Loin des formules ampoulées habituelles, chargées comme des décors de revue... Dans sa remarquable et foisonnante biographie de Pierre Lazareff [1], Yves Courrière décrit la suite de cette première rencontre entre la reine du music-hall et le futur grand patron de presse :

« C'est toi qui as écrit cela ?

— Parfaitement.

— C'est très bien ton article. Mais, tu vois, on écrit déjà beaucoup sur moi.

— Pas assez. Racontez-moi des anecdotes sur votre vie, sur votre art et je me fais fort d'améliorer encore votre image dans la presse. Vous êtes, bien sûr, très connue, mais cette image ne correspond pas à ce que votre immense public attend de vous. Voulez-vous faire un

1. *Lazareff*, Yves Courrière, Gallimard, 1995.

essai ? Ne me donnez rien tout de suite. Je vous garantis dans le mois à venir cinq échos dans cinq journaux différents. Vous ne me paierez que si vous êtes satisfaite. »

Un peu assommée par l'élocution en rafales de mitrailleuse, la vedette tend tout de même l'oreille. Ce gamin — Lazareff a vingt ans, mais en paraît beaucoup moins — mal fagoté et à la chevelure flamboyante ne paie pas de mine, mais sous ses dehors de petit lutin trépidant, avec ses grosses lunettes rondes posées sur ses taches de rousseur, il ne manque ni de culot ni d'habileté. Quant à l'intelligence, il suffit de le regarder et de l'écouter...

Mistinguett accepte. Elle ne le regrettera pas. Le gamin tient ses promesses et les échos paraissent dans la presse parisienne. Impressionnée à la fois par sa formidable activité et sa personnalité hors du commun, elle s'attache ses services. Bientôt, et pour près de deux ans, Lazareff tiendra une place de choix dans l'entourage de la vedette. Il devient son attaché de presse, puis son secrétaire particulier, elle le fait nommer secrétaire général du Moulin-Rouge dont elle a pris la direction artistique, autrement dit la direction tout court. Là, sur le plateau de « Paris qui tourne », Pierre Lazareff retrouve un copain de l'école communale de la rue Milton, Jean Moncorgé, qui, sous le nom d'artiste de Jean Gabin, n'est alors qu'une pâle doublure de Maurice Chevalier.

Mistinguett, dont le flair pour dénicher les jeunes talents ne s'arrête apparemment pas au monde du spectacle, prend le jeune journaliste pour confident, lui raconte ses souvenirs en vue d'écrire ses *Mémoires* [1]. Ils sont faits pour s'entendre et s'apprécier. Et ce, pour une raison toute simple : à plus de trente-trois ans de distance, ces deux êtres brûlent d'une même passion dévo-

1. Selon Yves Courrière, c'est Pierre Lazareff, alors jeune journaliste, qui devait recueillir les *Mémoires* de Mistinguett. Mais, raconte Courrière, « la Miss estima que son biographe avait été trop fidèle et que la publication de ces souvenirs parfois croustillants lui vaudrait de se brouiller avec la moitié de Paris ».

rante. L'une a déjà tout sacrifié pour son métier, l'autre, mû par une vocation irrésistible, s'apprête à le faire...

Voilà, tous les Grands s'y mettent. Et ceux qui vont le devenir. Plus rien désormais ne peut faire trébucher l'artiste du grand escalier blanc qu'elle descend chaque soir en souveraine. Ainsi se forge la légende de la Miss, monstre sacré des Années folles...

CHAPITRE 3

Une journée ordinaire...

À quelle heure est-elle rentrée cette fois après sa tournée de *Paris by night* ? Trois heures ? Quatre heures ? Qu'importe... A dix heures du matin grand maximum, la Miss émerge de son sommeil, s'agite mollement dans ses draps de satin rose, et ameute le personnel.

Clémence, l'employée de maison, entre dans la chambre aux volets clos où flâne un frais parfum de citronnelle, apportant le plateau du petit déjeuner. Puis, très vite, le ou la secrétaire — suivant les années — surgit, les bras chargés de courrier, prend place au bord du grand lit chinois laqué de rouge, décoré de peintures figurant animaux fabuleux et fleurs fantastiques...

Dans les années vingt, Mistinguett, est très Arts-Déco, tendance pagode. Mais, au quatrième étage du 24, boulevard des Capucines, juste au-dessus de son Olympia chéri, les cinq pièces spacieuses se distingueraient plutôt par un étonnant bric-à-brac. L'encombrement s'annonce sur le palier et dans l'entrée avec de grosses malles de voyage estampillées « Miss »... et s'aggrave dans le salon où trône le piano. Monde baroque, pseudo-exotique, peuplé d'objets et bibelots de toutes sortes : coffres, paravents, poupées, cages d'oiseaux, petits chiens, gramophones et coussins-surprises. Beaucoup d'ivoire. Une superbe collection d'éléphants notamment. Quand on lui en parle, Mistinguett répond immanquablement : « Chevalier a la même... »

Des partitions traînent un peu partout, rejoignent parfois toute une galerie de photos d'amis épinglés sur les murs tendus de toile de Jouy. C'est un univers en bleu. Avec, posés en contraste, des divans, toujours laqués rouge et noir, traversés d'oiseaux dorés et de personnages orientaux.

Derrière une porte, la pièce-musée, où s'entassent les coiffures de scène monumentales et non démontées. Recouvertes de draps blancs, elles se dévoilent pour l'invité, se dressent alors dans leur cascade de plumes et d'aigrettes à dominantes roses et bleues. Dans un coin enfin, sous un invraisemblable arbre à fleurs, une panthère empaillée attend que la Cléopâtre des lieux vienne s'étendre contre elle, son ouistiti favori blotti dans les bras. C'est ainsi, en toute simplicité, qu'elle accueille parfois les visiteurs du jour...

« Combien de dingues aujourd'hui ? »

La firme Mistinguett est en marche. Le « courrier piqué », celui des fous, des obsédés et des farfelus, est écarté d'entrée. A détruire. On passe ensuite aux choses sérieuses : lettres de professionnels, auteurs, directeurs, compositeurs... propositions de contrats, en France, à l'étranger... comptes de fournisseurs... offres de publicité... Ah la pub ! Elle aime. C'est son péché mignon, son régal :

« Les pâtes Moulinier m'épatent... »

Pourquoi pas ? Et Paris se couvre d'affiches qui la représentent, mine gourmande devant une platée de spaghettis...

« Le cherry de mon chéri est mon chéri... »

Pourquoi pas ? Et sur toutes les colonnes Morris de la capitale, le Cherry Rocher bénéficie du portrait de la Miss...

Elle loue — très cher — ses jambes pour une marque de bas indémaillables, soupe chaque soir par contrat chez

Rossignol, et roule dans des Delage prêtées par la société, qui, désormais, l'obligent à prendre chauffeur.

C'est si facile, la publicité ! Et l'argent est si vite gagné ! Mistinguett ne sait pas résister. Au point que lors de la première de « Bonjour Paris » au Casino de Paris, Léon Volterra et Saint-Granier ont failli s'étrangler. C'était dans un sketch écrit par ce dernier où elle jouait une clocharde — ce qu'elle adorait — qui errait sur un terrain vague enneigé et fouillait dans des poubelles...

« Vêtue de haillons, raconte Jacqueline Lenoir [1] traînant au bout d'une ficelle son chien Alfred, Miss entra en scène sur les premières mesures d'une chanson réaliste. Derrière un portant, Saint-Granier et Léon Volterra observaient leur vedette.

— Elle est étonnante, murmura Saint-Granier. C'est un vrai clown féminin.

Légèrement assourdie, la voix de Miss leur parvenait à travers la toile du décor.

— Quels rupins, dans c'quartier-là, disait-elle. Ça boit du Mumm... et du Cordon Rouge encore !...

Fourrageant dans les boîtes à ordures, elle extirpait des accessoires.

— Et leurs poules ! Elles portent des gaines Mystère... Elles en ont d'la veine. Y a pas mieux !

Cette fois la diction de Mistinguett portait haut et ferme.

— Qu'est-ce qu'elle raconte ? fit Saint-Granier inquiet. Ce n'est pas dans mon texte !

— Ecoute, écoute...

Un cri d'admiration leur parvint :

— Oh ! Des bas !... Ben vrai, des bas Marny !... Si j'avais de l'argent, je n'achèterais que ceux-là !

— Elle est folle ! dit Volterra.

— Tiens mon Alfred, continuait Mistinguett en fouillant la poubelle, voilà le reste d'une boîte de pâté... de

1. *L'Histoire fabuleuse du Casino de Paris,* Jacqueline Lenoir, Presses de la Cité, 1967.

chez Corcellet, dis donc, tu vas t'régaler, c'est de la nourriture de riche !

A mesure que s'ammoncelait sur la scène un incroyable bric-à-brac, Miss débitait des slogans publicitaires à rendre jaloux un speaker de radio.

Abasourdi, Léon Volterra voulut mettre le holà dès la seconde représentation.

— Jean est furieux, lui dit-il, tu massacres son texte !

— Penses-tu, ça dure deux minutes et tout le monde rigole.

— Mais enfin, c'est de la publicité !

— Et alors ? j'ai un tas d'contrats avec des maisons de commerce, faut bien leur faire plaisir...

— Tu ne vas tout de même pas continuer !

— Pourquoi ? j'te gêne pas dans tes affaires, moi ? Quant à Saint-Granier, je ne vois pas en quoi ça peut lui faire du tort.

— Miss, je t'interdis de recommencer, tu entends ?

Elle ne voulut jamais rien " entendre " et tout ce que Léon Volterra put obtenir de sa vedette fut un débit plus rapide. Tant que dura la revue, Mistinguett continua de citer les maisons qui lui avaient passé les accords. Elle les cita à toute vitesse, mais personne ne fut oublié ! »

Mistinguett est seul maître à bord. Depuis ses débuts, elle a trop vu d'impresarii véreux, agents douteux et directeurs voraces se payer grassement et ne laisser à l'artiste que quelques maigres miettes. Pendant des années, elle a collectionné les tournées en province, dans des petites villes sombres comme des culs-de-sac, où elle ramassait tout juste de quoi manger. Elle s'est fait exploiter en silence. Quand on n'est pas connu, et à peine toléré, c'est la loi du marché. Elle se souvient aussi de son premier voyage professionnel à l'étranger : Saint-Pétersbourg. Avant 1900. A la grande époque de l'entente cordiale à la russe, celle des bambocheurs de la cour impériale. Les princes russes cousus d'or venaient claquer leur fortune dans les boîtes de Paris, et en échange, les petites chanteuses françaises étaient envoyées dans leurs palais pour pousser la chansonnette. Et le cas échéant, pousser le divertissement un peu plus loin dans les bras d'un grand-duc accueillant. De Saint-Pétersbourg, Mistinguett n'a retenu que la perspective Nievsky ensevelie sous la neige. Et le souvenir tenace d'un contrat de misère tandis que d'autres dansaient sur les billets de banque...

Depuis cet apprentissage difficile, Miss est aux aguets. Apprendre sur le tas, il n'y a que ça de vrai. On peut dire ce qu'on veut, la caricaturer et la chambrer, rien n'échappe à son œil acéré... Encore que... on puisse faire attention, veiller à tout, et se faire avoir tout de même. Il n'y a qu'à se rappeler comment « Mon homme » lui avait été volée ! Rien que d'y penser, une bouffée de colère submerge la Miss...

Juillet 1923. La vedette débarque à New York en compagnie de Jacques Charles pour une grande tournée qui doit durer six mois. Fer de lance du spectacle, « Mon homme », qui fait un tabac en France. Maintenant, c'est au tour des Américains. La Miss ne se fait pas de souci. Comme elle dit : « Ils vont en prendre plein les mirettes... »

Mais elle n'a pas entonné la première note qu'un type se présente et exige mille dollars (plus mille autres dollars au directeur du music-hall) pour l'autoriser à chanter « Mon homme » ! Sa propre création ! Que toute la France reprend aujourd'hui en chœur ! Miss pique une crise de colère effroyable, insulte l'impudent demandeur, menace de faire un massacre. Mais l'Américain est tranquille. Sa démarche est parfaitement légale. Pour preuve, le papier officiel, rempli de signatures et de tampons, qu'il tient à la main et qui spécifie que Volterra lui a vendu les droits de « Mon homme » aux Etats-Unis pour deux cent cinquante dollars...

Mistinguett écume. Ce Volterra ! Cet exploiteur ! Il n'a même pas pris la peine de la tenir au courant... Et elle paie.

Ce sera la première et la dernière fois. Depuis son plus

jeune âge, Miss sait tirer profit de ses échecs et de ses erreurs. Depuis sa mésaventure américaine, elle achète d'office les droits de toutes les chansons qu'elle interprète. Ni Volterra ni les autres ne peuvent aujourd'hui se sucrer...

Miss passe dans la salle de bains, quitte son pyjama rose, s'habille et se prépare, tout en continuant à dicter ou à donner ses indications. Ses tarifs surtout. Elle sait compter, et encore plus faire monter les prix. Le téléphone sonne et resonne... émissions de radio, projets de disques, rendez-vous en tout genre. La firme Mistinguett tourne à plein régime.

Entracte pour la femme d'affaires. Une demi-heure d'équitation ou une demi-heure de gymnastique. Parfois les deux. A la campagne, dans ses propriétés d'Antibes et de Bougival, Mistinguett s'entraîne pieds nus et en maillot, court et saute à la corde sur l'herbe des pelouses. Au gymnase Véron, Saulnier, son professeur de danse, la soumet au supplice des torsions de bras et de jambes. Il lui marche sur le ventre, la maltraite comme une vulgaire girl de vingt ans à l'entraînement. La Miss grogne, gueule, le traite de sadique, mais s'exécute. Saulnier est un privilégié...

Midi. Déjeuner léger, très léger. L'après-midi est chargé, toujours chargé. Interviews, séances de photos, enregistrement d'une chanson en studio... à moins que Mistinguett, puisqu'elle enchaîne revue sur revue, ne mette déjà en route un nouveau spectacle : étude des maquettes du décor, audition, sélection de la future troupe, essais de nouveaux costumes... La Miss déboule dans le bureau du *producer* ou du directeur artistique où l'attend tout un état-major. C'est, comme toujours, une entrée de théâtre, avec des portes qui s'ouvrent comme sous l'effet d'un coup de vent brusque et des gens qui se poussent, s'inclinent ou se plaquent contre le mur au passage de la souveraine. Virevoltante, elle emplit la pièce de sa présence et de son parfum. Comme d'habitude, elle est accompagnée d'une demi-douzaine de personnes raflées au cours de la journée, et comme d'habitude, on ne voit qu'elle. Son élégance est simple, sans le moindre défaut, qu'elle soit chargée de fourrure ou vêtue d'une robe légère. Posé sur les mèches claires, l'un de ses « bloums » qui font sa gloire et qu'elle porte avec une grâce insolente...

De l'autre bord, il y a de la transpiration sur les fronts et de l'appréhension dans l'air. Chacun guette en tremblant l'humeur du jour, on prépare le terrain, on envoie des « Miss » admiratifs et, pour les plus familiers, des « chérie » langoureux... « On a fait le maximum, Miss »... « On est sûr que ça va vous plaire, Miss »... « C'est du sur-mesure, chérie »... « On s'est ruiné pour vous, chérie »...

Avec sa star, Henri Varna, directeur du Casino de Paris et successeur de Volterra, sait y faire, Marseillais d'origine — de son vrai nom Henri Vantard —, c'est un volubile habile et convaincant. Décèle-t-il la moindre moue dubitative sur les lèvres de la Miss qu'il s'empresse, prévenant. Plutôt prévenir que subir... Varna est le roi du paquet-cadeau :

« Regardez, Miss, n'est-ce pas une splendeur ? »

Dans son capharnaüm de la rue de l'Echiquier, il dévoile des maquettes, des échantillons de costumes, des dessins... Mistinguett hoche la tête, demande des précisions, ergote sur des détails, aligne exigence sur exigence...

« D'accord, Miss, d'accord... on fera ça... », répète Varna d'une voix onctueuse. Il n'a plus l'allure ailée du jeune premier des Bouffes-Parisiens qu'il fut jadis, mais l'élégance du geste est inné. Fortement épaissie, la silhouette est sanglée dans un complet impeccable, le cheveu gris bleuté, lustré, plaqué en arrière. Varna fait l'article, flatte, argumente, recule d'un pas, avance de deux... Parfois dans ses yeux de velours soulignés de larges cernes noirs brille l'éclat d'un regard de cobra : s'il pouvait l'étrangler, l'écharper...

« D'accord, Miss chérie, d'accord... on fera ça... »

Miss la Mangouste suit le rythme, danse au bal masqué, s'amuse au même jeu bouffon de l'hypocrisie et de la fausse franchise... et au final, elle tranche. Le succès donne tous les droits. Personne ne décide pour Mistinguett. L'état-major s'éponge le front, ne conteste plus, ou alors du bout des lèvres. Le tyran est sûr de son choix. Tout le monde courbe l'échine. Que dire après tout ? C'est elle qui remplit les salles. Et les caisses.

Pas de rupture. Jamais. A l'extrême limite, on feint de l'éviter de justesse. Miss aussi lâche quelques concessions. Quand elles lui coûtent peu. Et de l'autre bord, avec des mines de crucifiés, on finit par céder. Sans se faire trop de souci. Quand « l'emmerdeuse » se mettra au travail, elle sera irréprochable. Monstre de rigueur et modèle de conscience professionnelle. Et le soir de la première, ce sera un sans-faute. Comme toujours.

Pas de rupture. A une exception près. En 1923. Avec Volterra, encore lui...

Cette fois, devant les exigences financières jugées exorbitantes de sa vedette, il ne cède pas. Et Mistinguett s'entête. Elle ne transige jamais sur ses contrats. Aucune tractation. C'est à prendre ou à laisser. Un cauchemar. Les marchands gémissent, se plaignent, se disent étranglés... mais généralement, ils signent. Elle a ses barèmes et ses contrats types. Tout y est. Et à son seul avantage. L'emplacement et la grosseur de son nom sur l'affiche par exemple, les tons et les caractères... le choix des girls. Et le pouvoir de les renvoyer si elles ne font pas l'affaire...

Il y a deux couleurs. Le contrat rose pour les directeurs amis, le jaune pour les directeurs suspects : « Tu comprends, dit-elle à Henri Varna — qui est en rose —, le jaune, c'est pas loin du marron... »

Pour Volterra, ce ne sera ni le rose ni le marron. Cette tournée du Casino de Paris en Amérique du Sud se fera donc sans elle. Et on verra bien qui pourra la remplacer. Volterra trouve : Florelle, une petite très douée, jolie comme un cœur. Et Randall, un danseur américain, pour jouer le partenaire. Blessée dans son orgueil, la Miss relève le gant. Avec le danseur américain Earl Leslie à ses côtés. D'autant que Madame Rasimi, qui prépare également une autre tournée en Amérique du Sud, accepte son cachet. Madame Rasimi est confiante. Avec la Miss, elle ne peut pas perdre.

Les deux troupes se retrouvent sur les terres argentines. C'est une de trop. Face à l'habileté de Volterra, au talent de Jacques Charles et à l'énorme machinerie du Casino de Paris, la troupe de Madame Rasimi ne fait pas le poids. D'autant qu'elle compte quelques jours de retard. Volterra en profite au maximum, multiplie les coups tordus, mine le terrain, pratique la politique de la terre brûlée. Le Casino de Paris est partout le premier. Comble de cruauté, Florelle reprend tout le répertoire de Mistinguett et triomphe chaque soir dans « Mon homme », « J'en ai marre » et « En douce »... Les salles combles sont pour Volterra. Et les foules enthousiastes pour Florelle. Miss souffre le martyre. Pour la première fois depuis qu'elle est vedette, elle connaît l'échec. Et un échec cuisant. A Buenos Aires surtout où le fiasco prend des allures de débâcle...

« Privée de ses meilleurs atouts, ses sketches du Casino joués avant son arrivée par Florelle, Miss se trouva désemparée, raconte Jacques Charles. Le coup était rude et Miss eut du mal à le supporter. J'assistai à ses débuts à l'Opéra et je pus voir combien la vedette était malheureuse. D'ailleurs, elle éclata en sanglots à sa dernière scène, à bout de nerfs. Miss fit deux ou trois belles recettes. Fidèle à sa tactique, Volterra passa une nouvelle revue et Mme Rasimi vit de nouveau la salle de l'Opéra se vider pendant les quinze jours qui lui furent nécessaires pour monter un deuxième spectacle... il (Volterra) entra en pourparlers secrètement avec les imprésarios de Mme Rasimi et signa pour prendre sa place à l'Opéra le lendemain du jour où nous finirions au Cervantès. Mme Rasimi, qui se croyait à l'Opéra pour de longues semaines encore, se vit, un beau matin, priée de déguerpir au plus vite. Bon gré, mal gré, elle dut obéir, et partir pour Montevideo avec Mistinguett, tandis que nous occupions triomphalement le champ de bataille. Telle est la guerre du music-hall : pas toujours en dentelle... »

Dure leçon. La campagne sud-américaine de Mistinguett tourne à la Berezina. Au point qu'elle se retrouve un moment sur le pavé. Elle, la Miss adulée, idolâtrée ! Pour ajouter encore aux difficultés, elle souffre d'une forte otite, doit se faire opérer. Rentrer ainsi en France, vaincue, humiliée...

Le salut surgit en pleine détresse. Un engagement pour le théâtre des frères Shubert à New York. Une opérette jouée en anglais que la Miss, ragaillardie, apprend à la va-vite et à sa manière. Son accent des faubourgs et ses imperfections linguistiques patentes amusent les Américains. Le succès revient. Miss sauve les meubles et les apparences...

L'après-midi parisien s'avance. Dehors, autour de la Delage jaune canari, les badauds s'attroupent, attendent la sortie de la Miss. Autographes. Quand elle le peut, s'il n'est pas plus de dix-sept heures, l'artiste rentre boulevard des Capucines. Une petite heure de repos, volée sur l'emploi du temps démentiel, soixante minutes de relax...

Dix-huit heures, direction le music-hall. Dix-neuf heures, la vedette s'habille, se maquille, sera prête avant tout le monde, avant la dernière des figurantes. Elle confie ses bijoux, les vrais, à son habilleuse ou à un ami de confiance, se pare de joyaux en toc. Le repas, toujours léger, est servi dans la loge. Le directeur, le régisseur, le chef d'orchestre défilent. Avec Mistinguett, jamais réellement satisfaite, il y a toujours des mises au point, des critiques, des détails à régler, y compris à la centième...

Vingt et une heures. La femme d'affaires a vécu sa journée. Dure avec les autres, dure avec elle-même. Elle sait ce qu'on raconte sur elle, quelles sont les rumeurs qui courent dans son dos. Qu'elle est injuste, égoïste, âpre au gain et que tout ce qui ne tourne pas autour d'elle lui est égal. Et alors ? Ce métier, la petite môme du Casino l'a connu par le bas. Elle sait que c'est une jungle où les faibles et les insuffisants ne peuvent survivre. Qu'une fois au sommet, pour durer, il faut être impitoyable, féroce, cruelle. Que le piédestal de vedette est un édifice branlant dont on peut chuter à tout instant, et, qu'en dessous, la horde des candidats à la gloire, tout aussi avides qu'elle l'était elle-même, attend de la piétiner au moindre signe de faiblesse...

« J'appris très vite à mes dépens que pour faire sa place, il faut se défendre. Pour la conserver aussi. Et de façon sévère. Personne ne vous fait de cadeau... »

C'est ce que Mistinguett appelle « son combat de coulisse ». L'autre, sa bataille de plein air, celle où il n'est question que de talent, de travail et de flair, elle en fait son affaire.

Vingt et une heures. L'artiste entre en scène. « Haute, fine, chargée de toutes ses plumes, comme un vaisseau de haut bord de toutes ses voiles [1]. » Souriante, insouciante, triomphante...

Paris, reine du monde.
Paris, c'est une blonde...
Le nez retroussé, l'air moqueur,
Des yeux toujours rieurs.
Tous ceux qui te connaissent,
Grisés de tes caresses
S'en vont mais reviennent toujours
Paris, à tes amours...

En bas, dans l'obscurité, la salle applaudit, haletante et conquise :

« Vas-y Miss, t'es la plus belle... »

1. *Le Monde*, 6 janvier 1956, article de Jean Couvreur.

CHAPITRE 4

Tous à Bougi...

Alors qu'elle n'était encore qu'une gigolette balançant des hanches sur la scène de l'Eldo, Mistinguett se l'était promis : « Dès que j'aurai gagné de l'argent, je m'achèterai un grand jardin et j'y choisirai moi-même chaque fleur que j'y planterai... »

Sans doute songeait-elle alors aux demeures blanches des bords du lac d'Enghien qui faisaient rêver son enfance, au chalet d'Alice Ozy enfoui sous le lierre, au grand parc que la petite Jeanne-Florentine traversait avant d'aller rejoindre la modeste maison familiale de la Pointe-Raquet...

Sans doute y songe-t-elle encore lorsqu'elle acquiert, en 1923, sa belle propriété de Bougival...

Cela n'a pas été sans mal. Volterra était également sur le coup, et le « P'tit Léon » n'est pas homme à se laisser déposséder de ses convoitises. Même pour faire plaisir à sa vedette préférée, ou tout au moins à celle qui lui rapporte le plus d'argent. Entrés en concurrence pour un toit et quatre murs, Volterra et Mistinguett ne se sont pas fait de cadeau, et ce, pour la plus grande satisfaction du vendeur, un dénommé Boudarios. La Miss a finalement emporté le morceau. Fallait-il que cette maison lui plaise ! Elle a plongé la main dans sa cassette et fait céder Léon. Lequel n'a pas accepté sa défaite de très bon cœur. Ils ont même failli se brouiller. Une fois de plus. Mais

« P'tit Léon » est un génie des affaires, et son affaire, son compte en banque et son capital, c'est pour l'instant et en partie Mistinguett. La « rupture sud-américaine n'interviendra que quelques mois plus tard... »

La Miss est radieuse. Elle n'a pas acquis une demeure ordinaire, une grande baraque de nouveaux riches aux murs lisses et à la peinture fraîche. En fait, ce n'est pas une maison qu'elle a achetée, c'est une romance. Et royale s'il vous plaît : la romance de Jeanne Bécu, plus connue sous le nom de comtesse du Barry, maîtresse de Louis XV.

Façade symétrique, terrasse avec vue sur la Seine d'un côté, et de l'autre, quelques grandes marches en pierre qui dégringolent dans le parc... le nid des amours royales apparaît sans fioritures, ne fait pas dans l'épate. La construction est même étonnamment sobre et classique. Mistinguett emménage en fait dans l'une des dépendances du château que Louis XV fit construire pour sa maîtresse. Le souvenir de cette idylle fleur de lys met l'artiste en joie. D'autant qu'au sommet de la grille d'entrée, les initiales dorées de la Du Barry lui font comme un clin d'œil : J.B...

« J.B. ! claironne-t-elle... comme Jeanne Bourgeois ! ce n'est pas rigolo, ça ! elle était faite pour moi, je ne pouvais pas la rater... »

Miss pend la crémaillère en grande pompe. Evidemment, les actualités cinématographiques ne ratent pas l'événement. Le cameraman est dans le parc, filme la farandole des invités qui, derrière la nouvelle châtelaine de Bougival, avancent gaiement, bras dessus, bras dessous, et deux par deux : Volterra, pas rancunier, est présent... Raimu, Gesmar, Willemetz, Jacques Charles, Earl Leslie, et tous les autres, toute la bande...

Vingt pièces, trois hectares de verdure. La Miss établit donc son second campement à quelques encâblures de la capitale, le long de la route qui suit le cours de la Seine. Bougival est un lieu de villégiature réputé, très couru depuis le dix-neuvième siècle. Bizet a vécu les dernières années de sa vie non loin du château de la Du Barry, et presque collée à la villa de l'auteur de *Carmen*, l'étrange datcha de Tourguéniev tranche sur l'architecture des autres résidences bourgeoises. Depuis sa terrasse, entre les grands arbres qui bordent le fleuve, Mistinguett voit passer les péniches et fonctionner les écluses. C'est un autre monde, un autre rythme...

Mais que personne ne s'y trompe. L'artiste n'a nul désir de faire retraite, de se retirer, ne serait-ce que pour quelques jours, dans une quiétude et une solitude qui, elle ne s'en cache pas, lui font horreur. Bougival n'est pas une manière de prendre quelque distance avec la folle vie parisienne, encore moins l'annonce d'une activité moins trépidante, moins consacrée au music-hall. Bougival ne marque aucune frontière dans l'existence de Mistinguett : depuis son premier caf'conc', la Miss se considère en représentation vingt-quatre heures sur vingt-quatre, et elle continue. L'idée même d'une vie privée coupée de la scène lui semble une hérésie. Si elle le pouvait, elle mangerait dans les décors, coucherait dans sa loge... Elle devait jusque-là se résigner à transporter son univers au 24 du boulevard des Capucines. Dorénavant, ce sera aussi à Bougival...

Dans le parc de Bougi, dans la salle à manger de Bougi, sous le soleil ou sous la pluie, sur la terrasse ou le court de tennis, il n'est donc question que de la seule passion qui anime la Miss, que de sa seule raison d'exister : le music-hall... Plus que les souvenirs — elle n'aime guère s'épancher sur le passé —, ce sont les idées du futur, les projets, les perspectives qui fusent de toutes parts. La prochaine revue, la prochaine chanson, le prochain triomphe...

Dès qu'elle débarque, la maison de Bougival bourdonne comme une ruche. Une fois franchie la porte d'entrée, le décor ne diffère d'ailleurs guère de celui de l'appartement du boulevard des Capucines. Meubles « chinois » à profusion et bibelots en pagaille, poupées de salon et figurines en porcelaine de Saxe. Les couleurs favorites de la Miss sont toujours les mêmes : rose pour la chambre, bleu ciel pour la salle de bains, avec commodités dissimulées dans des placards et baignoire encastrée sous la fenêtre face à la route de Paris... En 1935, Mistinguett achètera une autre chambre à coucher aux Dolly Sisters qu'elle ne porte pourtant pas vraiment dans son cœur. Mais les affaires sont les affaires... murs tapissés de satin, et jeu de miroirs. Il y a des glaces un peu partout. Sur la coiffeuse, le bureau, les piliers, autour du lit, et même jusque sur les radiateurs... Mistinguett déteste rester en tête à tête avec elle-même, mais à aucun moment, elle ne veut perdre son image de vue...

Transportée à Bougival, la cour de l'impératrice travaille et s'amuse. Les deux vont de pair. Malgré son caractère difficile, son comportement tyrannique, ses injustices et ses emportements, Mistinguett pratique la convivialité avec naturel, sait créer une atmosphère de fête autour d'elle. Une fois sur ses terres, au milieu des initiés, elle n'a plus le souci constant de consolider son image de marque, d'entretenir le mythe. Dépouillée de ses oripeaux et de ses diadèmes, la star s'offre une permission. Elle demeure le général Mistinguett, mais sans son uniforme, moins soucieuse d'être obéie au doigt et à l'œil. On discute à Bougival, on s'engueule et on se marre... mais on ne s'ennuie jamais. Reste la vitalité épuisante de Mistinguett. Que ce soit dans les rires ou les larmes, dans sa revue ou dans sa campagne, Miss mène son monde à un train d'enfer...

Au milieu de ces escales frénétiques, de ces rassemblements d'intoxiqués du music-hall sans cesse sur la brèche, les amants, « les réguliers », font un peu figure de veilleurs de nuit. Ainsi le beau et svelte Earl Leslie, qui traîne ses chaînes d'esclave consentant avec une résignation souriante.

Evidemment, tous ceux que la vedette a « à la bonne » passent par Bougi. Directeurs, auteurs, décorateurs, partenaires... les petits nouveaux aussi, repérés et engagés par Miss et qu'elle embarque dans sa Delage pour quelques jours à la campagne. Afin de les avoir sous sa coupe, pour tester leurs possibilités artistiques et les faire répéter. A moindres frais. La maison est grande, mais parfois le cercle de la bande habituelle s'agrandit pour former, dit-elle, « une vraie smala ». En cas de surpopulation, on s'arrange...

« Tout Paris a couché sur des matelas dans le salon... »

Les repas tiennent généralement aussi du camping. A moins d'être un adepte de la « surprise-partie » alors en pleine vogue, qui veut que « l'on apporte son manger », pratique vite adoptée avec enthousiasme par Mistinguett :

« Amenez ce qu'il faut, prévient-elle franchement. Je ne sais pas ce qui se passe, mais mon frigidaire est toujours vide. Cela reste un mystère »...

Mystère qu'elle met hypocritement sur le dos de sa domestique.

Echaudés par une première expérience frugale, les habitués ne se laissent plus surprendre et surgissent effectivement les bras chargés de victuailles et de bouteilles. Bientôt, l'hôtesse perfectionne ce portage à domicile en distribuant les rôles comme au spectacle : « A toi, la viande... à toi, les vins... à toi, les desserts », etc. En fait, que ce soit à Bougival, boulevard des Capucines ou en tout autre lieu, les grandes bouffes de Mistinguett tournent au racket alimentaire. Et Georges Tabet, nouvellement engagé avec les Double-Two, n'y échappe pas :

« Miss désirait faire régner au Casino une ambiance amicale, raconte-t-il. Aussi annonça-t-elle que, le dimanche suivant, elle inviterait toute la troupe à dîner entre la matinée et la soirée. On s'installerait sur la scène, tous ensemble, en copains, ce serait gentil comme tout. Elle ferait les gros frais. Elle fournirait un bœuf en daube monstre. Pour les détails insignifiants, elle comptait sur ses amis, les Double-Two. Destrey apporterait le pain, les pâtisseries... Dawson fournirait les vins, rouges et blancs... un peu de champagne aussi...

— J'aime bien le beaune, précisa-t-elle.

Pills s'occuperait du dessert, fruits frais ou confits, crème fouettée...

— Toi, me dit-elle, tu apporteras le caviar.

J'acceptai avec plaisir, ignorant ce qu'était le caviar et où ce condiment se vendait. Car je croyais que c'était un condiment. Miss m'indiqua l'adresse où il fallait aller : au fond d'une cour, rue de Clichy, à quelques portes de distance du Casino. Je m'y rendis immédiatement :

— Je voudrais du caviar.

— Combien de grammes ?

— Pour cinquante personnes.

— Asseyez-vous, me dit le marchand, soudain respectueux.

Il s'affaira, pesa, calcula, et me remit finalement un gros paquet en m'indiquant le prix. Je faillis me trouver mal. Un mois de mon salaire n'y suffirait pas. Je dus courir emprunter la somme au Mac-Mahon. Mais j'étais content de moi. Je ne pouvais rien refuser à la Miss.

Le dimanche suivant, les machinistes aidèrent la cuisinière de Bougival à transporter le bœuf en daube tout fumant sur la scène où des planches avaient été dressées sur des tréteaux. Chacun se mit joyeusement à table. J'apportai triomphalement à Miss les boîtes de métal contenant la précieuse denrée dont les étiquettes étaient imprimées en russe, et précisai qu'il y en avait pour toute la troupe. Miss examina les boîtes, la marque :

— C'est bien, c'est le meilleur.

Cette dînette sur la scène reste un bon souvenir, le bœuf en daube était délicieux. Le pain de Destrey était frais et croustillant. Le vin de Dawson avait un délicieux bouquet. Les fruits de Pills étaient variés et mûrs à point. Mon caviar...

Nul ne vit mon caviar. Je l'avais pourtant remis à Miss. Je lui en fis timidement la remarque. Elle sourit malicieusement :

— J'ai réfléchi. On ne va tout de même pas donner du caviar à tous ces gens qui ne sauront pas apprécier !

Je le garde à la maison pour quand tu viendras déjeuner. Tu en auras à chaque fois, comme hors-d'œuvre.

La semaine suivante, justement, je suis allé déjeuner à Bougival. On a servi de la salade russe et aussi, pour commencer, un œuf à la russe. Ce fut tout ce qu'il y eut de russe. Je n'ai jamais revu mon caviar... »

Quant aux invités de la dernière heure, ils doivent faire leur deuil d'un banquet champêtre. Le frigo est vide, mais il n'y a pas grand-chose de plus dans les placards de la cuisine ! Sauf... sauf... des pâtes. Devenue la muse — grassement payée — d'une marque de nouilles, la Miss se découvre en effet un goût immodéré pour cet aliment nutritif. Moins par reconnaissance sans doute, qu'en raison d'un stock inépuisable provenant de la marque en question. Toujours est-il que la nouvelle court dans Paris : la Miss adore les pâtes... en public. Car dans le privé, elle confesse volontiers que les cuisses de grenouille et les queues de cochon grillé constituent ses deux plats favoris...

Mais pour la cantine Mistinguett, pâtes en priorité. Et comme tout plaisir — bon marché — se partage, autant en faire profiter les amis. Ils profitent, doivent régulièrement se gaver de montagnes de spaghettis, avec ordre de ne rien laisser :

« Ça ne coûte pas cher, et tout le monde aime ça. »

Elle sert elle-même, vide le plat et remplit les assiettes. Aussi, prétendent les méchantes langues, quand arrive la suite, la maigre suite, les rassasiés n'ont plus qu'une envie, c'est de passer au café...

Au cours des années Bougival, les invités et les amis changeront, mais les spaghettis resteront le plat du jour de « chez Mistinguett ». Elle est pourtant réputée fine cuisinière, et quelques veinards peuvent de temps à autre, sans bourse délier, apprécier ses talents de cordonbleu. Des survivants, comme Michel Gyarmathy ou Paulin Toma, gardent ainsi le souvenir de délicieux poissons ou de savoureux gigots à l'ail. Seulement voilà, faut acheter... et Miss déteste acheter.

Toutefois, en de rares occasions, Mistinguett prend la peine de mettre les petits plats dans les grands. Et en 1934, la visite de Maurice Chevalier à Bougi exige que l'on se mette aux fourneaux. Ce jour-là, tout le monde se surpasse. Encore que la cuisine ne soit pas réellement au cœur de ce repas de retrouvailles. Depuis la fin de leur duo d'amour, bien des choses ont changé. Pas tellement pour la Miss : elle n'a pas quitté le haut de l'affiche. Mais la ligne d'horizon de Maurice s'est singulièrement élargie.

Contrairement à son ancienne partenaire, le « p'tit gars de Ménilmontant » ne s'est pas contenté d'une gloire hexagonale ni de quelques escales de curiosité de l'autre côté de l'Atlantique. Aujourd'hui, de retour des Etats-Unis, il est le *french lover* d'Hollywood, l'égal des plus grandes stars du cinéma américain. Il n'est plus le petit jeune qui veut réussir et tout bouffer : c'est fait. Son prestige et sa popularité sont au top...

Ce pourrait être un tendre repas nimbé de nostalgie... c'est sinistre. D'abord, ils ne sont pas seuls. Outre les fantômes de leurs propres souvenirs, il y a plusieurs autres convives autour de la table. Ça ne contribue pas à l'intimité, aux confidences et à l'évocation du passé. Chevalier se sent épié, guetté comme une relique de musée. Mistinguett elle-même n'a pas sa verve habituelle. Avec Maurice, ça n'a jamais été comme avec les autres...

Résultat, aucun des deux monstres du music-hall ne descend de son piédestal. Il y a des blancs impressionnants, des regards qui plongent dans les assiettes.

« Alors Miss, plus fâchée ? demande tout de même Chevalier avec un large sourire...

— Plus fâchée, Maurice ?... Je ne l'ai jamais été. »

Mistinguett évoque ensuite le seul moment d'émotion qui suivit. Une promenade à deux dans le parc de Bougi. Et devant les chalands qui franchissent les écluses, il y a ce mot de Maurice Chevalier qui, plus que tout autre discours, résume une ambition parvenue à son terme, et qui leur fit sacrifier tout ce qui n'était pas leur carrière :

« Tu vois, Mist, nous sommes irremplaçables... »

La famille aussi est à Bougi. Enfin l'autre, celle du sang. Qui compte moins, infiniment moins que « la tribu » :

« Tenir une troupe, vivre avec, la dresser au travail, lui donner l'unité, connaître son poids de talent et de charme, guider ce poids dans les villes étrangères, en faire du plaisir, de l'argent, de l'existence, voilà ma vraie famille... Il faut participer à mon histoire. Ma famille, pour être vraiment ma famille, devait en être un élément constructif... »

C'est ce que fait Marcel, le frère cadet. En 1923, il est le seul Bourgeois à résider à Bougival. Lui, c'est plus que le préféré, c'est l'exception. Mistinguett l'aime profondément... mais comme peut aimer Mistinguett. Avec son instinct de chef et sa soif de domination...

Cela a commencé dès l'enfance quand elle le protégeait et le punissait tout à la fois. « Quand il était petit, affirme fièrement Mistinguett, il n'écoutait même pas ses professeurs. Il n'écoutait que moi... » Parvenus tous deux à l'âge adulte, le scénario n'a pas changé. Jeanne-Florentine commande et Marcel obéit. Les yeux fermés. Quand l'orage gronde, il courbe l'échine. Plus encore que « maman » Gesmar, dont l'esprit frondeur se permet quelques pétillantes libertés, Marcel, c'est le frère aimé et le souffre-douleur soumis aux sautes d'humeur...

Ceux qui l'ont connu gardent le souvenir d'un brave garçon à la nature aimable et franche. Totalement étouffé par la personnalité de sa sœur, il vit dans son ombre sans éprouver le moindre ressentiment et la moindre velléité d'indépendance. D'autant que la générosité de Jeanne-Florentine lui est largement distribuée. A condition toutefois qu'elle en ait toujours la maîtrise. Fidèle parmi les fidèles, Marcel se laisse faire... Comme en 1923, juste après l'acquisition de Bougival, lorsque la Miss exprime pour son frère des ambitions mercantiles. Elle veut le voir prendre la tête d'un commerce, besogner derrière un comptoir. Et ce que Jeanne Florentine veut...

L'emplacement trouvé est idéal. Boulevard Haussman, entre le Printemps et les Galeries Lafayette. Comme dit la Miss : « On peut difficilement faire plus passant. » Bien sûr, ce n'est pas donné... mais rien n'est trop beau pour Marcel. Son idée : ouvrir une pâtisserie à l'effigie du « Père la Galette ». Que son petit frère ait déjà un travail, qu'il n'ait, en revanche, jamais mis les mains dans le pétrin ne pose aucun problème. Il restera à la caisse pour palper la monnaie ! Miss engage un chef, un aide-chef et six vendeuses... succès immédiat : les galettes Mistinguett se vendent comme... des petits pains. Car évidemment, la vedette applique pour elle-même les recettes publicitaires qu'elle pratique pour les autres. Elle paie de sa personne, vient régulièrement croquer une galette après le spectacle. Miss en vitrine, ça fait marcher le commerce ! Son portrait est partout dans la boutique, y compris sur les boîtes métalliques bleues remplies de biscuits. Il y a du chiffre d'affaires. Et il y en aura pendant trente ans ! Quant à Marcel, il y gagnera également un surnom dans le milieu du music-hall : celui de « Père la Brioche ».

Vers 1930, la mère de Mistinguett, qui a dépassé les soixante-quinze ans, vient habiter à Bougival. C'est une installation tardive. Et il est probable que la vedette n'ait accepté de l'héberger qu'en raison des circonstances et sur l'insistance de son frère...

On le sait, la Miss ne garde pas un bon souvenir de son enfance. Elle refusera toujours de s'étendre sur ce sujet, y compris dans ses *Mémoires*, mais quelques confidences prononcées ici et là laissent entrevoir une plaie douloureuse qui ne s'est jamais réellement fermée :

« J'ai deux visages, confie-t-elle ainsi au journaliste Michel-Georges-Michel. Ma bouche est toujours gaie, mais mon regard est triste. L'enfance malheureuse ne s'efface jamais... »

En veut-elle à sa mère de toutes ces années perdues ? A-t-elle des reproches très précis à lui faire ? C'est possible... A moins que cette vieille femme ne symbolise simplement, pour un caractère aussi entier que Mistinguett, tout un passé qu'elle s'efforce désespérément de chasser de sa mémoire.

Toujours est-il qu'avant de venir à Bougival, Jeanne Bourgeois mère vit de longues années dans sa petite bicoque de la Pointe-Raquet. Seule et dans des conditions modestes. Pour ne pas dire plus. Devant la maison, et donnant sur la rue du Général-Leclerc, le magasin appartient à Marcel Bourgeois. Magasin de spiritueux dont la famille Martinetti prend la gérance en 1925. Dès leur installation, les Martinetti se rendent compte que Jeanne Bourgeois boit énormément...

« C'était la meilleure cliente de mon père, se souvient aujourd'hui la fille de monsieur Martinetti. Elle était dans un triste état, misérablement habillée, mais elle chantait tout le temps, du soir au matin, car elle avait le vin très gai. J'ai aussi la vision d'une vieille dame douce et gentille qui nous aimait beaucoup. Mon petit frère surtout qu'elle avait surnommé " mon Jésus "... Un jour, elle était tellement ivre qu'on l'a ramassée dans la rue. Mon père l'a ramenée chez elle dans une brouette puis il a téléphoné à son fils... »

Marcel Bourgeois vient régulièrement rendre visite à sa mère. Mistinguett, elle, retourne comme un fantôme sur les lieux de son enfance. Dissimulée au fond de sa luxueuse voiture, elle guide son chauffeur : la limousine longe le lac, ralentit sur son ordre devant le casino, emprunte le boulevard de Ceinture, puis se dirige vers la rue du Départ, passe devant la gare, devant la maison de la Pointe-Raquet, toujours au ralenti. Parfois, elle s'arrête. Mistinguett descend, s'engouffre dans la petite maison aux murs jaunes. Pour quelques courtes minutes, pas plus. Et la voiture redémarre en trombe...

« On dirait qu'elle a honte », constate monsieur Martinetti.

Un jour, c'est le drame. Complètement ivre, Jeanne Bourgeois fait une chute dans son couloir et se blesse.

Alerté, son fils vient la chercher et l'emmène à Bougival d'où elle ne partira plus.

En fait, la mère de la vedette ne loge pas dans la propriété elle-même, mais dans une petite maison de gardien située à droite de la grille d'entrée. Plus question de boire ! Mistinguett fait la police...

« Nous lui avons rendu visite à plusieurs reprises, confie encore la fille de monsieur Martinetti. Mon père lui apportait en cachette quelques petites bouteilles de liqueur qu'elle s'empressait de dissimuler sous son lit. Pendant ce temps-là, avec mon petit frère, nous jouions dans le grand parc. Un jour, Mistinguett nous a donné des poupées de salon. Elle en raffolait, mais on lui en offrait tellement qu'elle ne savait plus quoi en faire. Quand je suis rentrée à la maison, j'en avais quatorze sur les bras ! C'est un souvenir qu'une petite fille n'oublie pas... »

Avec le retour de son fils en France, la famille Mistinguett compte un nouvel élément. Léopold de Lima, fruit de ses jeunes amours avec le richissime Brésilien, et qu'elle ne voyait jusque-là que très épisodiquement, devient un habitué de Bougival et des coulisses du music-hall. Médecin, il s'établit à Paris. Comme son père, c'est un homme au physique plutôt avantageux, et comme son père, il se sent irrésistiblement attiré par le monde artistique. C'est un épicurien discret, un peu fluide, dont on remarque peu la présence, et qui a, en tout cas, hérité de sa mère un goût très prononcé pour la fête. En fait, une fois accroché par le milieu du music-hall, il ne le quitte plus et se montre beaucoup plus porté sur la chansonnette et les « sorties de nuit » que sur le stéthoscope. Sans trop se forcer, il devient donc « constructif » selon la définition de Mistinguett. Au point de collaborer à ses revues, de cosigner avec d'autres auteurs plusieurs de ses chansons, dont quelques-unes demeurées célèbres comme « Je cherche un millionnaire » ou d'écrire avec sa mère elle-même les paroles de « La java de p'tit tête »...

« Il écrit ses textes comme il établit un diagnostic », s'amuse la vedette...

Ainsi racontée, l'histoire du garçon perdu de vue au cours de l'enfance et qui revient partager la même passion que sa mère renferme tous les ingrédients d'un émouvant mélodrame avec *happy end*... mais ce serait oublier la personnalité de la Miss.

Pour elle, la réapparition de ce fils parvenu à l'âge adulte est une sorte d'offense. La preuve concrète qu'elle-même avance en âge. Sujet tabou. Qu'on se le dise, la Miss ne vieillit pas. On n'en est pas encore aux dernières années de « grand-mère », mais les chansonniers commencent — et ils en ont encore pour un moment ! — à railler le monument national du music-hall qu'ils situent dans leurs couplets quelque part entre la tour Eiffel et l'arc de Triomphe. En public, Miss prend le parti d'en rire et, la cinquantaine passée, continue d'exhiber une plastique impeccable et notamment ses jambes magnifiques qui sont, à elles seules, un défi au temps qui passe. Ses dents, ses fameuses quenottes, deviennent également l'un de ses arguments de jeunesse favori. « Signe de bonne santé », clame-t-elle en découvrant plus largement encore qu'à l'ordinaire une dentition, il est vrai, assez exceptionnelle à son âge. Et un jour, lorsque quelqu'un ose insinuer :

« Ce n'est pas possible, ce sont des fausses... »

Miss bondit comme une tigresse, prend d'autorité la main du contestataire, lui plante les doigts dans sa bouche, et fait mine de le mordre férocement :

« Tu vas voir si elles sont fausses... »

Mais dans l'intimité, le problème de l'âge est à bannir de toute discussion. L'entourage s'autocensure avec application, et si d'aventure, dans le feu d'une conversation, quelqu'un a le malheur d'oublier les consignes et d'évoquer le sujet, gare au retour de flamme...

« Un soir, raconte Paulin Toma, l'un de ses partenaires des années trente, Maurice Chevalier est venu nous voir dans les coulisses du Moulin-Rouge, accompagné de son amie du moment, Nita Raya :

— C'est formidable, me dit Maurice, quand vous dansez avec Miss, vous donnez l'impression de vous aimer follement tous les deux...

Venant de lui, un tel compliment m'est allé droit au cœur :

— Mais c'est vrai, répondis-je, complètement euphorique, j'adore Miss comme ma mère.

Elle était près de moi, j'ai cru que ses yeux allaient me transpercer de fureur... »

Comme gaffeur, Harry Pilcer fait encore plus fort...

Dans la scène finale de « Paris qui jazz » dédiée au cirque, Mistinguett fait... le cheval. Elle s'était inspirée d'un numéro vu à Londres avec les Dolly Sisters, et malgré les répugnances de Jacques Charles et de Volterra, elle avait imposé ce numéro sur la scène du Casino de Paris. Jacques Charles raconte la suite :

« Naturellement, nous avions apporté le plus de variantes possible au numéro des Dolly, entre autres celle-ci : Pilcer, sortant un morceau de sucre de sa poche, annonçait : " Et maintenant, le petit cheval il va dire quel âge il a avec son patte. " Miss frappait alors cinq fois le plancher et avalait le sucre tandis que Pilcer disait : " Le petit cheval, il a cinq ans. " Mais un jour, la langue lui fourcha et il annonça gracieusement : " Le petit cheval, il a cinquante ans "... De rage, Mistinguett sortit de scène au triple galop, traînant le pauvre Pilcer cramponné à ses rênes... »

« De toute manière, confirme Paulin Toma, Miss ne parlait jamais de son passé. Elle disait toujours : " Si tu ne veux pas vieillir, ne vis pas avec des gens plus vieux que toi... " Et quand quelqu'un tentait de l'entraîner vers ses souvenirs, elle répondait distraitement, écourtait la conversation. Ça ne l'intéressait pas. Même quand elle parlait de Maurice Chevalier, il n'était question que de ses spectacles présents, jamais de ce qu'ils avaient joué tous les deux. Quant à leur romance, elle n'en parlait pas...

Quand elle se rendait compte que quelqu'un, tout en la couvrant de compliments, cherchait à savoir son âge, elle coupait net avec une formule, toujours la même :

— Je sais ce que vous pensez, et j'ai exactement l'âge que vous croyez. Mais pour le reste, j'ai vingt ans. »

Or, ce fils qui revient, c'est immanquablement le passé qui resurgit. Alors, les signes extérieurs d'amour filial sont réduits au minimum. Pas question non plus que Léopold se laisse aller à l'appeler « maman » ou « mère ». Un protocole étrange, artificiel et inusité, s'installe donc entre eux deux. Qui laisse croire aux autres que Léopold est un compagnon ordinaire, un membre de la bande...

« Je me souviens avoir ressenti un certain malaise », se souvient Paulin Toma.

La Miss a moins de soucis avec ses animaux. Une guenon ou un ouistiti accrochés à son épaule, traînant constamment dans son sillage une ribambelle de compagnons à quatre pattes, les moins encombrants étant des pékinois aboyeurs affublés d'une faveur rose, elle transforme sa campagne de Bougival en ménagerie. De son propre aveu, elle possède quatorze chiens dont quelques costauds pure race, style briards et danois qui se produisent sur scène avec elle. Dans l'eau, une flottille de poissons. Sur l'herbe, un coq apprivoisé, Rothschild le mouton, Ernest l'âne et Léon le cochon. Il y a aussi les animaux savants : Jacquot le perroquet qui répète jusqu'à l'abrutissement « Valencia » et « Mon homme », et une perruche obsédée qui gazouille, faussement effarouchée : « Ah, tais-toi, tais-toi, tu m'affoles. » Et puis quelques invités inattendus comme ce guépard ramené d'une tournée africaine en 1928 et qu'elle promènera durant quelques jours sur les Grands Boulevards.

Cet amour pour les animaux ne cessera jamais :

« J'ai beaucoup de copains, dit un jour la Miss, les plus belles relations de Paris et un ami : Alfred mon chien. »

Plus tard, mais bien avant Brigitte Bardot, elle achètera un vaste terrain dans le Sud, près du Lavandou et de sa villa d'Antibes acquise en mars 1932, et créera une maison de retraite pour ses animaux vieillissants, fatigués d'avoir dû suivre la vie trépidante de leur maîtresse.

Aujourd'hui, les lions en bronze du château de la Du Barry veillent toujours sur le quai Rennequin-Sualem, les péniches passent toujours les écluses sur la Seine... Et derrière la grille toujours surmontée des deux lettres J.B., mais rouillée jusqu'à l'os par la lèpre du temps, la maison de Bougival est toujours debout. Massive et incongrue au milieu des résidences modernes qui se dressent dans le parc. Les héritiers de Mistinguett ont vendu l'ensemble, mais la municipalité a voulu sauvegarder la demeure aujourd'hui utilisée à des fins professionnelles et a exigé des promoteurs immobiliers qu'ils se contentent du terrain. Existe-t-il un projet pour un musée ou une maison-souvenir ? Actuellement, seule une mention sur le plan de la ville indique — vaguement — l'endroit où Mistinguett vécut de longues années. Pour celle qui fut la plus grande star du music-hall français, cela paraît bien peu...

Reste la mémoire des plus anciens habitants de Bougival. Madame Denise Pelzer par exemple, l'antiquaire, qui se souvient de l'avoir vue souvent chez les commerçants, toujours entourée de sa cour. Toujours pressée aussi, toujours décidée...

« Un jour, elle est venue chez mes parents pour acheter deux bergères qui lui plaisaient. Mais à une condition, a-t-elle ordonné : c'est qu'elles me soient livrées aujourd'hui même avant dix-sept heures. Sinon, ce n'est pas la peine, je n'en veux pas. On avait des problèmes de véhicule, mais on s'est débrouillés, on a livré les bergères à l'heure dite, de justesse. On savait qu'elle ne plaisantait pas... »

Quarante ans après la mort de Mistinguett, les rumeurs concernant l'existence d'un second fils naturel persistent à Bougival. Une habitante est même formelle. Ce fils venait très souvent sur les bords de la Seine rendre visite à sa mère et il n'est pas impossible qu'il ait même habité quelques années dans un appartement de la commune...

Ces rumeurs ne sont pas nouvelles. Déjà, alors que la Miss était en pleine gloire, le Tout-Paris murmurait que les amours entre Mistinguett et Chevalier avaient donné jour à un enfant dont l'existence devait rester secrète. Des noms avaient même été cités, notamment celui d'un jeune garçon de l'entourage de la star qui allait devenir plus tard animateur de spectacles...

CHAPITRE 5

« On dit... »

« Mettre en valeur ce que t'as de bien, ce n'est pas difficile. T'as qu'à montrer... Encore qu'il faille savoir. Mais faire la même chose avec tes défauts, alors là, c'est plus coton. T'as deux solutions : où tu les planques ou tu t'en sers. Moi, j'ai choisi la deuxième... parce que j'ai vite compris que c'était dans ma nature, surtout que ma nature, contrairement à ce qu'ils disent tous, j'ai assez bossé pour me la fabriquer ! »

Mistinguett ne cache rien. Ni ses beautés ni ses laideurs. Mais elle corse la performance en mettant le tout au même niveau. Et avec un tel sens de la promotion-provocation qu'elle finit par embrouiller tout le monde, et avant tout, le bon peuple qui l'idolâtre. Dans le style « prenez-moi comme je suis », c'est la championne toutes catégories. Tout autant que ses illustres gambettes, elle exhibe ses traits de caractère les plus détestables. Mais quelque chose de mystérieux fait que non seulement ces ombres noires ne lui portent aucun préjudice, mais qu'elles jouent en sa faveur. Ses petites phrases vachardes, ses petites turpitudes, ses démêlés professionnels — où pourtant, elle n'a pas toujours le beau rôle —, et ses abus de pouvoir... tout passe dans la colonne profits. Les échotiers ont beau faire des gorges chaudes avec la fameuse « radinerie » de la Miss, ils en sont pour leurs frais. Les gens s'en amusent. C'est plus que de l'indulgence, c'est de l'affection. La Miss accrochée comme un rapace à « ses pépètes », ils trouvent ça touchant.

Mistinguett ? Une touche de tendresse dans un monde de brutes. Gag...

Partant de cette réaction inespérée, Mistinguett la calculatrice exploite à fond le filon. Elle va alimenter la chronique de ses travers, y travailler tout autant qu'à une revue des Folies-Bergère, en faire un jeu, en faire des tonnes et, apothéose des apothéoses, en faire une chanson...

En clair, elle se cisèle une auréole que les lacunes d'ici-bas n'atteignent pas. Inaltérable, inoxydable, inattaquable, intouchable, cette couronne de star populaire ne se brisera jamais...

La qualité la plus évidente de Miss : ses jambes. Là, pourtant, la toute jeune Mistinguett de l'Eldorado n'a rien prémédité, ou rien de plus que les autres apprenties gommeuses court vêtues qui frétillent de tous leurs appas sous les mines congestionnées des messieurs en goguette. Seulement, Mistinguett a un « plus », un petit quelque chose qui fait que les regards s'allument et les applaudissements crépitent. Puisqu'elle n'a ni métier ni expérience, cela tient à mille petits détails qui font une présence, un talent. Or, puisqu'il faut bien matérialiser cet engouement pour une gamine pas vraiment jolie et sans vraiment de voix, on parle de ses jambes qui sont, il est vrai, pas désagréables à regarder, et qu'elle agite surtout avec une fougue et une hardiesse peu communes. La noblesse de plume s'en mêle, dont le seigneur Catulle Mendès...

A partir de là, de ce hasard, et guidées par un cerveau tournant à plein régime, les gambettes de Mistinguett gravissent quatre à quatre les marches de la gloire. En l'espace de quelques années, on ne parle plus bientôt de cette paire de jambes gainées de soie que comme d'un trésor rare, une richesse nationale. Il faut dire que leur propriétaire ne ménage pas ses efforts promotionnels. Et pas seulement sur les planches du music-hall... Où qu'elle soit, et dès qu'elle aperçoit un photographe, Mistinguett se penche et relève hardiment sa jupe. Ce n'est plus un geste, c'est un tic. Si elle le pouvait, pour éviter de se baisser, elle vivrait sur la tête. Et ça... marche. Même à l'exportation. Pourtant habitué à toutes les excentricités, le revuiste Jacques Charles qui accompagne la Miss lors d'un voyage à New York en 1922 est soufflé de constater à quel point les membres inférieurs de sa vedette ont acquis une renommée internationale. Le paquebot est à peine à quai qu'une horde de photographes américains se ruent sur la passerelle pour immortaliser sur la pellicule les flamboyantes gambettes...

« On ne peut s'imaginer à quel point les jambes de Mistinguett ont pu me hanter au cours de ce voyage, souligne-t-il. Je ne pouvais pas entrer dans le salon mis à la disposition de notre vedette sans la trouver la tête en bas et les pieds au mur en train de faire photographier ses célèbres jambes... »

Elevées à la hauteur d'un mythe, célébrées comme un pur joyau, cette paire de guibolles que le monde nous envie n'a pas de prix. Ou plutôt si. Car elles sont assurées. On ne sait d'ailleurs plus très bien pour quelle somme. Cela va de cinq cent mille francs-or à trois millions de francs-Poincaré, et cette confuse surenchère, soigneusement entretenue par la bénéficiaire, n'est pas pour rien dans la réputation des prestigieuses gambilles. De plus, à chacune des représentations données par la Miss, un représentant des Lloyds de Londres — les assureurs donc — surveille sa « marchandise » en coulisses, et tremble à chaque descente du fameux escalier. En fait, hors spectacle, ces Lloyds voudraient voir le trésor mis sous verre. Selon le contrat, il est interdit à la vedette de courir, de patiner — ce qu'elle fait tout de même en cachette au Palais des Glaces —, de monter à cheval, de conduire et de faire de la bicyclette...

Tout cela se sait évidemment. Et les jambes de Mistinguett monopolisent tellement l'attention que les regards de la foule, au passage de l'artiste, se posent automatiquement sur ses chevilles. Ce doit être fragile comme de la porcelaine, ces choses-là...

Miss rassure ses admirateurs. C'est du beau, mais c'est aussi du solide. Bien sûr, on lui demande sa recette, ses secrets, la marque de ses crèmes et de ses onguents pour entretenir ces jambes splendides. On en fait un commerce :

« Se déchausser le plus souvent possible, répond-elle avec un superbe dédain. Il n'y a que ça de vrai. Moi, quand je suis à table, je n'ai plus de godasses aux pieds. C'est une de mes habitudes et j'y tiens. Ça repose le mollet et ça embellit la jambe. Plus vite on se déchausse, mieux ça va. C'est une façon de travailler pour l'avenir de ses jambes... »

Pratique qui lui vaut, lors d'un dîner de gala à l'ambassade de France à Prague, une déconvenue mise en scène par deux de ses partenaires, Earl Leslie et Lino Carenzio. Mistinguett raconte...

« Donc j'étais déchaussée et j'étais en train de demander à mon voisin de droite, un attaché d'ambassade, probablement, car il avait un monocle, qui était cette vieille donzelle en face de moi, il venait de me répondre : " C'est ma femme ", lorsqu'on sonna le rassemblement dans un grand salon pour le café. Je me mis à la recherche de mes chaussures. Au début sans affolement. Un regard qui se voulait futé de Leslie me donna quelque inquiétude. Lorsque je me rendis compte que Carenzio avait du mal à étouffer un fou rire, ce fut de l'anxiété.

... Sous la table, mes pieds, qui avaient pris toutes les positions possibles en extension, rencontraient enfin deux objets semblables à des souliers par leur couverture et qui étaient des souliers. La femme de l'attaché d'ambassade, échangea avec moi un sourire. Pourquoi donc ? Elle se leva. C'était presque une naine. Je contins un rire. J'enfilai mes chaussures. Une douleur inhabituelle fit courir de longs frissons le long de mes jambes. Je me levai à mon tour.

— Vous semblez souffrir ? me demanda l'attaché d'ambassade, mon voisin.

— Du tout, du tout.

Au loin, dans la fumée du salon, m'apparaissait la silhouette de la naine, sa femme, dont les pieds minuscules semblaient avoir enfourché de gigantesques sabots.

La plaisanterie machinée par deux de mes danseurs se termina le lendemain par un échange très diplomatique de colis peu encombrants, un grand et un petit, échange qui clôtura dignement cette soirée de souffrances... »

Ses jambes serviront jusqu'au bout, et bien au-delà de la limite raisonnable, la carrière de Mistinguett. Non sans raison. A près de soixante-cinq ans, elle peut encore les dénuder sans le moindre complexe sur les planches du music-hall, ce qu'elle ne se prive pas de faire... Et tant sur scène qu'en coulisses, ses jeunes partenaires d'alors découvrent, un peu effarés, la stupéfiante jeunesse de celle qu'ils surnommaient entre eux « grand-mère »...

« Bien sûr, le reste, la poitrine notamment, reconnaît pudiquement aujourd'hui Paulin Toma, ce n'était plus ça... Mais ses jambes ! Ses jambes étaient restées formidables. C'était incroyable... »

« Des jambes comme ça ! confirme Georges Guétary, pouce levé. Je me souviens qu'elle devait mettre une robe avec un corsage très serré qui aplatissait les seins. C'était la mode à l'époque. Son habilleuse n'avait pas assez de forces pour tirer sur le bustier et pour fermer, alors c'est moi qui le faisais. Evidemment, je voyais ses fesses et ses jambes de près. Je n'en revenais pas... »

Ces gambilles de rêve, intactes, miraculeusement épargnées par l'accablement des ans, resteront l'emblème d'une Miss triomphante bien au-delà des Années folles. Et gare à celles qui s'avisent d'y toucher !

Un soir, lors d'un souper aux Champs-Elysées, une imitatrice ose se lancer dans un numéro à la Mistinguett. Or, la Miss est là. Et avec du beau monde. Entre autres : Joséphine Baker et Jo Bouillon, la chanteuse de jazz Lena Horn, les Peter's Sisters et Maurice Chevalier...

Fanny Deschamps décrit la scène [1] :

« Mickie, regarde donc un peu ce qui se passe sur la scène, dit Chevalier.

Elle braqua son face-à-main sur la fille qui s'avançait, les jambes gainées de soie jusqu'à la racine des cuisses, la tête et le dos emplumés de rose. Une imitatrice. Souriant de toutes ses hautes dents éblouissantes, elle se mit à chanter un refrain de Mistinguett avec la voix de rogomme de Mistinguett :

On dit, que j'ai de grandes quenottes
Que je n'ai que trois notes,
C'est vrai.
On dit que j'aime jouer les arpettes
Les vendeuses de violettes,
C'est vrai...
Mais ne voulant pas chiper aux grandes coquettes
Leur dame aux Camélias
Moi, je vends mes bégonias.
On dit que j'fais voir mes gambettes [2]
C'est vrai...

Tous les dîneurs, rigolards, surveillaient du coin de l'œil Mistinguett confrontée à sa caricature. Elle n'avait pas lâché son face-à-main. Entre un refrain et un couplet, bien haut, elle lança à Chevalier :

— Dis donc, Maurice, elle a mes plumes, elle a ma chanson, elle a un peu ma voix, mais, pour ses jambes, ce seraient plutôt les tiennes ! »

Quand il parle de Mistinguett, le mordant Galtier-Boissière fait comme tout le monde, mélange dans un même shaker les ingrédients d'une personnalité complexe, déroutante et à multiples facettes :

« Vedette internationale de music-hall. Grande meneuse de jeu, s'entourant de plumes et de falbalas... ses dents, ses jambes et ses mirettes actives firent beau-

1. *Monsieur Folies-Bergère*, Fanny Deschamps, Albin Michel, 1978.
2. Le texte de la seconde version sera : « On dit que j'ai de belles gambettes. »

coup pour la publicité... travailleuse, aimant le music-hall et ses féeries », écrit-il... Et pour en venir au pire, le créateur du *Crapouillot*, dont le talent ne fait pourtant pas dans la nuance, se permet une gracieuseté, comme s'il ne fallait pas prendre au sérieux ce qui va suivre :

« Violon d'Ingres : avarice. »

Si l'on se réfère simplement aux années de consécration, c'est bien vu. Âpre au gain, dure en affaires, et pour tout dire, incapable de sortir le moindre centime autrement que sous la contrainte, Mistinguett pratique l'avarice comme un sport ou un loisir. Elle étrangle financièrement ses directeurs de spectacles ou de tournées avec volupté, se sent une âme de Robin des Bois quand il s'agit de payer sa troupe avec l'argent des autres, mais se referme comme une huître dès qu'il est question de ses propres finances :

« L'argent, je ne sais pas le donner, avoue-t-elle avec sa franchise coutumière... Je ne sais que le gagner. »

Un réflexe qui lui vient de loin, évidemment. De ces années noires cumulées, depuis la pauvre enfance de la Pointe-Raquet jusqu'aux premiers pas dans des bouis-bouis infâmes. Tache indélébile. Si elle n'aime guère revenir sur son passé, la Miss n'oublie jamais d'où elle vient. Comme pour Chevalier, ni la gloire ni la fortune ne parviennent à chasser de son esprit une haine viscérale de la misère et de toutes les humiliations qui en découlent. En prime, il y a la peur, la peur panique d'avoir un jour « à manquer »...

A partir de cette marque profonde, inscrite au fer rouge dans sa mémoire, on peut blaguer — et elle ne se gêne pas pour donner le signal — à satiété sur son comportement de rapace, sur sa formidable faculté à grappiller trois sous, à piller chez les autres, à se battre comme une chiffonnière pour obtenir des réductions de prix chez ses fournisseurs ou dans les magasins. Assise sur son tas d'or tel l'oncle Picsou, la Miss n'a qu'un credo : tout obtenir des autres gratuitement et faire payer (cher) tout ce qui vient d'elle.

On dit, quand je fais des emplettes
Que j'pay' pas c'que j'achète,
C'est vrai
On dit partout et l'on répète
Que J'lâch' pas mes pépètes,
C'est vrai
Mais s'il faisait comme moi, pour sa galette,
M'sieur Sarraut[1] *n'aurait pas*
Un budget aussi bas...

Les anecdotes sur Mistinguett pleuvent en rafales dès qu'il s'agit de son avarice. Outre sa manie de se faire ravitailler par ses invités pour organiser ses pique-niques, la Miss provoque un mouvement de panique dans le cercle des initiés dès qu'elle cherche une victime pour courir les magasins de la capitale. L'accompagner revient à payer... à moins, comme Saint-Granier, de trouver le salut dans la fuite. Ce que le chansonnier, qui adorait Mistinguett, n'hésite pas à faire un jour qu'il tombe nez à nez avec la vedette sortant de son immeuble :

« Jean ! Tu tombes bien ! s'exclame joyeusement Mistinguett, je vais faire des courses...

— Pas avec moi, Miss, pas avec moi !

Et sans s'arrêter, Saint-Granier s'empresse de changer de trottoir au pas de course... »

Jean Sablon, qui était son voisin sur la Côte d'Azur, se souvient aussi qu'il valait mieux ne pas manquer d'argent dès qu'on se trouvait en compagnie de Mistinguett :

« Combien de fois, dit-il, m'a-t-elle offert de me déposer quelque part avec sa voiture et m'a-t-elle fait le coup de la panne... mais à sa manière : “ Oh, seigneur ! s'écriait-elle alors, il n'y a plus d'essence et j'ai oublié mon porte-monnaie... ” »

Cette voracité dérape évidemment sur une mentalité de coffre-fort. Harpagon en jupons, Mistinguett dissimule son argent un peu partout dans ses différentes mai-

1. Ministre des Finances de l'époque. Mais là encore, une seconde version plus intemporelle remplace le ministre par « Marianne ».

sons, stocke par exemple ses pièces d'or dans une cachette aménagée dans les boiseries de la grande salle de Bougival.

Un soir Carenzio, son amant, voit très tard de la lumière dans la chambre de la Miss. Craignant qu'elle ne se sente pas bien, mais craignant également de la déranger pour rien, il regarde par le trou de la serrure, et ce qu'il découvre le rassure et le sidère tout à la fois : la Miss est en pleine forme. Revêtue de sa robe de chambre et assise sur son lit, elle compte, liasse par liasse, ses billets de banque qui débordent d'un carton à chapeau...

Pour charger encore un peu plus le portrait de Miss Harpagon, la vedette y met du sien. Non seulement, elle se cramponne à son or, non seulement elle continue, malgré sa fortune, à économiser sou par sou... mais elle ne visite pas un endroit, hôtel, restaurant ou autre, sans emporter un « souvenir ». En tournée, c'est Attila. Elle dispose même dans ses bagages d'une grande valise rouge prévue pour la fauche. Vide à l'aller, pleine au retour...

Evidemment, le chapardage n'épargne pas les amis. Ce serait montrer trop d'ingratitude :

« C'était plus fort qu'elle, se souvient Paulin Toma. En tournée, c'était une véritable razzia. Des couverts, des cendriers, des serviettes, tout ce qui lui tombait sous la main. Même nous, on devait drôlement se méfier. A la Libération, alors que nous passions au Havre, j'avais acheté au marché noir plusieurs cartouches de cigarettes à des soldats américains. Je les pose sur une table, j'ai le malheur de m'absenter quelques instants, et quand je reviens... fini ! plus de cigarettes. Mistinguett était passée par là... »

Inviter la Miss chez soi revient à perdre une babiole ou un objet précieux. Question de chance ! Lors des repas, les couverts sont généralement des victimes toutes désignées. Tout le monde le sait, mais d'une part, la coupable est habile, et d'autre part, personne ne se risquerait à la prendre en flagrant délit. Il faut s'appeler Léon

Volterra pour oser attacher à la table, par deux petites chaînettes, les couverts encadrant l'assiette de Mistinguett...

Harry Pilcer, lui, ne peut pas se permettre pareil sacrilège. Aussi, frémit-il d'inquiétude quand il étrenne, en présence de Mistinguett, huit couverts de grande valeur provenant de la Russie impériale. Les autres invités s'extasient sur la beauté de l'orfèvrerie, mais les yeux de Mistinguett expriment une telle convoitise que son ancien partenaire panique :

« Ma chérie, supplie-t-il les mains jointes, n'emporte pas un de mes couverts. Il n'y en a que huit et j'y tiens énormément !

— Pour qui me prends-tu ? » proteste la Miss avec hauteur... mais à la fin du repas, elle fait disparaître prestement, et sans que personne s'en aperçoive, une fourchette et une pelle à tarte dans son sac.

Le lendemain matin, pour se faire pardonner, elle téléphone à Pilcer :

« Tu comprends, je n'ai pas pu résister... mais quand tu viendras chez moi, je te les rendrai. »

Ce qui reste à prouver.

« C'est vrai, elle aimait beaucoup l'argent... »

Le visage buté, renfrogné du vieux monsieur s'éclaire d'un sourire rusé. Sa mémoire le lâche de temps à autre, et c'est un caprice de l'âge qu'il ne goûte guère. Mais Mistinguett est un souvenir qui ne s'efface pas...

« Elle mettait ses vieux costumes de scène en vente sous forme de loterie. Les filles devaient acheter des billets de tombola, et suivant les numéros qu'elles avaient, elles emportaient des frusques dont la Miss n'avait plus besoin. Refuser de se prêter à ce petit jeu risquait de se faire mal voir : avoir une robe portée par Mistinguett, prétendait-elle, ça vaut le coup, non ! ça a un cachet spécial... »

Michel Gyarmathy frappe le sol marbré de sa canne à pommeau, se tourne vers son majordome, debout près de lui :

« Vous vous souvenez Guy, tous ces dîners que l'on a faits avec elle ici... »

Guy asquiesce en silence. Dans la somptueuse demeure, voisine du parc Monceau, le temps figé se hume comme un parfum de fête abandonnée, désertée depuis des années. Il y a bien longtemps, Michel Gyarmathy avait promis : « Un jour, je me paierai un hôtel particulier que j'ornerai comme un décor de Folies-Bergère... », et il a tenu parole, laissé libre cours à son goût du faste et du baroque. Derrière une table monumentale digne de figurer dans un film de cape et d'épée, filtre la lueur claire d'un jardin intérieur à ciel ouvert. Mais malgré cette oasis, un voile crépusculaire recouvre comme une housse légère les meubles anciens, les œuvres d'art et les bibelots précieux. Les dorures se sont ternies. Ce ne sont plus les Folies, c'est *Sunset Boulevard*...

Pour Gyarmathy, Hongrois exilé qui végétait dans une chambre minable de l'hôtel des Artistes, la maison du parc Monceau reflétait un rêve de grandeur à dimension de son talent et de son entêtement. Une épopée entamée sur le bitume de la rue Richer, face à l'entrée des Folies-Bergère, où il tentait d'attirer l'attention de Derval, le patron, en dessinant à la craie des décors somptueux. Derval arrêta ses pas devant l'abbaye gothique censée être le cadre de la rencontre entre Manon Lescaut et son chevalier des Grieux... et en même temps qu'il lui fit porter une serpillière pour nettoyer le trottoir, il donna rendez-vous au jeune homme pour le lendemain...

C'est ainsi que Michel Gyarmathy est devenu roi des Folies-Bergère, « monsieur Folies-Bergère », selon l'expression de Cécile Sorel. Un homme-orchestre-scénariste-décorateur et metteur en scène — qui submergea les spectacles de sa passion pour le fastueux et la magnificence, les recouvrit d'or, de paillettes et de plumes. Un travailleur acharné, créateur boulimique, serviteur plus que zélé du music-hall qui, même à plus de quatre-vingts ans, « assiste au spectacle tous les soirs et, pendant les semaines de répétition d'une nouvelle revue, ne quitte pas la salle et fait venir son valet de chambre rue Richer, afin qu'il dresse son couvert, sur une table de travail plantée au milieu des fauteuils d'orchestre [1]... ».

« Miss n'a jamais acheté d'argenterie », confirme Michel Gyarmathy. Et son goût de la provocation atteint des sommets lorsque chez elle, boulevard des Capucines, la vedette invite autour de ses spaghettis une légion de restaurateurs, ceux de ses cantines préférées. Maxim's, Café de Paris, Ledoyen, Fouquet's, etc.

Heureux de se retrouver autour d'une de leur « meilleure » cliente, les restaurateurs élus ne risquent pas d'être dépaysés. Ils ont en main, pour goûter aux pâtes de la Miss, les couverts de leur propre maison !

Sauf un, le jeune propriétaire d'une auberge de Montfort-Lamaury que Mistinguett n'a pas eu le temps d'écumer. Marri de ne pas figurer parmi les privilégiés, à moins que ce ne soit pour prendre les devants, il adresse dès le lendemain à la vedette un petit colis contenant les couverts aux armes de l'auberge. Sur la carte qui accompagne le paquet, la Miss peut lire :

« La prochaine fois, moi aussi, j'aimerais me servir de mon propre couvert », et c'est signé : Maurice Carrère.

Monsieur Folies-Bergère frappe à nouveau le sol avec sa canne à pommeau.

« De toute manière, quoi qu'elle fasse, elle avait l'air d'une reine. »

Tout est dit.

1. *Les Folies-Bergère,* Jacques Pessis et Jacques Crépineau, Fixot.

Quatrième partie

PARTENAIRES, AMANTS, RIVALES...

CHAPITRE 1

Gabin au Moulin

En 1911, Mistinguett avait découvert le plaisir de façonner « son homme de scène »... A l'époque, elle savait encore être discrète : si elle avait repéré Chevalier et souhaitait qu'il fût son partenaire, elle avait laissé le metteur en scène des Folies-Bergère jouer les chefs. A ce moment-là, elle suggérait, obtenait ce qu'elle voulait, tout en laissant le patron trancher en public.

Dans les années vingt-trente, Mistinguett s'est débarrassée depuis longtemps de ces marques de déférence. Elle ne propose plus, elle impose, se moque des intermédiaires et des susceptibilités. Elle ignore les contrats déjà signés, les engagements déjà pris, les procès à prévoir : lorsqu'elle veut quelqu'un, elle l'obtient. Et quand Mistinguett part à la chasse aux partenaires, c'est la révolution. Qu'elle organise des auditions ou qu'elle s'invite à celle des autres, qu'elle écume les cabarets ou les théâtres, la Miss est accueillie comme une souveraine, tandis que, sur scène, les acteurs deviennent fébriles. Et le doigt qu'elle pointe alors sur le débutant est pour l'heureux élu coup de baguette magique. Être repéré par la Miss, c'est déjà l'aube de la consécration. Certains ont la chance d'être choisis au hasard, à l'improviste, un soir de représentation, comme Georges Guétary ; d'autres feront le forcing, pour tenter de se faire remarquer, tel Georges Tabet... Et puis il en est un, l'exception, qui osera faire monter les enchères avant même d'être choisi : Jean Gabin.

Jean Moncorgé ne voulait pas devenir artiste. Et s'il débute tout de même en « bec de gaz », au fond d'une revue, c'est bien pour faire plaisir à son père qui l'a collé dans les bras du directeur des Folies-Bergère. De petits cachets en figurations, le nouveau apparaît un jour en bas de programme. Au nom d'artiste de son père — Gabin — il aurait bien ajouté « junior », c'est dire qu'il ne se voit pas vieillir dans ce métier. Mais le papa s'insurge et finalement Gabin fils garde son prénom. Pour gagner sa vie, et en attendant mieux, Jean Gabin commence à courir — tranquillement — les cachets. C'est ainsi qu'un beau jour de 1928, il débarque au Moulin-Rouge où Jacques Charles auditionne pour une prochaine tournée en Amérique du Sud.

Sur la scène, aveuglé par la rampe lumineuse, face au trou noir de la salle, Jean interprète une chanson de Chevalier, son idole.

Quelques minutes plus tard, il récidive, inspiré par Chevalier, toujours... On lui a demandé de recommencer : c'est bon signe. Le jeune homme se voit déjà sur le bateau, lorsqu'il entend :

« Dis donc, Gabin, la Miss veut te parler. »

— La Miss ? où ça ? »

Il n'en revient pas. Il sait bien que Mistinguett vient de remporter au Moulin-Rouge deux énormes succès avec « Valencia » et « Ça c'est Paris »... Mais vraiment, il ne pensait pas qu'elle serait là aujourd'hui, heureusement, il en aurait bafouillé...

« Pourquoi t'es venu auditionner ? lui demande la Miss.

— Pour la tournée de Jacques Charles en Amérique du Sud.

— Tu préférerais pas jouer avec moi dans une revue du Moulin-Rouge ? »

Jean Gabin imperturbable :

— Heu, ça dépend, Miss.

— Ça dépend ! Ça dépend de quoi ?

— Ben, vous savez bien, à Paris la vie n'est pas facile. Tandis qu'en tournée... »

Est-ce le culot des timides qui lui fait sortir cette phrase au risque de vexer la Miss et de perdre l'engagement ? A-t-il entendu parler de l'avarice de Mistinguett qui ne paye pas directement les boys, mais serait intéressée, assure-t-on, au bénéfice final ? A-t-il déjà de gros besoins, comme il le répétera souvent ?... En tout cas, sur l'instant, Mistinguett grogne :

« Tu veux gagner combien ?

— Soixante francs, Miss, soixante francs par jour.

— C'est bon. Reviens me voir demain, j'en parlerai à Pierre. »

Pierre Foucret, bien sûr, le directeur.

Après une nuit agitée, car tout de même, il en a besoin de cet engagement, Jean Gabin retourne au Moulin-Rouge :

« T'auras quarante francs, t'es d'accord ? »

Evidemment qu'il est d'accord. D'autant qu'à ce stade, avec la Miss, c'est à prendre ou à laisser. Même si ce Gabin, finalement, elle l'a à la bonne. Deux fois encore, il demandera à être augmenté, et deux fois obtiendra gain de cause. Jusqu'à cent francs par jour.

« Miss avait cinquante-cinq ans et moi vingt-quatre, racontera Jean Gabin [1]. Elle tenait une forme physique exceptionnelle, et sans être réellement belle, elle avait un chien terrible et séduisait. Professionnellement, elle était à son apogée. Elle organisait et dirigeait tout. »

Les « revues Mistinguett » ne sont pas seulement des slogans publicitaires. Elles portent bien leur nom. Car c'est bien la Miss qui les anime, du début à la fin. Elle ne laisse rien au hasard. Elle veut tout voir, tout savoir, tout organiser. Au Moulin-Rouge, elle recevra même le titre de directeur artistique. Et l'infatigable « cheffesse », comme elle se nomme elle-même, se multiplie. C'est elle

1. *Gabin*, André Brunelin, éditions Robert Laffont, 1987.

qui supervise les auditions des girls. Elle choisit les danseuses nues, les mannequins ; elle a droit de regard aussi sur les boys. Elle s'occupe des costumes. Elle règle les répétitions...

« Aux répétitions, elle avait le même abattage qu'à la scène, raconte un chef électricien du Moulin. Elle exigeait de tous des efforts surhumains... Au moment de la représentation, pour stimuler les girls, elle arrivait dans les coulisses, d'un air confidentiel et mystérieux : " Attention mes petites, ce soir, il y a le roi d'Espagne dans la salle ". »

Et la Miss ne relâche jamais son attention. La dernière doit être aussi parfaite que la première. En cours de revue, elle fait donc épisodiquement la... revue de détail. Surveillant les figurantes jusque derrière les oreilles :

« Et toi, tu n'as plus de savon chez toi ? Allez, au trot, à la lessive. »

Celle qui se fait pincer plusieurs fois pour propreté douteuse est renvoyée. A la centième, la Miss fait l'inspection des « godillots ». Ne dit-elle pas toujours que c'est la chaussure qui fait le pied, et le pied qui fait la jambe ? Une danseuse se doit d'avoir des chaussures impeccables. Que dirait le spectateur s'il voyait une des girls avec le talon tourné comme sa bourgeoise ?... « Le public, il faut le respecter », la Miss n'a que cette phrase à la bouche. Et parfois elle ajoute à l'adresse d'une fille qui pleure sous les reproches : « Et en même temps tu te respecteras toi-même, ce serait tout de même pas mal... »

La Miss a l'œil et le bon. L'œil pour le choix des partenaires, pour les bataillons de girls, pour les décors... Cet œil dont on ne cesse de parler dans les couloirs du Moulin-Rouge, mais aussi du Casino de Paris ou des Folies-Bergère, s'exerce également pendant le spectacle :

« Pour ses entrées en scène, explique encore l'électricien, elle avait son éclairage à elle que j'avais baptisé le " rose spécial Miss ". Si l'éclairage était défaillant, à cause d'ampoules mortes par exemple, elle s'en rendait compte tout de suite et nous alertait en glissant les mots " en douce " dans un de ses couplets. »

On croit alors la Miss totalement absorbée par sa chanson, sa danse, son escalier, son public, et pourtant elle voit tout... ce qui se passe derrière son dos. Ensuite les amendes pleuvent. Et la vedette apostrophe la girl, le boy fautif ou leur capitaine :

« Dis donc, Lucien, tes boys côté cour n'en mettent pas. Je ne veux pas sentir du mou derrière moi... Et puis, côté jardin, il en manquait un. »

« Roland, ta place était à gauche, pas à droite... »

« Karl, t'as encore loupé ton entrée. Tu t'étonneras pas si je te fais mettre à l'écriteau. »

« Qui est la petite brune au milieu de mes girls, elle était pas là au début... Une remplaçante ?... Lui manque deux centimètres, faut la changer. »

Ils pleurent, ils supplient, ils maudissent « Missolini », dictateur de théâtre... Mais, en même temps, la troupe ne peut s'empêcher d'admirer cette femme-orchestre « aux mirettes tournantes » :

« Une vache, mais une sacrée bonne femme ! s'exclame un boy. Ton talon dérape d'une demi-mesure derrière son cul et elle le voit [1]. »

On a beau dire à la Miss que certains détails, vraiment, échappent aux spectateurs, elle répond imperturbable :

« Un seul s'aperçoit de quelque chose... et c'est un de trop. »

Que répondre ?... D'ailleurs, personne n'ose contredire Mistinguett.

« Rien dans la revue ne se faisait sans son consentement, raconte Jean Gabin. Le moindre de ses désirs était un ordre et son influence considérable sur tous ceux qui l'entouraient, de Pierre Foucret, le patron du Moulin, en passant par Jacques Charles et Earl Leslie qui était devenu son partenaire de prédilection, son chorégraphe et ami. »

1. *Monsieur Folies-Bergère,* Fanny Deschamps, Albin Michel, 1978.

En fait, Earl Leslie vit à ce moment-là ses derniers instants amoureux avec Mistinguett.

Tout a commencé pour lui en 1920. Au Casino de Paris, la revue s'appelle « Paris qui jazz ». Earl Leslie, engagé par Jacques Charles à Londres, fait ses débuts à Paris. Et tombe éperdument amoureux de la Miss, absorbée par sa rupture avec Chevalier. Désolé devant l'indifférence de sa belle, l'Américain noie son chagrin dans l'alcool. Le whisky, d'abord, qu'il connaît déjà. Puis le vin, sa découverte française. Du rouge au blanc, en passant par le rosé, Earl Leslie entre parfois en scène dans un bouillard. Si bien que Volterra décide d'en finir. Il invite Mistinguett et Leslie, pour un week-end, dans le château de Charles Humbert qu'il vient d'acheter [1]. Arrivés en copains, la vedette et le danseur repartent amants...

Mais Earl a un cœur d'artichaut. Il aime aussi les jolies et, plus, jeunes danseuses. La Miss qui a cédé au charme de l'Américain, surtout pour prouver à Chevalier qu'elle était capable de séduire plus beau et... plus jeune que lui, pourrait laisser faire, traiter avec mépris les infidélités de ce garçon inconstant. Surtout après plusieurs années de vie commune. Ce serait mal la connaître. Mistinguett ne supporte pas qu'on la trompe, qu'on la remplace, qu'on la détrône. Et pour affirmer sa suprématie, elle n'hésite pas à faire le coup de poing. Comme avec la fougueuse Viviane Romance.

Viviane, pour Mistinguett, c'est une plaie. Elle est née en 1912, autrement dit c'est une jeunette [2], elle est belle et n'a pas froid aux yeux. Ses yeux justement se meurent d'amour à chaque fois que la « créature » passe devant

1. Ce château, Volterra l'avait acquis avec les cinq cent mille francs préalablement destinés à financer la tournée de Jacques Charles en Amérique du Sud. Grand joueur, propriétaire d'une écurie de course réputée, il parvint, comme d'habitude, à réunir la somme de la troupe *in extremis.*

2. Viviane Romance, qui a débuté très jeune dans le métier, est alors âgée d'une quinzaine d'années seulement. La jeune fille était précoce. A dix-huit ans, elle fut proclamée Miss Paris. Une distinction controversée : la lauréate était déjà mère.

Earl Leslie. La Miss a assimilé ces œillades à un faux pas et mis Viviane à l'amende. Regard noir, la demoiselle frappe à la porte de la loge de la vedette :

« Mademoiselle, est-ce que je peux vous parler ?

— Pas le temps.

— Pourquoi m'avez-vous fait mettre à l'amende ?

— J'ai pas de comptes à te rendre. »

Généralement, cela suffit à faire battre en retraite les contestataires. Mais cette brune incendiaire est d'un autre tempérament :

« Eh bien, moi, j'ai quelque chose à vous dire, vous êtes la reine des emmerdeuses et une vieille chipie peureuse et un vieux chameau... Vous pouvez toujours crâner, vous n'êtes qu'une grand-mère... Moi je suis jeune et quand vous serez crevée, j'irai danser sur votre tombe. »

Elle n'aurait pas dû... Une gifle part aussitôt. Bientôt les deux femmes roulent sur le sol, continuant à s'insulter, à se frapper... Attiré par le bruit de la lutte, le petit monde du Moulin accourt. Les deux femmes sont séparées par un danseur russe, un hercule nommé Boizoff. Dépeignée, déchirée, un œil au beurre noir, Mistinguett a gagné : Viviane Romance est knock-out, on doit la porter pour la sortir de la loge. Rayonnante, sans même prendre la peine de s'arranger un peu, la Miss fait aussitôt déboucher des bouteilles de champagne :

« Non mais, qu'est-ce qu'elle croit cette punaise ? J'ai du muscle et du punch... Mes danseurs, faut pas y toucher. Ils m'appartiennent, comme mon public ! »

Et le public ne sait jamais rien de ces brouilles intestines : sur le plateau chacun retrouve sa place. Plus éclatante que jamais, Mistinguett mène une revue époustouflante. C'est à ce moment-là qu'on l'appelle la Sarah Bernhardt du music-hall...

Mais côté cœur un nouveau danger se dessine à l'horizon. Sous la forme d'une très jolie danseuse de la troupe de ballets nus allemands. Elle s'appelle Pia. Et Earl Leslie l'a déjà demandée en mariage... oubliant qu'il est marié aux Etats-Unis. La Miss cherche à faire renvoyer la jeune fille. Finalement, c'est Pia qui s'efface d'elle-même, au hasard d'une tournée. Earl est furieux, vexé. Lui qui n'a finalement jamais cessé de boire augmente la dose...

1928. Une à une, les vedettes de l'époque s'apprêtent à franchir le pont d'argent du « Bal des petits lits blancs ». Ils avancent au son de l'orchestre du Marigny... C'est l'instant que choisit Earl pour exploser. Il insulte la Miss en public, plusieurs journalistes assistent à la scène. Puis, complètement affolé par son acte insensé, il s'enfuit dans les rues, en costume de scène et chaussons de danse. C'est pieds nus — les chaussons n'ont pas résisté — qu'il surgit, au bout de la nuit, chez Jacques Charles, où il s'écroule pour dormir jusqu'à la représentation suivante.

A partir de ce soir-là, il ne sera plus l'homme de cœur de la Miss, mais reste quelque temps encore dans son sillage. On le retrouvera en tournée avec elle et même à Bougival où Mistinguett continue à le surveiller, et où Georges Tabet le voit avaler deux pastis coup sur coup dans un petit bistrot voisin de la maison, dès huit heures du matin :

« J'ai un problème avec l'alcool, admet-il. Je ne peux pas m'en passer.

Et comme il avoue ne pas pouvoir régler les consommations, il ajoute :

— Miss... elle ne veut pas me laisser d'argent. Elle dit que je ferais des bêtises. Alors, elle prend tout ce que je gagne, comme elle me loge et me nourrit, je n'ai besoin de rien. Je suis content. C'est pour mon bien.

Son sourire, soudain crispé, démentait ses propos heureux. »

Le hasard a donc voulu que 1928, année de la chute de Earl, soit celle des débuts de Gabin, et également d'Henri Garat. Mistinguett a flashé sur eux parce qu'ils ressemblent, sur scène, à Chevalier. Miss a besoin de sentir la présence de Maurice, même par personne interposée. Petites bouffées de bonheur qui ensoleillent ses journées, ravivent ses souvenirs... Ils sont si nombreux à vouloir copier « son » homme ! Même Paul Meurisse gâchera ainsi, à ses débuts, un talent original.

D'ailleurs, plusieurs journalistes mettent en garde tous ces jeunes ambitieux qui, choisissant la solution de facilité, s'engouffrent dans la même brèche. Ainsi Paul Achard qui, dans *La Presse,* écrit à propos de « Paris qui tourne » :

« M. Jean Gabin, qui a une véritable nature, gagnera à se dégager de l'influence que Maurice Chevalier exerce sur lui, comme d'ailleurs sur tous nos jeunes chanteurs. »

Et le même Gabin, quelques années plus tard, avoue :

« Quand Maurice Chevalier apparaissait, silhouette mince et sportive, bras tendu vers le public, sourire aux lèvres et qu'il entonnait sa célèbre chanson " Là-haut ", c'était un véritable soleil. Incomparable. Et pourtant, comme des cons, on a tous cherché à l'imiter. »

Certains ont pensé que la Miss, dans sa quête d'un Chevalier bis, cherchait à créer un sosie supérieur au modèle. Une façon de se venger, de surpasser l'élève qui l'avait elle-même dépassée. C'est possible, mais peu probable. Mistinguett est trop professionnelle pour ignorer que les copies passent rarement la rampe.

Et Chevalier ou pas, imitateur ou copie, Mistinguett sait aussi faire la part des choses et divise les boys en deux catégories : d'un côté ceux qui resteront figurants, de l'autre ceux qui peuvent prendre du galon.

C'est ainsi que Jean Gabin sort du troupeau. Il interprète avec Mistinguett « La Java de la Doudoune », danse avec elle « La Tempête ». Chante aussi en trio, fait partie du célèbre tableau de l'exécution de la comtesse du Barry qui provoque un scandale... Bref, c'est à ce moment que l'on remarque son talent à jouer les durs au cœur tendre. Même si le Gabin des planches, qui chante juste, amuse beaucoup et plaît aux dames, ne sera jamais le Gabin du cinoche. En tout cas, comme il le soulignera lui-même :

« Le temps des becs de gaz dans le lointain paraissait terminé pour moi, grâce à la Miss qui savait mettre ses partenaires en valeur. Du moins tant qu'ils ne lui faisaient pas d'ombre. Et moi, je n'en n'étais pas encore là... »

Après « Paris qui tourne », Mistinguett s'échappe au Casino de Paris. Jean Gabin, lui, reste au Moulin pour une nouvelle revue de Jacques Charles : « Allô ici Paris. » Les vedettes en sont Elsie Janis, de retour en France, et le fantaisiste Georgius. Elsie est toujours aussi jolie, mais elle n'a pas, à Paris, l'aura de la Miss. La revue obtient un succès d'estime. Cela n'empêche pas Gabin de tirer son épingle du jeu, en compagnie du clown Dandy, dans un sketch intitulé tantôt « Le Dompteur », tantôt « Les Lions »... Si bien qu'on le garde pour la revue suivante, toujours de Jacques Charles et avec, de nouveau, Mistinguett que Foucret a réussi à récupérer.

Le directeur du Moulin engage donc la Miss et signe plusieurs contrats. Jean Gabin et Dandy, son grand copain de belote, font partie de la distribution, tout comme Jacques Pills, futur partenaire de Georges Tabet, présent lui aussi... Mais tous ces artistes ignorent que la revue qu'ils commencent à répéter ne sera jamais jouée.

« Mesdames et messieurs », le régisseur vient de monter sur scène. « Il n'y aura pas d'autres répétitions... Le Moulin-Rouge cessera de s'appeler Moulin-Rouge music-hall, pour s'appeler Moulin-Rouge cinéma... M. Foucret, fait savoir à toutes fins utiles qu'il a vendu cet établissement à la société Pathé-Nathan. »

Foucret a vendu le Moulin !

« Quel salaud », murmure Mistinguett qui n'en revient pas. Bien sûr, elle est un peu à l'origine de cette grave décision. C'est elle, qui, avec Jacques Charles, a déclaré la guerre ; mais elle n'imaginait pas semblable reddition...

Quelque temps plus tôt, en effet, Mistinguett a surpris une conversation au cours de laquelle Foucret se vantait d'avoir réussi à monter l'un contre l'autre le revuiste et la vedette. « Il faut toujours, expliquait-il en riant, diviser pour régner. » En fait, Foucret n'a pas eu trop de mal : Jacques Charles et Mistinguett, qui s'estiment beaucoup, se heurtent encore davantage, en raison, dit le revuiste, « de l'antagonisme de nos natures ». Mais la Miss trouve le procédé scandaleux. Ce soir-là, elle s'évanouit en scène avant de tomber dans les bras de Jacques Charles.

Un peu plus tard, en Amérique du Sud, le revuiste découvre sur le contrat déjà signé un additif : Foucret exige un million de bénéfice pour le Moulin. Le cachet du revuiste sera versé sur le supplément. La tournée ne rapporte pas le fameux million et Jacques Charles, qui ne sera pas payé, doit même débourser quatre cent mille francs pour son patron.

Dans la foulée, Foucret, très à l'aise, commande une nouvelle revue à Jacques Charles, sans réaliser que le contrat de ce dernier touche à sa fin. Il engage les artistes, la Miss en tête. Les répétitions commencent. Au sixième jour, selon le plan imaginé par Mistinguett, Jacques Charles ne vient pas.

« Mais tout le monde t'attend, lui crie, au téléphone, Pierre Foucret.

— Ah bon ? Pourquoi ?

— Mais pour répéter ta revue, bien sûr...

— Mon contrat avec le Moulin-Rouge est fini. Et je n'ai pas du tout envie de le renouveler.

— Ah je vois ! C'est une augmentation de droits d'auteur que tu veux. Viens, nous allons arranger ça. »

Jacques Charles ne souhaite pas arranger quoi que ce soit. D'ailleurs, il n'est plus libre. Il rappelle à son ancien patron l'épisode du contrat américain... Et surtout, lui fait remarquer que les artistes ayant répété cinq jours révolus, il doit leur verser le dédit de leurs contrats... La somme totale frise bien le million. Le fameux million...

Foucret, au bord de l'apoplexie — on doit non seulement couper le col de sa chemise, mais aussi entailler le lobe de ses oreilles — tente de trouver une solution. En vain... Mais il finit par se venger à son tour, une dernière fois, à sa manière.

Le Moulin-Rouge devient un cinéma. La nouvelle revue n'était qu'un mirage. Et les figurants se retrouvent sur le sable... En sortant, Georges Tabet croise Jacques Pills, son futur associé, et serre la main de Gabin qui, toujours ténébreux et avare de mots, lui lâche en guise de condoléances :

« C'est moche... »

CHAPITRE 2

Guétary, le « gigolo »

Février 1929. Pierre Foucret a vendu le Moulin-Rouge pour se « débarrasser à jamais des vedettes, des acteurs, des auteurs et autres emmerdeurs... », clame-t-il. Selon lui, toute la responsabilité incombe aux autres, il s'insurge devant leurs prétentions, leurs mesquineries, leurs complots... et oublie les siens. En s'offrant à la lanterne magique, il a changé de camp.

A la place de Foucret, Mistinguett aurait trouvé une autre parade, elle aurait rendu coup pour coup, et même plus. Mais elle n'aurait pas abandonné. Abandonner n'est pas vivre ; et comment vivre sans le music-hall ?... Un peu sonnée, la Miss n'a cependant aucun souci pour son avenir.

Son carnet de scène est toujours bien rempli. Elle empile les engagements, casant en sandwich revues au Casino de Paris, où Henri Varna l'accueille avec enthousiasme, et tournées à l'étranger. La troupe démarre par l'Afrique du Nord où Mistinguett fait un caprice. A Tunis, le soir de Noël, il n'y a pas de sapin ! Sa secrétaire particulière devra lui en fabriquer un à l'aide de morceaux de bois et de panaches de plumes...

Puis, elle prend la direction de l'Europe. La Suisse, l'Italie d'abord... Vienne, Prague, Stockholm ensuite. La seconde tournée est placée sous le signe du succès, des rencontres agréables et des hasards heureux. Prévue pour soixante jours, elle dure dix mois :

« Les pays étrangers nous aspiraient réellement, pour peu que nous en approchions à moins de cinquante kilomètres », dira la Miss.

Et c'est à Vienne, au Théâtre Ronach, que la troupe découvre un petit prodige. Il apparaît sous les traits d'un garçon de dix-sept ans, beau comme un angelot, timide comme une fille. Depuis quinze jours, ce grand jeune homme maigre, blond, très pâle, suit la représentation, immobile comme une statue dans sa loge. Toujours la même. Chaque soir.

« Allez donc lui demander ce qu'il a à me regarder comme ça. »

La Miss l'a remarqué. Conduit devant son idole, l'angelot craque :

« Je suis fou de music-hall. Partout ailleurs, je m'ennuie. Je suis prêt à tout abandonner. Emmenez-moi avec vous... »

Mistinguett hésite un instant puis décide de lui faire passer un examen. A-t-elle pressenti le talent particulier de ce garçon ? Elle choisit de lui faire descendre l'escalier. Elle a pourtant toujours prétendu que ce travail est exclusivement féminin. A moins, bien sûr, qu'on ne franchisse l'obstacle sur le ventre, comme Harry Pilcer qui s'est spécialisé dans les rôles de pochards désarticulés... Et ce qu'elle découvre la suffoque :

« Fritz descendit l'escalier avec l'élégance et l'adresse d'une danseuse chevronnée. Nous en étions ébahis. S'il avait été habillé en girl, nous n'y aurions vu que du feu. Fritz avait gagné la partie. Il viendrait avec nous... »

Le jeune homme est mineur et n'a aucun papier. Quelle importance puisqu'il sait descendre l'escalier ! Il passe la frontière dans les paniers de la Miss. Les douaniers n'y voient que des plumes. Aucun d'entre eux, de toute façon, n'aurait l'indélicatesse de fouiller les bagages de la vedette...

A Bruxelles, où Paul Derval est venu la voir pour négocier un engagement dès son retour en France, Mistinguett case son protégé :

« Voilà un beau garçon, je te le propose pour les Folies. »

Pendant quarante-trois ans, devenu Frédéric Ray, le Viennois au regard si bleu ne quittera jamais les Folies-Bergère.

Avant de devenir danseur vedette, il débute parmi les boys de Mistinguett sur la scène du grand retour. Il aurait pu commencer plus mal. Encore que, dans les couloirs des Folies, on se pose des questions. Paul Derval lui-même, pourtant abonné aux succès, se demande cette fois s'il a bien joué. Bien sûr, Mistinguett est une valeur étalonnée or. Mais dix mois de séparation, ça compte. En dix mois, son cher public s'est fait d'autres amours, a découvert d'autres vedettes. L'attrait de la nouveauté. Loin des yeux, loin du cœur...

Les retrouvailles commencent mal. Le retour à la gare du Nord, réglé comme une revue, avec toute la presse sur le quai, fait un four : un cheminot, goujat de son état, flanque toute la mise en scène par terre. Au passage de la star rayonnante, il prononce le mot « guenon ». Chevalier l'avait fait avant lui. Mais au moins avait-il ajouté : « de génie ». Et puis Chevalier, c'est Chevalier...

Le malheur veut que la Miss, oreille fine, entende. Et qu'elle ne laisse pas passer l'affront :

« Guenon ? P'têt bien que ma tête te plaît pas, mais cette tête-là, elle me fait gagner des millions... Alors que toi, avec ta tête d'abruti... »

L'autre, plutôt que de s'éclipser prudemment, se braque et répond sur le même ton. Engueulade...

Derval, paniqué, choisit la sortie de secours. Celle de la consigne à bagages. Evite les micros et les photos qu'il avait pourtant appelés de tous ses vœux, délaisse même la superbe Hispano, fleurie comme un char de carnaval, qui attend devant la gare. Mais au moment de s'engouffrer dans un taxi, un reporter plus fouineur que les autres

— il y en a toujours un — surprend une Mistinguett hors d'elle, grimaçante, toutes griffes dehors. Un petit film d'ambiance qui fait le bonheur des actualités et plonge Derval dans le désespoir. « Et si sa rentrée n'était pas aussi belle qu'on l'avait espérée ?...

« 27 NOVEMBRE 1933 : FOLIES EN FOLIE...
REVUE À GRAND SPECTACLE EN 50 TABLEAUX
DE MAURICE HERMITE ET JEAN LE SEYEUX... »

Mistinguett est en haut de l'escalier... Elle ferme les yeux... se souvient. C'était en 1924, au Casino de Paris, il y a presque dix ans. Elle revenait d'une tournée en Amérique du Sud et du Nord particulièrement difficile... Le décor, pour symboliser ce retour, représentait les escaliers de la salle des pas perdus, gare Saint-Lazare. Le rideau s'était ouvert sur une Miss morte de trac qui avait lancé : « Bonjour Paris. » Aussitôt, en réponse la salle avait hurlé : « Bonjour la Miss... » C'était gagné...

Allait-elle aujourd'hui encore descendre triomphante l'escalier de sa gloire ?... Sans pudeur, mais avec le courage et la détermination du sauveteur qui se jette à l'eau, elle lance :

« Paris, me voilà !... »

Et Paris lui fait une ovation, l'acclame pendant cinq minutes... Oubliée la séparation, pardonné le coup de la gare...

« C'est long cinq minutes d'applaudissements au théâtre. Dans toute ma carrière, je n'ai jamais connu un succès comme celui-là », commentera plus tard Paul Derval.

Le lendemain, les journaux sont unanimes :

« Paris a retrouvé sa Mistinguett et il l'a fêtée... Notre irremplaçable vedette n'oubliera sans doute pas de si tôt l'immense clameur qui a jailli de la salle lorsqu'elle est apparue au sommet d'un escalier vertical, symbole de sa carrière. »

Colette, alors critique au *Matin*, décrit ces instants :

« Elle avait dit avant de reparaître : “ Eh bien, je ne mettrai pas de panaches cette année !... ” Mistinguett a fait sa rentrée en toute simplicité, coiffée tout bonnement d'un petit chapeau de diamants. Je plaisante. Mais je ne riais pas plus que les deux mille spectateurs présents, quand, sur un chemin de plumes, d'un pied accoutumé à fouler la nuée, l'or, le givre émietté, les pétales, elle s'est avancée vers le public, tout au bord du proscenium, proche assez pour nous toucher la main, pour nous respirer, pour boire, narines ouvertes, la poussière, les gros parfums mêlés, démocratique encens, élément vital de la Miss. Elle a bien failli, cette imperturbable, en perdre la tête. Pendant le long orage des applaudissements, nous avons tous pu voir le bleu de ses yeux changer sous ses larmes... »

Cependant, la voix de la Miss ne tremble pas lorsqu'elle entonne :

Oui c'est moi, me r'voilà, je m'ramène
J'ai vu London, j'ai vu Turin, l'Autriche-Hongrie,
Mais de Vienne, il fallait que j'revienne,
car je n'peux pas, moi j'vous l'dis, m'passer de Paris !
Ce Paris qui pourtant
vous chine tant et tant...
On dit que j'aime les aigrettes,
les plumes et les toilettes,
c'est vrai.
On dit, que j'ai la voix qui traîne
en chantant mes rengaines
C'est vrai...
Lorsque ça monte trop haut, moi je m'arrête
Et d'ailleurs on n'est pas, ici à l'Opéra
On dit que j'ai l'nez en trompette
Mais js'rais pas Mistinguett, si j'étais pas comme ça...

« C'est vrai justement qu'elle ne pourrait pas être autrement, affirment les reporters. Elle détient comme un indéchiffrable secret, une sorte de vertu légendaire... »

Et s'ils critiquent tel ou tel aspect de la revue, les journalistes ont, pour la Miss, les yeux de Chimène :

« Paris n'est plus tout à fait Paris quand Mistinguett n'est pas là... »

La Miss a dépassé le cap de la soixantaine. La firme tourne rond. Jamais peut-être la cohérence des spectacles Mistinguett n'a semblé aussi naturelle :

« Mistinguett avait toujours quatre gigolos autour d'elle : un danseur, un chanteur, un comique, un compositeur, explique Georges Guétary. Sa puissance s'en trouvait multipliée. »

Elle les appelle son carré d'as... En 1937, Guétary entre dans le jeu de la dame. C'est, pour lui, le début de la gloire.

D'origine grecque, Lambros Worloou a passé son enfance en Egypte, parmi ses neuf frères et sœurs. En décembre 1934, âgé de dix-neuf ans, il quitte Alexandrie, pour rejoindre son oncle à Paris. Le célèbre pianiste, Tasso Janopoulo, qui n'a pas d'enfant, souhaite devenir tuteur d'un de ses neveux. Lambros a été choisi en raison de son assiduité au travail et de son désir réel de découvrir d'autres horizons.

A Paris, après l'Alliance-Française, le jeune homme doit entamer des études de commerce... En fait, il se retrouve dans des écoles de chant et de musique. Il a une voix superbe, n'est réfractaire à aucun enseignement ; d'un naturel enjôleur, il s'attire les sympathies des amis de son oncle, qui le soutiennent et le conseillent... Lambros est fait pour devenir artiste. Il deviendra vedette...

Son premier engagement, il le doit à Jo Bouillon, qui, en 1936, l'incorpore à son orchestre. Georges Lambros — pour la scène il a accolé au sien le prénom de son père — gratte un peu la guitare et chante les thèmes que l'orchestre met en scène. Six mois plus tard, Jo Bouillon et ses boys passent à l'Alhambra. Un soir, on distingue, dans la salle, des hôtes de marque : Mistinguett et Henri

Varna. La Miss est à la recherche de partenaires pour son nouveau spectacle au Casino de Paris [1].

Elle remarque dans l'orchestre un guitariste « au physique plus qu'agréable ». Comme les autres, il porte une blouse blanche et un foulard rouge, l'uniforme des musiciens Bouillon. Mais il se détache du lot : « Ce garçon a une voix qui plaît, qui envoûte, qui séduit... »

A partir de cet instant, Mistinguett est décidée. Elle a beau dire qu'elle ne veut surtout pas se fâcher avec Jo Bouillon, affirmer : « Pour avoir un beau danseur, il faut savoir le discuter, comme pour acheter un kilo de langoustes sur la Côte d'Azur », elle sait déjà, et sans discussion que, celui-là, elle l'aura. Elle commence par l'envoyer chercher. Lorsqu'il s'approche d'elle, elle remarque aussitôt « son allure souple mais un peu trop balancée ».

« Vous voulez me parler, Miss ?

— Tu veux travailler avec moi ? Je cherche un partenaire.

— Avec plaisir, Miss, mais mon contrat ?

— Je m'en occupe. »

En fait, c'est son agent, Henri Varna, ou bien son avocat qui réglera le problème... Elle, elle s'est contentée de dire à Jo Bouillon :

« Tu feras ce que tu veux, mais je te prends ton chanteur... »

Le chanteur est ravi. Il se dit que Mistinguett, c'est la découverte de nouvelles musiques, de nouvelles chansons, qu'avec elle, il va pouvoir danser...

« Mistinguett avait la classe, la grande classe. Au music-hall, c'était un monument. Trouver la même chose aujourd'hui, c'est impossible. »

1. Mistinguett, dans ses *Mémoires*, situe cette rentrée à l'ABC, pour la revue « Chansons de Paris ». Selon nos recoupements et les divers témoignages — en tout premier lieu, celui de Georges Guétary — la Miss a découvert le jeune Lambros à l'Alhambra, en compagnie d'Henri Varna, pour un spectacle du Casino de Paris. « Chansons de Paris » sera joué un peu plus tard.

Cannes, juillet 1995. L'éloge sort des lèvres d'un jeune homme de quatre-vingts ans. Il fait beau, chaud, très chaud. En short et tee-shirt, la peau cuivrée comme celle d'un pêcheur de calanques, Georges Guétary rentre à « La Belle Marguerite », sa villa ombragée du Petit-Juas. Il vient de s'ébattre sur le sable brûlant de la plage : une petite partie de volley entre copains et quelques brasses dans la mer...

« C'est Mistinguett qui m'a appris à me tenir en scène, assure l'artiste qui, entre deux gorgées de Perrier, mime le déplacement idéal. »

Avec elle, il n'a jamais descendu d'escalier. Mais des années plus tard, lorsqu'il tourne *Un Américain à Paris*, Gene Kelly tente de lui montrer l'art et la manière d'effectuer cette descente, avec grâce et souplesse... Il n'y arrive pas, ne saisit pas... On lui détaille le mouvement... Et tout à coup il comprend : c'est exactement ainsi que la Miss le descendait. Il la voit encore, croisant avec souplesse les jambes l'une devant l'autre...

« Au bout de quelques semaines de notre revue " Paris est une blonde ", raconte-t-il, je lui demandai si je pouvais chanter seul une chanson.

— D'accord, me dit-elle, pour ne pas te gêner, tu feras l'ouverture...

Elle avait l'air de dire que ça serait plus facile. En fait, c'était terrible, j'avançais, tout seul, devant le rideau, alors que tout le monde attendait Mistinguett... »

C'est risqué, en effet, et la Miss le sait pertinemment. C'est sa façon à elle de tester son poulain qui a le choix entre trois options : il recule devant l'épreuve et ne sera jamais qu'un figurant ; il tente, rate son essai et demeurera un boy docile ; il réussit à passer la rampe et deviendra un partenaire estimé. A condition, bien sûr, qu'il n'en rajoute pas... Pas trop dure tout de même, la Miss met Lambros en scène :

« Heureusement, affirme le chanteur, sinon je me serai cassé la gueule. Elle m'avait expliqué :

— Quand tu arrives, avant même d'ouvrir la bouche ou tu as gagné le public ou tu l'as perdu.

— Mais comment faire ?

— Cela dépend de la façon dont tu marches. Les cinq, six premiers mètres que tu vas faire seront essentiels... On ne marche pas sur une scène comme dans la rue... »

Et le jeune Georges Lambros apprend à marcher. Il parcourt les espaces en grandes enjambées, et interroge :

« Est-ce que ça va mieux, Miss ?

— Non, ce n'est pas encore ça. Regarde, cambre un peu la jambe. Le secret de la marche, c'est la glissade. Le pied doit effleurer le sol avant de le toucher... Vas-y, c'est ça... t'es un caïd ! »

Le mot lui a échappé. Mais il restera. Lambros apprend les pas, les gestes, les airs, plus vite que les autres. Pour la Miss il sera donc le caïd, elle ne l'appellera jamais autrement... D'autant que son petit solo charme le public.

« Mistinguett m'avait donné un autre conseil, poursuit l'artiste :

— Chante ce que tu veux, mais prends un air connu.

J'ai interprété une chanson de Jean Sablon, et j'ai eu du succès... Alors, la Miss a multiplié mes apparitions. En plus de la fameuse scène avec les chiens où nous chantions " Avez-vous vu Hubert et son p'tit paletot vert ?... Avez-vous vu Hubert et sa p'tite queue en l'air ? "... Elle m'a donné une chanson avec elle, puis en duo avec un partenaire. Nous chantions aussi les quatre gigolos ensemble... Elle m'a offert de nombreuses possibilités. »

Georges Guétary le dit et le répète :

« Un artiste n'est pas la même personne sur scène et dans la vie quotidienne... Ça aussi, je le tiens de Mistinguett... On change, on n'est plus soi-même dès que le spectacle commence. Chez la Miss, cette transformation était éclatante. Elle qui n'était pas très jolie était magnifique sur scène... »

Cependant, à l'époque, outre ses qualités artistiques, Mistinguett relève chez sa découverte une tenue de ville irréprochable. Elle discerne chez lui une vraie conscience professionnelle qui la ravit : « C'est un pur... »

Après « Paris est une blonde », la Miss et son carré d'as se lancent dans « Féerie de Paris ». Une des revues préférées de Mistinguett qui la décrit comme un spectacle d'élégance, de mouvement, de joie. C'est dans cette revue qu'elle bat tous les records : elle porte un panache de plumes de deux mètres de haut. « Une sorte de petite tour Eiffel, qui prenait assise sur ma tête, qui se trémoussait au moindre courant d'air comme un régiment de papillons. » Pour la Miss, cette coiffure gigantesque, c'est le porte-bonheur de la revue. Et effectivement, la direction doit de toute urgence ouvrir un bureau spécial « location et contrôle » : il est si difficile d'obtenir un billet qu'un marché noir s'est improvisé où les meilleures places sont revendues deux à trois fois leur valeur. Les chansons de cette revue ont leur part de succès [1]. Il faut dire que chacune d'entre elles est un véritable sketch et notamment « Je cherche un millionnaire ».

C'est la Miss qui a eu l'idée de cette chanson. Par hasard. Un jour, au cinéma, elle remarque l'agréable surprise que semble ressentir son voisin et partenaire, Carlos Machado, lorsque la vedette féminine du film murmure : « J'ai l'impression d'être millionnaire, bien que je n'aie pas en poche le moindre dollar... »

Il y a certainement quelque chose à faire. Mistinguett achète les droits de la musique à son auteur américain Herb Brown. Sur cet air jazz-band, mais ralenti, car Mistinguett, bien qu'elle dise le contraire, n'a jamais su être *jazzy*, de nouvelles paroles sont écrites, en collaboration avec Marc Cab et Léopold, son fils :

Je cherche un millionnaire
Qui m'dirait froidement :
« Mon or est à toi »

1. Les chansons à succès étaient reprises dans plusieurs revues, avec des mises en scène adaptées. Nous nous efforçons de resituer les chansons au sein des revues pour lesquelles elles ont été créées.

Oui je cherche un millionnaire
pour avoir des trucs comme les stars,
pour manger des z'homards...

Ce millionnaire d'un soir, il est dans la salle. Chevalier peut bien dire ce qu'il veut, Miss ne change pas une recette qui gagne. Elle descend parmi les fauteuils, casse la barrière de la scène, fait le petit coup de la complicité et de l'intimité. Son public adore ça.

Ainsi, lorsque Machado lui répond : « Je suis ce millionnaire », elle improvise avec un clin d'œil vers le parterre : « Vous avez tout du gigolo »... Et les spectateurs rigolent...

Solution de facilité ? Je voudrais bien vous y voir, répond la Miss à ses détracteurs :

« C'est très délicat de se saisir du chapeau d'une spectatrice pour s'en coiffer. Il faut savoir le prendre. Ne pas choquer celle à qui on l'emprunte. Ne pas lui tirer les cheveux, ne pas la rendre ridicule tout en faisant rire une salle entière. Ce n'est pas simple de s'affubler de chapeaux énormes, de plumes gigantesques. Il faut chanter assez, ne pas chanter trop. Savoir rester ou savoir partir. La navigation entre les rangs des spectateurs doit savoir se faire sans boussole. A la moindre bêtise, le moindre faux pas, c'est la catastrophe... Votre visage est vu de près, le halo de la scène a disparu, vous êtes un être en chair, commc cux... Un maquillagc vu à un mètre dc distance ressemble à un pudding de Noël. Plus de frontière, plus de protection, le ridicule peut vous tuer. »

En ignorant toute notion de distance entre elle et les spectateurs, Mistinguett prend des risques. Elle joue gros... et chaque soir rafle la mise.

Son « carré d'as » s'aventure parfois derrière elle, quitte la scène, et constate, ébloui, l'emprise qu'elle exerce sur « son » public. Dans les années dix, Chevalier pouvait toujours penser : « Ça ne va pas durer. Et après, que fera-t-elle ? » En 1938, elle drague toujours la salle et elle a soixante-cinq ans. Georges Guétary est à ses côtés :

« Quand elle chantait “ Je cherche une millionnaire ”, qu'elle descendait dans la salle, c'était formidable. Le public était sous le charme de son magnétisme. Les hommes la désiraient... »

Une fois cependant, Mistinguett commettra une erreur. C'est encore plus tard, au moment de la Libération, à l'Etoile. Elle chante une parodie de la chanson de Chevalier « Ma pomme ». Elle, c'est « Titine »... Elle va au-devant des spectatrices : « Il est beau ton chapeau, tu me le prêtes ? » Et les « bloums » changent de tête... « Tu me le prêtes ton chapeau ? » La femme ne répond pas vraiment, mais chacun a l'impression qu'elle acquiesce. Mistinguett retire le couvre-chef... et la perruque vient avec. Cette femme vient d'être tondue... Son compagnon aussitôt se lève et envoie la Miss contre la rampe. Paulin Toma, son partenaire qui attend dans les coulisses le prochain tableau, bondit alors de la scène, attrape l'homme... et lui casse les dents.

Le spectacle reprend ensuite normalement. Les protagonistes iront s'expliquer au commissariat seulement après le final.

« Le lendemain, on ne parlait plus que du tombeur de Mistinguett, se souvient Paulin Toma... Mais en fait, j'avais évité le pire. Car le public était toujours du côté de la Miss. Lorsque les spectateurs ont vu le type l'envoyer valser, ils étaient prêts à le tuer. J'ai juste pris les devants... »

Rien ne peut obliger Mistinguett à rester vissée aux planches. Et certainement pas le micro, ce dernier-né de la technique, dont tout le monde semble entiché. Beaucoup d'artistes, en effet, l'ont adopté, Maurice Chevalier en tête. Et le gentil Tino Rossi, qui a fait ses débuts en 1933, reconnaît que sans lui il n'aurait jamais eu le succès délirant qu'il a connu. Tino avait la voix faite pour le micro, Mistinguett, elle, le déteste.

« Comment voulez-vous, dit-elle un jour à Odette Laure, que se maintienne la race des chanteurs fantaisistes avec cet engin d'immobilisme. » Et elle insiste : « Pour moi, c'est une sorte de maquereau, d'usurpateur, de faussaire. »

Mistinguett, tout le monde le sait, n'a pas la puissance vocale d'une chanteuse d'opéra, ni même d'opérette. Pourtant, elle a raison de refuser le micro. Sent-elle qu'avec cet intermédiaire elle perdrait une partie de sa fraîcheur, de son humour, de sa gouaille... qu'elle se perdrait un peu ?

Même la technique plus sophistiquée des enregistrements en studio ne sert pas la Miss : tous ceux qui l'ont côtoyée sur scène affirment que les disques reproduisent très imparfaitement ses chansons. Les réenregistrements laser ne trouvent pas davantage grâce à leurs yeux. La technologie ne peut pas grand-chose pour cette femme qui ne possède aucune qualité académique mais détient un « petit quelque chose » impossible à domestiquer.

Tout comme elle a, bon gré, mal gré, participé à l'aventure du cinéma, Mistinguett femme d'affaires se force à enregistrer ses chansons à succès. Mais sur scène, elle refuse de s'encombrer d'un objet aussi lourd et disgracieux, auquel elle ne comprend rien et qu'elle ne peut pas dominer.

Sa technique à elle est plus simple :

« Lorsqu'elle chantait, il ne fallait pas que l'orchestre joue trop fort, raconte Georges Guétary. Elle connaissait le truc : les instruments s'expriment au moment des breaks dans les paroles. »

Ceci cependant n'explique pas tout. Et le jeune premier qui connaît la musique assure :

« Elle n'avait pas de voix, mais elle projetait... »

Comment ? Pourquoi ?... C'est toujours la même question : comment, pourquoi Mistinguett est-elle Mistinguett ?...

« Elle était extrêmement dure, disent les anciens boys, les gigolos et les auteurs. Mais sa rigueur, elle l'appliquait d'abord à elle-même. »

Si au début, Mistinguett n'était pas spécialement douée, quelle importance ? Elle a toujours travaillé. Puis, l'âge est venu. Quelle importance ? Grâce aux répétitions, aux exercices, aux entraînements, c'est juste une nouvelle difficulté à surmonter. D'autant que Mistinguett est privilégiée : elle jouit d'une grande résistance. Et il en faut pour mener une revue, chaque soir et deux matinées en plus par semaine, descendre des dizaines et des dizaines d'escaliers, courir pour changer de costume... Tout ça après des jours et des jours de répétitions, d'essayages et avant les sorties obligatoires et publicitaires, qui feront parler de la revue dans tous les endroits à la mode. Beaucoup de vedettes, plus jeunes, plus belles, plus talentueuses que Mistinguett n'ont pas pu. Avant elle, pendant et après... Certaines se sont suicidées, d'autres tombent malades, ne résistent pas aux loges et coulisses surchauffées, à la brillantine qui recouvre les décors et pollue les muqueuses. D'autres encore préfèrent abandonner avant de craquer, telle Yvonne Ménard qui disparaîtra en pleine gloire pour aller vendre des crêpes dans une station balnéaire...

Dans la famille Bourgeois, c'est le frère qui vend les crêpes. Mistinguett, elle, se nourrit de son travail. Jusqu'à l'indigestion, au risque d'écœurer son entourage :

« J'ai une grande, très grande admiration pour Mistinguett, écrit Paul Derval. Pas seulement pour ses jambes, mais pour l'artiste complète qu'elle est, pour son admirable conscience professionnelle et son extraordinaire ardeur au travail. Mistinguett, si elle le pouvait, vivrait au music-hall. Elle y coucherait, y mangerait, y travaillerait vingt-quatre heures sur vingt-quatre [1]. »

Et encore :

« Mistinguett est infatigable. Elle veut toujours, tou-

1. *Folies-Bergère,* Paul Derval, Éditions de Paris, 1954.

jours, toujours répéter. C'est bien joli, mais ce n'est pas toujours commode, surtout lorsqu'on a son caractère ! Pour avoir la paix, je peux bien le dire maintenant, j'ai souvent demandé au maître de ballets de lui faire répéter des pas qu'elle n'aurait jamais l'occasion de danser. Le répétiteur lui fit aussi travailler maintes chansons qu'elle ne chanta jamais. Que voulez-vous : elle aime tant son travail et ses rôles ! »

Quand une revue se prépare en effet, c'est tout juste si la Miss accepte de quitter le lieu des opérations. Quelques heures de repos lui suffisent pour récupérer, même si épisodiquement, elle s'octroie de neuf à douze heures de sommeil d'affilée. Elle a l'habitude d'arriver la première aux répétitions et d'en partir la dernière.

« Laissez-lui les clefs, elle fermera », lance souvent, en forme de boutade, Paul Derval à son régisseur.

Quand les représentations ont commencé, son entourage n'en n'est pas quitte pour autant. Parfois, après la revue et le passage obligatoire dans un cabaret, tout le monde se retrouve chez Mistinguett :

« Boulevard des Capucines, on continuait le spectacle, raconte Michel Gyarmathy. Un garçon se mettait au piano et elle improvisait. Alors, nous inventions des tableaux que nous n'avons jamais réalisés, mais qui étaient souvent très bien... »

Recommencer, encore et toujours, un nombre incalculable de fois... Georges Lambros, le débutant, obéissait, parce qu'il avait un caractère malléable et que la Miss, de toute façon, était la patronne. Mais c'est la vedette, Guétary qui, plus tard, appréciera réellement ce travail de force :

« Elle avait raison : ce n'est pas seulement en apprenant une chanson par cœur qu'on la connaît.... Savoir une chanson ne représente que dix pour cent du travail, disait-elle. Mon expérience m'a appris que c'est exact... Aujourd'hui encore, je répète quotidiennement mes chansons, y compris les plus anciennes. Je cherche, et je trouve à améliorer mon interprétation. Parfois avec l'aide de mon entourage... Les écoles de chant, de danse, de comédie, vous donnent les bases indispensables. Mais tout le reste, on l'acquiert en se remettant sans cesse en question. »

Aujourd'hui, Georges Guétary continue sur le même tempo. Le visiteur sait que, cinq minutes après son départ, le chanteur sera à son piano. C'est l'heure de la répétition quotidienne, l'été dans sa maison de Cannes, l'hiver dans son appartement de la région parisienne. Le créateur de *Robin des Bois,* de la samba brésilienne, de *La Route Fleurie,* chante toujours dans la même tonalité : et toujours deux heures en scène.

Pour preuve, sa rentrée à Bobino, en janvier 1996, cinquante-sept ans après ses premiers pas sur la scène des Grands.

CHAPITRE 3

L'école des planches

Mistinguett a une manie. Elle distribue les surnoms. Plus qu'un plaisir, c'est, pour elle, une nécessité. Baptiser quelqu'un lui donne l'impression de le posséder. Comme dans une secte, le nouveau doit perdre jusqu'à son nom pour entrer au royaume de la Miss.

« J'aime donner quelque chose de moi à tout ce que je peux toucher ou voir, dit-elle... J'ai, de cette façon, l'impression de vivre plus intensément, d'être plusieurs. Tous les gens, tous ceux qui me sont quelque chose, sont catalogués dans mon esprit. »

Parfois, elle change autoritairement et simplement un prénom. Ainsi, Michel Gyarmathy [1] qu'elle appellera toujours Albert :

« Un jour je lui en ai demandé la raison, se souvient le créateur. Elle m'a répondu : “ ne cherche pas. Tu es Albert et puis c'est tout ! ” Je n'ai donc jamais su. Peut-être avait-elle dans ses souvenirs un Albert auquel je lui faisais penser... »

Mais le plus souvent, la Miss se délecte à trouver le

1. Michel n'est pas le vrai prénom de Gyarmathy qui en fait s'appelle Nicolas. A son arrivée en France, en 1933, le jeune émigré hongrois, qui ne savait pas où loger, déposa sa valise dans la loge de la concierge des Folies-Bergère. Sur le carton, il inscrivit son nom à la craie. « C'est Nicolas fine bouteille », entendit-il... Aussitôt il l'effaça et écrivit : Michel Gyarmathy.

surnom original et imagé qui fera sourire ou qui, bonheur suprême, réussira à se substituer au véritable patronyme de l'élu. Une petite étiquette de son cru qui « remplace l'état civil et son maniérisme périmé ».

Léo Kok, par exemple, un de ses danseurs-compositeurs, qu'elle baptise « P'tite tête de fromage », parce qu'il est hollandais. Mais surtout René Fraday qui fera carrière avec le nom de la fabrique Mistinguett, ou Fraisette qui deviendra l'amie intime.

René Evart — de son vrai nom — a débarqué un beau jour de ses vingt ans, pour mettre ses compétences au service de la Miss. « Comme le sauvage de Robinson Crusoé », il tombe au moment précis où Mistinguett a besoin de quelqu'un pour l'aider à mener ses affaires. Alors elle le surnomme Friday — Vendredi en anglais — seulement, elle prononce « Fradet »... et elle l'écrit comme elle le prononce.

Une jeune fille lui succède, qui fait une entrée fracassante dans la loge de la Miss.

Marcelle Desboutin, petite-fille du graveur Marcelin Desboutin et fille d'un photographe de spectacle, rêve de rencontrer Mistinguett. Ce soir-là, Gina Palerme, femme du monde, danseuse par désœuvrement, lui a promis de jouer les intermédiaires... Marcelle attend sagement dans les coulisses, lorsque son chien, un fox à poil dur qu'elle tient en laisse, décide de faire lui-même les présentations. Il court et entraîne sa petite maîtresse tout droit... chez Mistinguett. Sans doute flaire-t-il l'odeur des chiens que la Miss emmène toujours avec elle. Après un tour de loge digne d'un coureur à pied, la jeune fille, quinze ans à peine, s'arrête tout essoufflée devant Mistinguett qui affirme à Emilienne d'Alençon, assise à sa place familière :

« Cette petite sera toujours là... »

Et « la petite », toute rougissante, s'installe. Chaque soir, sous prétexte de promener le chien, elle se retrouve dans la loge de la Miss qui ne se lasse pas de sa compagnie. Un samedi, Henri Varna et plusieurs artistes réunis autour de Mistinguett la baptisent à son tour. La discussion tourne autour d'un slogan publicitaire auquel Miss a prêté son visage : « Le Cherry de mon chéri est mon chéri... »

Sur ce thème, Varna délire. Il regarde Marcelle :

« Tu es fraîche, tu es fraise... La fraise de ma fraisette est ma fraisette... »

— D'accord, coupe la Miss. Je l'appellerai Fraisette. »

Et tout le monde trinque à la santé du nouveau-né de quinze ans.

C'est une nouvelle vie, d'ailleurs, qui commence pour cette jolie blonde aux yeux noisette. Car elle devient la secrétaire particulière de Mistinguett. Puis sa confidente, sa meilleure amie et enfin sa belle-sœur.

Que possède-t-elle pour pouvoir ainsi charmer la Miss ? Quel fil va les relier pendant vingt-huit ans ?

Fraisette avait, selon Mistinguett, inventé la douceur de vivre. « Elle était sage, d'une sagesse presque hindoue... »

La Miss tente de la glisser parmi les rangs de ses girls. Mais la pauvre Fraisette fait tout à contretemps. La scène ce n'est pas son truc. Ses capacités sont ailleurs. Elle s'occupe admirablement de la firme Mistinguett, jouant tout à la fois les agents, les attachés de presse, les comptables.

Fraisette, ce surnom fait penser à un bonbon. Et fraisette a le charme acidulé d'une friandise. Les habitants de Bougival, qui ont connu la famille Bourgeois, soulignent sa gentillesse, sa douceur, son sens du contact, son amabilité, sa discrétion aussi... A « Bougi », on l'appelle madame Bourgeois ou Fraisette Bourgeois. Marcelle est passée aux oubliettes...

Fraisette a donc épousé le frère de la Miss. Auparavant, elle a fréquenté l'élégant Jean Sablon qui lui aussi fit ses classes avec la reine du music-hall. La revue s'appelait « Paris qui brille ». Mais l'amour scintillait en coulisses.

Un véritable coup de foudre entre le jeune premier et la secrétaire :

« Nous étions parfaitement heureux, raconte Jean Sablon. Follement gais... Mais en nous cachant de la Miss, ce qui était encore plus amusant [1]. »

Car Mistinguett surveille d'un œil jaloux et d'une attention exclusive cette histoire. Elle apprécie Jean Sablon, mais elle ne veut pas perdre Fraisette. Or, le jeune homme a des velléités de carrière internationale... Fraisette attend, écoute en cachette les disques de son Prince Charmant qui, comme dans les contes, devrait l'emporter. Mais Mistinguett casse les disques et brise l'idylle. Jean Sablon « tire sa révérence », part aux Etats-Unis. Fraisette se marie tout de même. Avec le frère de Miss, de vingt ans son aîné.

21 août 1933, la cérémonie organisée à Cannes est grandiose. C'est « un mariage en blanc »... Le blanc, ce jour-là, est obligatoire pour les invités. Les convives tout en immaculé gravissent un énorme escalier, pavoisé de blanc, sorte de pont suspendu entre la Croisette et la terrasse Martini.

La Miss installe ensuite le couple dans sa maison de Bougival. Il aurait pu être plus mal logé. C'est là que ses trois filles voient le jour. On dit même que l'aînée ressemble à Mistinguett. Aux anges, la vedette surnomme le bébé Micky, du nom que lui donnait Jean Gabin...

Fraisette, la gentille Fraisette, sera jusqu'au bout la béquille sur laquelle Mistinguett pourra s'appuyer. Car Fraisette qui se laisse dévorer par une admiration, un dévouement de tous les instants n'envisage à aucun moment une carrière, ni même une vie en solo. Elle est là pour écouter, conseiller, panser les plaies. Son bonheur, c'est d'être à côté. Pas devant.

« Dès qu'il s'agit de prévoir mes rapports avec quelqu'un, artiste ou non, je suis très forte, je rendrais des points à un psychologue », affirme Mistinguett qui

1. *De France ou bien d'ailleurs*, Jean Sablon, Robert Laffont.

règle vie privée et vie professionnelle avec la même maestria :

« Au premier coup d'œil, je sais si un type sera un bon partenaire ou un veau. Je crois que je ne me suis jamais trompée. Ma première opinion a toujours été la bonne... »

Même lorsque la patronne jette son dévolu sur un « partenaire-porteur », ancien sculpteur sur marbre qui a failli être boxeur...

Il s'appelle Toma et porte un prénom original : Paulin. Prononcez bien en détachant le « i » du « n » : il est corse. Signe distinctif : Paulin est né dans la même maison que Tino Rossi. Jeune homme, Toma veut devenir sculpteur. Pas artiste, mais bon ouvrier. Après un apprentissage à Lyon, il devient sculpteur sur marbre, à Paris, dans une des plus grosses entreprises de France.

Trois ans plus tard, l'ouvrier doit songer à diversifier ses compétences : on commence à licencier les travailleurs du marbre, la mode n'est plus aux meubles sculptés à la main.

Paulin est grand, baraqué, une gueule à la... Tino Rossi. A l'occasion d'une rencontre exceptionnelle avec les plus grands boxeurs de l'époque, il découvre la salle d'entraînement du Vél d'Hiv. Al Brown, le champion du monde, Primo Carnera, l'Italien, Marcel Thil, ils sont tous là... Soudain, Jeff Dickson, le patron, lance un appel :

« Je cherche un type qui n'a jamais boxé. Mais un costaud, prêt à se battre. »

Marcel Thil doit rencontrer un Canadien, un cogneur. Auparavant, il voudrait se faire les gants. Cent cinquante francs à la clef pour le sparring-partner. Toma n'hésite pas : cet argent sera le bienvenu... A peine sur le ring, il reçoit un coup sur le nez. C'est douloureux. Par réflexe, de toutes ses forces, il allonge une droite... Surpris, le champion vacille... Toma a le punch.

Jeff Dickson freine tout de suite les ardeurs de Paulin. Un coup chanceux ne fait pas le boxeur :

« Vous êtes robuste, reconnaît-il ; mais vous n'êtes pas fait pour la boxe. »

Il a une autre idée.

Cette idée s'appelle Lobies. Tous les amateurs de sport connaissent son nom : joueur au Racing, il est le premier Français à avoir marqué un essai contre l'Ecosse. Pour vivre, le rugbyman a un métier : il est artiste, animateur d'un quartet de danse acrobatique qui porte le nom de Quartet Horam : trois hommes et une femme. En ce moment, Horam est à la recherche d'un homme fort, grand, assez souple, pour remplacer un de ses partenaires qui vient de le laisser tomber. Toma pourrait peut-être faire l'affaire...

Les répétitions se déroulent, chaque soir, dans un studio de l'avenue de Clichy. Le Corse s'avère doué et bientôt Horam l'engage pour de bon. Adieu l'usine, bonjour la scène...

Toma débute à l'Alhambra où le quartet figure parmi les attractions, en première partie, juste avant la revue assurée par Mistinguett. Le jeune homme, tout heureux, croise son étoile.

Depuis qu'il est à Paris, il n'a pas perdu une occasion d'aller au spectacle, le samedi soir avec les copains. Et leur vedette, à tous, justement, c'est Mistinguett. Après la représentation, combien de fois ils l'ont attendue, côté « sortie des artistes ». Juste pour la voir passer, pour lui crier : « Miss », « Miss », parfois même la toucher... Elle passait, imperturbable. Comme s'ils étaient transparents. Cela ne les a jamais empêchés de recommencer le samedi suivant.

Alors, à l'Alhambra, Toma n'hésite pas. A chaque fois qu'il le peut, il se manifeste. Maintenant, il est du bon côté de la porte. C'est juste un :

« Bonsoir Miss, comment ça va ? »

Ça lui suffit, il est heureux. Au grand dam de son « chef » Horam, qui ne comprend pas tant d'impudence :

« Je te préviens, lui dit-il, Mistinguett a horreur d'être importunée. Tu vas te faire virer. »

Soir après soir, Toma est toujours là. Un mois plus tard il se produit à Londres, puis en Amérique du Sud.

Mais Horam se lasse. Il change d'équipe et de style. Au retour, Toma n'a plus qu'à aller pointer aux agences artistiques. Il n'est pas seul. Il a désormais conçu un numéro de danse acrobatique avec une jeune femme, Evelyne, et un garçon, rencontré au cours de la tournée : Léo.

Son premier employeur s'appelle Jean Valmy, il est metteur en scène d'opérette. Puis, le groupe Evelyne, Léo et Toma reçoit une proposition d'engagement pour un gala, chez O'Dett.

Ancien fantaisiste de music-hall, homosexuel exhibitionniste, grande folle brevetée, O'Dett est une figure incontournable des soirées parisiennes. Tour de Babel colorée, son cabaret est l'escale privilégiée des marathoniens de la nuit. Chez O'Dett, inépuisable décrocheur d'idées extravagantes, on ne s'ennuie jamais. Qu'a-t-il trouvé encore cette fois-ci ?

Munich...

Septembre 1938. La foule en délire a accueilli Daladier. Le peuple, soulagé, enterre joyeusement les Sudètes, pour quelques mois de sursis. Le Tout-Paris, lui, fait la fête en privé. Sur la scène, les attractions les plus diverses se succèdent. Dans la salle, on remarque, notamment, et séparément, Joséphine Baker, Maurice Chevalier, Mistinguett... Paul Meuriss, encore sans « e », est au programme. Evelyne, Léo et Toma présentent leur numéro. A l'issue du spectacle, O'Dett' se précipite sur Paulin Toma :

« La chance de ta vie. Mistinguett te veut comme partenaire. »

Et devant l'air éberlué du jeune homme, il ajoute :

« Si ça t'intéresse, tu as rendez-vous avec elle, demain matin, 24, boulevard des Capucines... »

Automne 1994. Dans son appartement de poche, au quatrième étage d'un immeuble du dix-huitième arrondissement à Paris, Paulin Toma vit une retraite heureuse, bourrée de souvenirs. Avec la nostalgie joyeuse et sifflotante de ceux qui n'ont pas à regretter d'être passés à côté de leur vie.

A quatre-vingt-sept ans, il n'a rien perdu de sa prestance. Saute sur un tabouret pour attraper son dernier compagnon de jeu, « bébé », un pigeon des toits de Paris qui vient se nourrir dans sa cuisine.

La mémoire de Paulin est remplie de la présence de Miss. Ses placards et ses tiroirs aussi. Il a même son cahier « d'histoire », où d'une écriture ronde, sans rature, il a inscrit, depuis ses débuts, ses engagements, ses numéros, ses spectacles, ses tournées...

« C'est ma gueule qui lui plaisait... Mon partenaire était trois fois plus beau que moi. Mais c'est moi qui lui plaisais », répète-t-il dans un sourire, avant de se retrouver, cinquante-sept ans en arrière, dans l'appartement de Mistinguett :

« Me voilà, dès le lendemain, boulevard des Capucines, tout tremblant. Clémence, la femme de chambre me fait asseoir dans le grand salon... Tout à coup, la porte s'ouvre. C'est elle. Elle s'avance et m'annonce sans autre préambule :

— Je te veux comme partenaire. T'as une gueule vache mais sympathique. T'es mon homme...

Elle agissait comme un metteur en scène qui voit un type et qui dit : " C'est ce gars-là qu'il me faut et pas un autre ". »

Toma a la présence d'esprit de préciser :

« Je ne suis pas seul, j'ai deux partenaires. »

Comme toujours, la Miss balaie l'éventuel obstacle :

« Ce n'est pas grave, ton numéro passera aussi. En attraction, avant la revue. »

La Miss connaît ce numéro : elle l'a vu chez O'Dett, et peut-être l'avait-elle remarqué à l'Alhambra. Toujours à l'affût, elle désire inscrire à son programme un nouveau tableau où elle pourrait, comme par le passé, montrer ses talents d'acrobate. A soixante-six ans, elle a intérêt à bien choisir son porteur... Elle sent, elle sait que Toma sera l'homme qu'il lui faut : capable de la lancer en l'air, de la faire tourner, de la rattraper sans dommage...

Mais en attendant, c'est elle qui dirige les effets de leurs premiers pas en commun. Une reprise de la chaloupée :

« Elle m'a expliqué les mouvements, les mimes. Et je me rappelle un petit truc essentiel. " Surtout, ne me regarde pas dans les yeux, m'a-t-elle dit. Tu fixes ma bouche. Moi, en revanche je regarde tes yeux. " »

Un simple jeu de regards qui donne un air dominateur au mauvais garçon et une expression de soumission teintée d'admiration à la pauvre fille.

« Avant la danse, j'ordonnais : viens ici. Elle avançait, me tendait les bras et je devais lui donner une claque... Frappe plus fort, me disait-elle. Je n'osais pas, je connaissais ma force. Mais elle insistait. Elle ne voulait pas tricher. Pour jouer parfaitement juste, elle avait besoin de recevoir le choc physiquement.... Ensuite, je la prenais par la taille et nous valsions... Je ne sais pas pourquoi, mais à chaque fois, ça faisait un triomphe... »

Toma n'a pas connu les délires qui accompagnèrent le duo Max Dearly-Mistinguett pour la chaloupée première formule. 1909 c'est pour lui, plus simplement, l'année de sa naissance...

Pendant les mois, les années qui suivront, Mistinguett introduira cette danse apache, en chantant la chanson de toujours : « Mon homme » ; et elle la conclura avec une autre mélodie non moins célèbre : « J'attendrai. »

Avec Mistinguett, Toma le sportif, l'acrobate, le costaud, devient aussi danseur de charme :

« Le sketch s'appelait " Music Maestro please ". Je n'avais jamais fait ça... J'étais tout beau, gominé, en habit. La scène figurait un cabaret où je pouvais faire les yeux doux à toutes les filles... Mistinguett, en robe de soirée, seule à une table, commandait : " Garçon, une bouteille de Mumm ! " Pour cette seule phrase, elle touchait chaque soir une caisse de champagne... Puis elle s'adressait au public, lui racontait ses peines de cœur. Elle chantait :

“ Ce soir, je veux tout oublier, Maestro please ”... A la fin de la chanson, j’allais vers elle et nous dansions. »

Et c’est ici que se situe le premier numéro acrobatique mis au point par Toma et la Miss. En plus élaboré, il rappelle à Mistinguett les figures qu’elle osait déjà exécuter avec Chevalier et qui, à l’époque, faisaient sensation :

« Au final, je la prenais par le cou, la glissais par-dessus moi, la tenais à bout de bras ; puis je la faisais redescendre, sa bouche contre la mienne, en tournant... Elle passait sur le dos, sur l’épaule... Mistinguett avait confiance... Elle adorait lorsque, pendant les répétitions, nous inventions des figures. »

Comme tous, Toma subit le joug de la Miss, la tyrannie de la perfection :

« Elle était même emmerdante : elle voyait tout ce qui se passait dans son dos »... Refrain connu... Et à l’unisson aussi, le Corse salue la professionnelle : « J’adorais Mistinguett. Pas comme femme, elle était trop âgée pour moi. Mais comme artiste. Je n’ai jamais rencontré quelqu’un comme elle. Et je crois que ça marchait bien nous deux. »

En effet, leur association dure plusieurs années. Toma est de presque tous les spectacles de la Miss. Avant et après guerre.

En 1939, il participe également à une nouvelle tournée en Amérique du Sud. Evelyne et Léo ont embarqué avec lui, pour leur numéro de première partie. Et la Miss a toujours avec elle ses « gigolos ». Qui sont parfois ses amants :

« Quand on a un partenaire qui vous plaît, c’est bien difficile de démarquer sa vie publique de sa vie privée. »

Et encore :

« ... Si mes partenaires ont été mes amants, c’est, je crois pouvoir le dire, et j’y ai longuement réfléchi, pour donner au public un spectacle plus complet... Dans la vie, je suis une calme. Pour que je joue, il faut que je sois dans l’ambiance. Quand je fais du drame, je le pense réellement. Quand il faut me serrer dans les bras d'un homme, j'aime autant que cela me soit agréable... »

Parmi ses partenaires amants : Lino Carenzio, l'Italien, qui a succédé à Earl Leslie et Carlos Machado, le Mexicain. Deux spécimens de danseurs latins à la taille fine et à la carrure d'athlète, aux cheveux noirs luisants, à la peau mate et à l'œil charbonneux.

Après la fermeture du Moulin-Rouge, Carenzio s'était retrouvé au chômage. Pas très longtemps cependant : Jacques Charles avait devancé Mistinguett en l'engageant comme jeune premier de sa revue, au théâtre de l'Ambigu. La Miss se jura de récupérer l'Italien. Et voilà, selon Jacques Charles, comment elle s'y prit :

« Le pauvre garçon (Carenzio) fut involontairement la cause du relatif insuccès de ma générale. Mistinguett, furieuse que j'aie engagé un beau garçon sur lequel elle avait des vues, ne cessa pas, dans la loge où elle trônait, de critiquer tout ce que faisait Carenzio, entraînant l'opinion de tout son entourage. Pourtant, Carenzio ne fut jamais meilleur... »

Il faut dire que — comble de l'horreur pour la Miss — le bel Italien avait comme partenaire Pia, la jeune Allemande qui avait fait chavirer le cœur de Leslie...

Après cette revue, on ne sait ce que devient Pia. Mais Carenzio, lui se retrouve, comme de bien entendu, partenaire de la Miss. Avant de tomber dans son lit.

L'Italien se rebelle une fois. A l'instar de Chevalier, il choisit de mettre la Manche entre lui et Mistinguett, grâce à un engagement décroché à Londres. C'est alors que Machado prend sa place. Mais finalement, Carenzio revient en 1938, pour rester avec Mistinguett jusqu'aux dernières années de sa vie. Chassé-croisé...

Mistinguett le répétera souvent :

« On ne trouve pas toujours un tapis prétexte à baisers secrets, et on ne trouve pas toujours un Maurice Chevalier... »

Pourtant, elle n'acceptera jamais que ses partenaires puissent sortir avec de jeunes beautés. Même si avec les années elle se veut un peu plus posée, un peu moins fougueuse.

Elle n'a plus l'âge de faire le coup de poing avec une Viviane Romance. Mais avec la petite Suzy Delair, il faut jouer serré...

La première fois, lorsqu'elle découvre Suzanne et ses seize printemps sur la scène, Mistinguett est séduite. Elle cherche une jeune fille pour remplacer une de ses girls souffrante. Quelqu'un qui saurait se tenir en scène mais serait également capable de chanter : la revue en préparation est un hommage à elle-même. Servantes du mythe, une dizaine de jeunes filles doivent entonner les hymnes glorieux de la Miss.

Audition. Suzy se présente et pousse la chansonnette. Elle ne se souvient plus aujourd'hui du titre choisi, « sans doute une chanson de Jeanne Aubert, que j'aimais beaucoup ». Mais elle entend encore avec précision la phrase de la patronne, juste après la dernière note :

« Elle a des mains intelligentes et elle sait poser ses pieds. »

Suzy est engagée pour chanter un des plus grands « tubes » de la Miss : « Valencia. »

Robe blanche, fleurs d'oranger et perles... De ses mains toujours aussi fines et « intelligentes », Suzy Delair dessine dans l'espace atours et colifichets qui firent l'admiration de la débutante. Elle a également en mémoire sa « faute » :

Avant de porter pour la première fois sa belle robe, Suzy s'est rendue chez un teinturier. Histoire de redonner une virginité au costume. Mais elle n'a pas fait laver le chapeau : ses perles sont trop fragiles. Le contraste n'échappe pas à Mistinguett qui lâche en passant auprès d'elle :

« Trop blanche, la robe... »

L'œil de la Miss ne saurait être pris en défaut. Mais Suzy n'est pas en reste. Elle aussi regarde et voit tout. Et si elle ne peut encore se permettre de juger, elle enregistre. La jeune fille est fascinée par la volonté, l'autorité et l'abattage exceptionnel de Mistinguett sur scène :

« J'étais derrière et j'admirais. J'apprenais beaucoup aussi. C'était une école en direct. »

L'école du succès aussi. La future héroïne de *Quai des Orfèvres* revit son premier triomphe : les bouquets de muguet lancés par la salle et qui tombaient en gerbes magnifiques aux pieds de la troupe.

Suzy observe avec application. Mais elle est observée également. Son charme ébouriffant n'a pas échappé à l'un des « gigolos » de la Miss. Ce sont des gerbes de compliments que Carlos Machado dépose aux pieds de la jeune fille. Impossible de résister, il est trop beau, ce Carlos. C'est l'amour en cachette : Mistinguett remarque que Machado disparaît parfois sans prévenir. Elle le cherche, fait part de son désappointement à quelques intimes. Car elle a deviné bien sûr. D'ailleurs, un informateur bien intentionné le lui a soufflé : c'est Suzy.

« D'abord, elle ne m'a rien dit, raconte Suzy Delair. C'était une fine mouche, elle attendait. Notre revue arrivait à son terme et j'ai compris qu'il valait mieux que je parte. J'ai décroché un rôle dans une opérette que Lucienne Boyer montait au théâtre Marigny... J'ai expliqué à Miss que je quittais la troupe.

" Tu as raison, m'a-t-elle répondu. Ça vaut mieux... " Puis elle a ajouté quelque chose du style : " Je t'enverrai des fleurs... " »

Et l'actrice de préciser, non sans humour :

« De toute façon, ce n'était pas commode... Après, c'était plus simple, Machado venait me chercher à Marigny. »

Mistinguett s'accroche à ses hommes comme à son trône. Ce n'est pourtant pas la passion qui la guide. Elle n'est pas malheureuse comme pourrait l'être une amoureuse trompée. Mais c'est l'orgueil. Elle ne supporte toujours pas qu'on puisse la laisser choir. Elle veut être omniprésente, tout régler, tout décider, tout savoir. Comme si un moment d'inattention dans sa vie privée risquait de mettre en péril sa place sur la scène. Elle est et veut demeurer, en toute circonstance, la patronne. L'anecdote du bain de minuit, quelques années auparavant, est caractéristique :

Cela se passe à Stockholm. Le groupe a loué tout un étage dans le même hôtel. Comme d'habitude, Mistinguett occupe la chambre juste en face de l'ascenseur « pour pouvoir surveiller les allées et venues de la troupe ». Une nuit, elle entend un bruit suspect. Elle regarde par sa porte toujours entrouverte. « Les chaussures sont là, dans le couloir, raconte-elle. Je me recouche, tranquille. Un soupçon m'effleure, je me relève. Je pousse la porte de Carenzio. Personne. Celle de Leslie. Idem. Je me précipite à la fenêtre. Je les aperçois, les hommes, rasant les murs sur la pointe des pieds. Ça les a estomaqués de me voir. Ils me croyaient endormie.

— Où allez-vous ? je crie.

— On va se baigner, dormez bien, Miss, répondent-ils.

— J'y vais, je suis prête.

Ils avaient découvert plusieurs jeunes Suédoises qui n'avaient pu résister longtemps à leur physique brun ni à leur qualité de danseurs de music-hall.

Le bain de minuit, qui devait être accompagné de séances que n'aurait pas désavouées un camp de nudistes, tomba à l'eau. Ma présence les gêna dans l'accomplissement de leurs désirs. Mais que voulez-vous, je ne voulais pas me laisser faire... »

Ces péripéties n'empêchent aucunement la vedette d'assurer le spectacle avec ses hommes et d'emmener son monde en tournée...

Tout comme Earl Leslie s'était retrouvé avec Carenzio au cours de la tournée de 1928, l'Italien doit supporter Machado dans le carré d'as, pour le nouveau périple qui démarre en octobre 1938... Mais si, apparemment, l'Américain et l'Italien s'entendaient bien, notamment pour draguer les Suédoises, Carenzio et Machado ont, eux, plus de mal à se supporter. D'autant qu'ils se posent aussi en rivaux sur scène. Et sur les affiches. La Miss laisse faire,

1942, avec les Cavalcos : «le Saut de la mort», «Mon homme» et la «Danse apache».
(Collection Paulin Toma)

La reprise de la chaloupée,
à partir de 1938.
(Collection Paulin Toma)

Février 1942 : soirée
au cabaret Schéhérazade.
(Collection Paulin Toma)

Avec Lino Carenzio,
le dernier amant.
*(Collection
des auteurs)*

14 janvier 1956 : pour les adieux à Mistinguett, *Paris-Match* choisit l'héroïne de «Ma pomme», sketch inspiré de la chanson de Chevalier. *(Collection des auteurs)*

Mistinguett dans sa loge : prête avant tous les autres artistes. Ici, en compagnie de son partenaire, Toma Cavalcos.

Cécile Sorel, monstre sacré du théâtre et rivale occasionnelle de la Miss, s'encanailla au Casino de Paris. *(Photo Laruelle. Archives Bibliothèque nationale)*

Juillet 1939 : Mistinguett en tournée à Rio de Janeiro. La troupe apprendra la déclaration de guerre sur le bateau du retour.

1945 : les Jeeps de la Libération sur la scène du théâtre de l'Etoile. *(Collection Paulin Toma)*

Dans les rues de Paris... *(Photo Laruelle. Archives Bibliothèque nationale)*

Une émission de radio à Bruxelles avec, notamment, Lino Carenzio et Léo Kok. *(Collection Paulin Toma)*

«On dit que j'ai de belles gambettes. C'est vrai»... même à 65 ans. *(Collection des auteurs)*

Aux Folies-Bergère, en 1934, avec Fernandel dans le tableau «En bordée». *(Collection des auteurs)*

En 1943, dans le sud de la France, en compagnie de O'Dett, Danielle Bonel et Maurice Chevalier. *(Photo Marc Bonel)*

Avec Carlos Machado, le séduisant Mexicain. *(Collection des auteurs)*

Décembre 1953 : une des dernières sorties publiques de Mistinguett pour le millionième disque de Georges Guétary. André Claveau et Bourvil sont de la fête. La Miss n'est pas étonnée de la réussite de son «caïd». *(Collection Georges Guétary)*

Sur la scène de l'ABC,
un be-bop à 74 ans.
(Collection des auteurs)

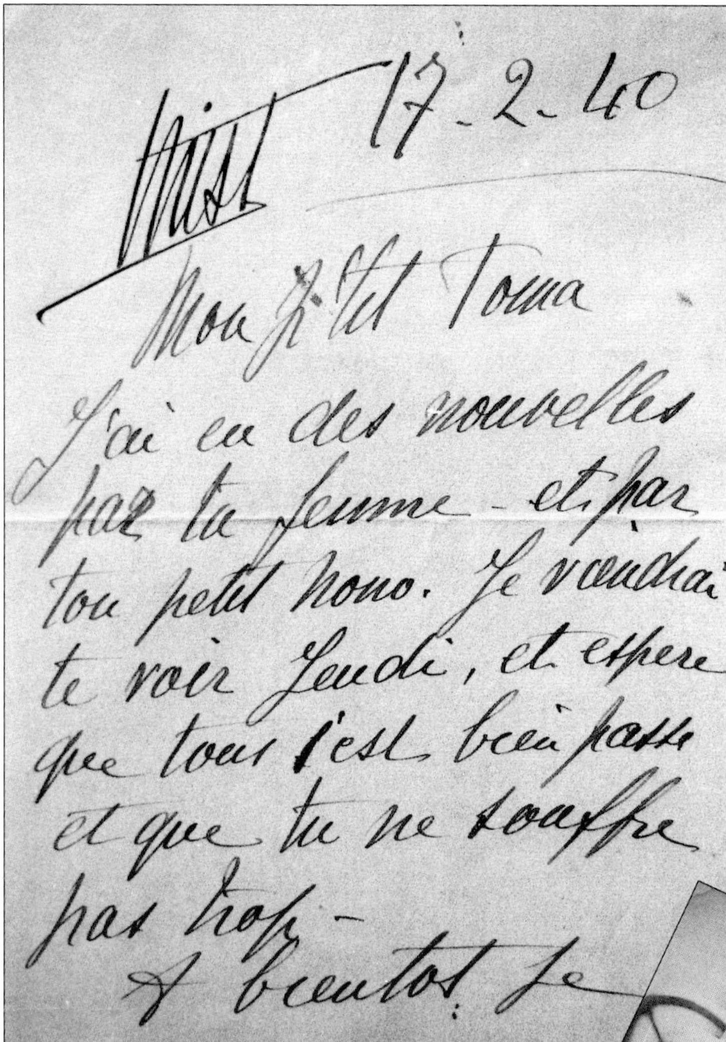

Miss 17-2-40

Mon p'tit Toma

J'ai eu des nouvelles par ta femme – et par ton petit Nono. Je viendrai te voir Jeudi, et espère que tout s'est bien passé et que tu ne souffre pas trop –

A bientôt. Je

Les petites lettres entretiennent l'amitié. Mistinguett écrivait beaucoup à ses partenaires qu'elle relançait sans cesse sur de nouveaux projets.

Une image inhabituelle de la Miss...
(Collection des auteurs)

vaguement amusée. De toute façon, les plus gros caractères sont pour elle. La piétaille peut toujours se battre pour les petites lignes.

« Carlos voulait être le premier en Amérique du Sud, et Lino en Italie, explique Toma... Après trente jours de bateau, nous arrivons à Buenos Aires. Le spectacle doit débuter une semaine plus tard. Sans perdre de temps, nous allons au théâtre. Et là, c'est la crise. Les affiches annoncent les partenaires dans cet ordre : Lino Carenzio, Carlos Machado... Le Mexicain est fou de rage. Tous les deux, ils commencent à se bouffer le nez... Ensuite, sur scène, ils ne cherchent qu'à s'écraser mutuellement. Ça doit se voir car les Actualités qui viennent pour enregistrer une partie de notre revue, préfèrent me filmer avec la Miss. Et finalement, c'est moi qui passe aux Actualités. »

Et tandis que les deux « gigolos » se battent pour un nom sur l'affiche, Toma trouve le sien. Ou plutôt, comme d'habitude, c'est la Miss qui décide. Après l'avoir baptisé Paul Corti — pourquoi Paul ? pourquoi Corti ? mystère — elle assène :

« Tu vas t'appeler Caval... »

Ensuite elle ajoute « co » et sur un conseil de Chevalier un « s » pour faire espagnol...

Désormais le Corse s'affiche « Toma Cavalcos ». Et son trio adopte le nom générique : « Les Cavalcos ».

CHAPITRE 4

En haut de l'affiche

Ils ont trente, trente-cinq ans, jusqu'à quarante ans [1] de moins qu'elle et ils démarrent en trombe dans le métier. Devenir partenaire de la Miss, c'est comme obtenir un certificat d'authenticité, recevoir le label de qualité. Avant d'être Guétary, Georges Lambros est « partenaire » reconnu. Et même au pire moment, les portes s'ouvriront devant lui.

A la déclaration de la guerre, le rôle qu'il veut décrocher se joue sur un théâtre où rien n'est fictif. Bien qu'il soit grec, il décide de s'engager dans l'armée française. Réfugié au pays Basque, tout près du village de Guéthary, il attend une affectation pendant des mois. Et reçoit ce courrier savoureux du commandant du bureau de recrutement, en date du 12 septembre 1939 :

« Je vous informe qu'il ne nous est pas possible actuellement de donner suite à votre demande d'engagement pour la durée de la guerre. »

Têtu, le jeune homme retourne à Paris, frappe aux portes des bureaux, insiste... et se fait rembarrer :

1. Au cours des dernières années, les partenaires de Mistinguett n'avaient parfois même pas vingt ans. On dit que Boby Damas a débuté avec elle à l'âge de quatorze ans. Il a commencé par des tâches administratives avant de monter sur scène. Au cours des dernières années de la Miss on notait aussi à ses côtés un très jeune fantaisiste : Roland Léonard, qui est devenu directeur du Moulin-Rouge.

« Si on vous dit d'attendre, attendez. Nous aussi nous attendons des équipements, des uniformes, des armes... »

Georges Lambros retourne donc au pays Basque, flirte avec les jolies filles du pays, joue au volley sur la plage et attend... Un jour, les troupes allemandes défilent sur la digue, en un ordre impeccable. Il admire la mise en scène, mais enrage lorsqu'il voit les filles, béates d'admiration, prendre le spectacle au sérieux. Une insulte, entendue la veille, lui vient à l'esprit. Elle lui échappe :

« Ces Allemands ! ils se répandent comme la peste. »

Un de ses compagnons de jeux dont il ignorait la nationalité germanique se rue sur lui et armé d'un revolver le conduit à la Kommandantur. On menace de fusiller l'impudent qu'un commissaire de police sauve *in extremis.* Mais il doit disparaître, et est escorté séance tenante jusqu'à la gare où le commissaire lui conseille de prendre le premier train venu. Qui le conduit à Toulouse.

Toulouse. Le chanteur ne connaît pas. Son souci immédiat : trouver une chambre pour la nuit. Même cette simple quête lui apparaît tout à coup insurmontable.

Toulouse compte en temps normal trois cent cinquante mille habitants. Avec les réfugiés, ils sont près de sept cent mille. Tous les hôtels sont combles. Les gens dorment où ils le peuvent, dans le hall, sur des banquettes, ou à même le sol.

Lambros entre dans un modeste établissement à l'enseigne : « Chez O'Dett ». Très démonstratif, le patron s'exclame, après l'avoir longuement dévisagé :

« Dites-moi mon petit, je crois bien vous connaître. Vous n'étiez pas au Casino de Paris avec Mistinguett ?

— Mais oui ! Pourquoi ?

— Vous ne me reconnaissez-pas ? Je suis O'Dett, l'ami de la Miss. Vous avez souvent soupé chez moi après le spectacle, place Pigalle... »

Pour un partenaire de la Miss, que ne ferait-on pas ? O'Dett ne peut l'héberger : dans sa salle à manger, une douzaine de personnes sont déjà couchées à même le sol, mais il téléphone à une amie :

« Allô, Lisette... Je t'envoie un jeune artiste, beau comme un dieu. Un chanteur. Un partenaire de Mistinguett... Une toute petite chambre au dernier étage ? Mais c'est parfait... »

Affaire faite. L'hôtel Victor-Hugo, qui est aussi une maison de passe, accueille le jeune homme. Pour payer son sommeil, il doit chanter le soir au bar. Mais au moins, il sait où dormir.

Et travailler également. Lambros trouve une place de garçon de café... sans le moindre salaire : le patron joue sur du velours, des dizaines de candidats s'agglutinent devant son comptoir. Les clients ne sont pas mieux lotis, font la queue pendant des heures pour se jeter sur le menu unique. Tellement soulagés de trouver une place qu'ils sont généreux en pourboire. Bousculés, pressés les uns contre les autres, ils mangent. Le jeune homme a gardé le souffle du music-hall, et assure sans problème son service au troisième étage, entrecoupé de passages à la plonge.

Un soir, en rentrant, il est attiré par le son d'un accordéon qui s'échappe d'un ancien dancing transformé en dortoir :

« Je vois Fredo Gardoni, le plus célèbre accordéoniste de l'époque, installé sur un minuscule tabouret. Une vision un peu surréaliste car Fredo était très gros. Il jouait pour des réfugiés épuisés, couchés sur la paille, la tête posée sur leur maigre bagage. C'était sa façon à lui de les réconforter... A la fin du récital, il est venu directement vers moi, pour me dire :

— Tu ne chantais pas au Casino de Paris, dans la revue de Mistinguett ?

— Si.

— Qu'est-ce que tu fais ?

— Je suis garçon de café...

Il est passé me voir le lendemain. Il a sorti dix mille

francs de sa poche, il m'a dit : “ Prends ça. Si tu veux, tu commences à répéter avec moi demain ”. »

Lambros peut laisser tomber les casseroles et partir, dix jours plus tard, en tournée dans le sud-ouest de la France. C'est à ce moment que Fredo Gardoni conseille au jeune homme de changer de nom. Lambros, ce n'est pas dans l'air du temps, et puis ça ne sonne pas très bien.

« Je ne sais pas pourquoi le village de Guéthary m'est revenu en mémoire. J'aimais bien la sonorité des syllabes et puis il était lié pour moi à des souvenirs récents. Cependant, j'ai préféré enlever le “ h ”. Et j'ai gardé le prénom de mon père... »

Avoir Mistinguett sur sa carte de visite est une aubaine. Comme les autres, Toma Cavalcos a bénéficié de privilèges inespérés :

« On pouvait obtenir tout ce que l'on voulait... »

Il s'amuse au souvenir des courtisans qui le flattaient pour atteindre la déesse :

« Tout le monde cherchait à être bien avec moi, pour être bien avec la Miss. Les journalistes promettaient n'importe quoi pour obtenir une interview... Mais je n'avais besoin de rien : je chantais avec la plus grande, que pouvais-je demander de plus ?

Lorsqu'elle croise Mistinguett, Suzy Delair n'est qu'une « petite femme » de music-hall. Quand elle interprète « Valencia », Georges Clouzot baisse les yeux sur son programme :

« Il a mis une croix sous mon nom. Mais il n'est pas venu me voir, il ne m'a rien dit. Je ne l'ai su que bien plus tard... En tout cas, c'est ce jour-là qu'il m'a repérée [1]. »

L'aura dont jouit la Miss, sur scène et en dehors,

1. Suzy Delair a tourné deux grands films avec Henri-Georges Clouzot : *L'assassin habite au 21* (1942) et *Quai des Orfèvres* (1947).

retombe fatalement, et de façon avantageuse, sur les partenaires masculins :

« Ils avaient une vie formidable, confirme Suzy Delair. Beaux costumes, belles voitures avec chauffeur, grand restaurant... Quand ils arrivaient dans un cabaret on disait qui c'est celui-là ? Ah ! Carenzio, le bel Italien, partenaire de la Miss... Ils ont obtenu une notoriété qu'ils n'auraient pas atteinte sans Mistinguett. Matériellement, c'est elle qui s'occupait de tout. Mais, évidemment, ils n'avaient pas d'argent non plus. »

Nourri, logé, blanchi, l'esclave consentant n'a qu'à se laisser vivre. C'est tentant. S'il sait vénérer, aduler, glorifier sa bienfaitrice, s'il abandonne tout esprit critique et toute velléité d'indépendance, il ne manquera jamais de rien. Ou presque...

Léo Kok est l'archétype de l'employé modèle et philosophe : malgré les succès qu'il signe, le plus souvent, du nom d'un autre, il est toujours fauché. Certes, il est dépensier, mais la Miss veille et son argent de poche est compté. Quand Léo n'a que cinquante francs sur lui, il prend tout de même un taxi. A quarante-neuf francs, il arrête le chauffeur et continue à pied.

« Avec la Miss, explique Paulin Toma, il fallait être vigilant. Prendre garde à ne pas se faire bouffer. »

Vous faites abstraction de votre personnalité, et Mistinguett vous tisse un bonheur sur mesure. Ses mesures à elle, bien évidemment. Gare alors à ne pas s'empêtrer dans la toile d'araignée.

« Mais la Miss n'est pas seule dans ce cas, assure Toma. Les grandes vedettes sont souvent des piranhas. Regardez Félix Paquet. Lui et sa femme avaient une admiration sans bornes pour Maurice Chevalier. Chevalier a pris les Paquet comme secrétaire-chauffeur, mais en leur proposant ça, il les a cassés. Paquet était un artiste formidable, il n'avait besoin de personne. Pourtant, il s'est enterré à Marne-la-Coquette [1]. »

1. Marne-la-Coquette, où demeurait Maurice Chevalier.

Et Toma de poursuivre :

« Etre partenaire d'une star, c'est bien, c'est séduisant, valorisant, mais ça ne suffit pas. On vous fait miroiter le succès facile, le confort douillet. Vous serez le partenaire attitré, préféré. L'officiel... Et après ? Vous êtes coincé. Vous devenez tributaire de votre patronne et des contrats qu'elle veut bien vous faire partager. En restant à ses côtés, vous avez cessé de chercher les engagements vous-même. Lorsqu'elle n'a pas besoin de vous, vous pouvez rester deux, trois mois sans travailler. Moi, je ne voulais pas de ça. »

Toma sent le danger. Il organise son emploi du temps et canalise sa liberté. Il ne quitte pas Mistinguett, mais n'abandonne pas non plus les Cavalcos :

« Mistinguett m'appelait quand elle avait besoin de moi. Si j'étais libre, je venais. »

La Miss, pourtant, fait tout pour briser cette belle organisation. Elle tend de brouiller Léo et ses partenaires. Elle s'accapare les Cavalcos, se substitue à la jeune femme et modifie le final de sa chanson apache, en introduisant une danse acrobatique qu'elle intitule « Le Saut de la mort ». Les deux hommes la font tourner sur elle-même en la tenant par les pieds. Ils la lâchent puis la rattrapent au moment où, à plat ventre, elle rase le sol. Ce numéro, que la Miss réalisera jusqu'à soixante-dix ans passés, épate les spectateurs.

Toma ménage malgré tout ses arrières : il garde les Cavalcos en réserve et le groupe reste soudé. C'est indispensable. Avec la Miss, on ne sait jamais...

Aujourd'hui, il retrouve des photos de bannis, de rejetés, d'exclus. Sur un simple commandement de la meneuse de revue :

« Cette femme-là n'a pas eu de chance. Elle s'appelait Ginette Bourdin et faisait partie de la tournée en Amérique du Sud. Elle n'était pas plus belle qu'une autre, mais elle avait le malheur d'être remarquée sur scène. La Miss s'en est vite aperçue. Elle l'a immédiatement fait rentrer à Paris... »

Mistinguett a pleins pouvoirs sur les girls. L'âge venant, elle en use et en abuse :

« Je vous jure que ce n'était pas commode d'en trouver des " comme il fallait " ; ni trop grandes, ni trop petites, ni trop grosses, ni trop laides, ni trop jolies... »

Pour plaire à la Miss, une girl doit être funambule. Allure, classe, grâce, talent... avoir assez de tout, mais sans excès. Et surtout, surtout, ne pas extérioriser une personnalité trop prononcée, un physique qui accroche le regard et capte les désirs. Pas question donc d'avoir du chien, du charme, de l'abattage. Zone interdite réservée à la Miss.

Mais alors, la pétulante Suzy Delair ? Au tempérament, comme au physique, elle ne passe pas inaperçue. Comment Mistinguett l'a-t-elle supportée ?

« J'avais de bons rapports avec Miss et je crois qu'elle m'aimait bien. Mais j'étais dans le rang. Nous étions une dizaine de jeunes femmes, nous défilions, parmi les autres, au début du spectacle. Pendant tout ce temps, Mistinguett était en coulisses, elle surveillait. »

Pour les hommes, les critères sont différents. Question beauté, la concurrence ne joue pas, il n'y a pas de limites. Mais une ligne rouge à ne pas franchir : celle qui sépare la Miss du second rôle.

Pour avoir oublié cette règle, Fernandel, qui est pourtant un cas à part, se fait éreinter. Il souffre en outre d'un handicap insurmontable, la Miss ne l'a pas choisi :

« Fernandel avait trouvé quelque chose de drôle, un gag comme on dit maintenant, écrit Mistinguett. Il descendait trois marches en me parodiant, en m'imitant avec son costume de tourlourou. Eh bien, ça ne rendait pas. Au bout de trois jours, on lui a retiré son numéro. Le public ne riait pas. »

Fernandel est-il si mauvais ? Paul Derval n'est pas de cet avis :

« ... Après l'apparition éblouissante de Mistinguett,

venait dans la revue la présentation de Fernandel : une simple toile peinte représentait un escalier, encore plus formidable mais absolument vide qui s'achevait par un petit trois-marches, réel celui-là, où se trouvait Fernandel tout seul, debout et l'air malheureux.

— Voici l'escalier qu'ils m'ont foutu, disait-il. Et pourtant, quand Derval m'a engagé il m'a dit : " Vous verrez, vous serez traité comme Mistinguett elle-même. " Après quoi, il montrait son costume, son escalier...

Le succès fut tel que, six mois plus tard, Fernandel vint me trouver en souriant toujours.

— Mon cher directeur, je viens vous demander de me rendre ma liberté.

Et il me montra les nombreuses propositions qu'on lui faisait... »

C'est comme si Mistinguett et Paul Derval n'avaient pas vécu le même spectacle...

Autre exemple, celui de Reda Caire. Mistinguett ne l'aime pas. Une animosité que le chanteur partage, d'ailleurs. Problème de caractère ? peut-être. Jalousie de vedette, certainement. Il faut dire que Reda Caire n'est pas ce que l'on peut appeler un bon camarade. Dans sa biographie, le pourtant très gentil Jean Sablon raconte :

« Il (Reda Caire) me jalousait un peu et était du genre à dire, au moment où j'allais entrer en scène : " Oh, qu'est-ce que tu as là ? Sur la figure... C'est un bouton ? Oh ! ça ne fait rien, ça ne se voit pas trop. " »

La Miss, elle, se contente de raconter que « dans une position immobile qui, à la longue, le faisait ressembler à un pharaon momifié, Reda Caire assurait de tendres romances... ». Et bien sûr, il « chantait derrière le rempart de son micro ». Quant on connaît le mépris de la Miss pour cet objet du progrès...

Les co-vedettes, Mistinguett déteste. Même Chevalier, elle l'a sacrifié. Alors, les autres... Qu'ils soient amants ne change rien à l'affaire :

« On n'épouse pas un partenaire, assène Mistinguett, puisque son rôle est de vous mettre en valeur... »

Le partenaire acceptable, finalement, est celui qui se contente du milieu de l'affiche. Et encore... Ne dit-on pas en rigolant dans les coulisses :

« Le seul nom autre que le sien que la Miss supporte bien sur une affiche, c'est celui de l'imprimeur. Il est écrit en tout petit, tout en bas... »

Pour se garder des mauvaises surprises, Mistinguett pose ses conditions. Elle mine le terrain :

« Mistinguett fait toujours spécifier dans son contrat, non seulement l'emplacement et la grandeur de son nom, la teinte et les caractères que l'on doit employer, mais encore la manière dont seront annoncées les secondes vedettes », explique Paul Derval.

L'angoisse du caractère d'imprimerie. Maladie très répandue dans le milieu artistique. Elle touche bon nombre d'acteurs, chanteurs ou danseurs. C'est une véritable épidémie. Et, à en croire l'ancien directeur des Folies-Bergère, les seconds couteaux ne sont pas épargnés :

« Le problème des affiches, c'est un véritable casse-tête chinois... Un nom un peu plus gros ou un peu moins gros, placé en dessous ou en dessus du titre, après ou avant un camarade, un nom inscrit sans encadrement, alors que tel autre est entouré d'un filet ; ou ce nom en rouge, tandis que celui de la camarade est en bleu et semble plus lisible... Mon Dieu que de drames... Vingt fois, il m'est arrivé de conserver dans mon bureau le stock d'affiches déjà imprimées sans oser le faire placarder, tant j'appréhendais les cris et les grincements de dents... »

Et Paul Derval décrit cette scène. Grotesque, troublante et touchante à la fois :

« Un jour, il pleuvait des hallebardes et je n'osais pas sortir du café d'en face où j'étais allé chercher des cigarettes. Soudain, j'aperçus une de mes artistes debout sous la pluie en train de comparer la hauteur de son nom avec celle du nom d'une camarade. Elle essayait de se servir d'un crayon pour faire les mesures. Finalement, elle ferma son parapluie qui la gênait et se hissa sur la pointe des pieds.

Elle était encore trop petite. Alors elle mit sa petite valise par terre et monta dessus. Pendant ce temps-là la pluie tombait, tombait toujours. Je vois encore sur son chapeau des fleurs se pencher, petit à petit, d'un air dégoûté. Son manteau se transformait en peignoir de bain. Elle était trempée comme une soupe, mais quelle importance cela pouvait-il avoir à côté de la dimension exacte des lettres de son nom ?... »

Du haut en bas de l'échelle, les mirages sont les mêmes, les angoisses identiques. Alors, se dit Mistinguett, autant rester au sommet.

CHAPITRE 5

La guerre des Miss

La Miss veille au grain. A tous les niveaux. Dès qu'un artiste de la revue, par sa présence, sa beauté, ou tout simplement son talent naissant, se distingue, elle remet aussitôt les pendules à l'heure. On ne fait pas d'ombre à Mistinguett. Même l'espace de quelques secondes. Le soleil ne brille que pour elle. Et si les petits en question, par naïveté ou entêtement, ne veulent pas comprendre... ils sont promptement invités à prendre leur compte.

Le général Mistinguett est maître de son armée. De ses girls, de ses boys et des numéros qui accompagnent sa revue... Mais ce n'est finalement que de la cuisine interne, des petits coups de règle à donner sur les doigts d'élèves récalcitrants qu'elle a à l'œil.

En réalité, le vrai danger vient de l'extérieur. Des rapaces qui visent son trône, qui tentent de la faire vaciller, si pressés de prendre sa place... C'est ainsi qu'elle voit les choses, Mistinguett, dès qu'un directeur artistique ou un revuiste tente de secouer un peu le joug de la souveraine et d'amener du sang neuf sur la scène. C'est pourtant la règle du jeu : varier, innover, dépoussiérer, révolutionner même, pourquoi pas ? Pour le public, il n'y a qu'une Mistinguett, c'est entendu... mais il aime bien la nouveauté aussi, et il y a d'autres talents, avec d'autres musiques, d'autres étoiles...

Elle ne supporte pas. Pas le moindre partage, pas la

plus petite parcelle de pouvoir à céder. Aucun héritage à transmettre de son vivant. L'accepter, ce serait déjà mourir un peu. Parvenue au sommet, la Miss ne tolère autour d'elle que le vide. Les seules bonnes rivales sont les rivales vaincues. Ou disparues. Comme Gaby Deslys, première meneuse de revue à grand spectacle, première prêtresse de la plume et de l'aigrette. La seule qui aurait pu lui tenir la dragée haute. Ah, Gaby, c'était quelqu'un ! Ça tombe bien, elle est morte... Mais les autres, toutes ces trouvailles ramassées dans le théâtre, le ciné ou la chansonnette... parce qu'elles ont une jolie petite voix, une jolie petite gueule, un joli petit cul, l'on voudrait en quelques mois en faire des meneuses de revue ? Pourquoi pas des nouvelles Mistinguett pendant qu'on y est ?

La Miss gronde. Dès qu'une rivalité potentielle s'amorce, elle sort ses griffes. Et se bat. Forces décuplées, volonté galvanisée par la concurrence, la Miss n'est jamais meilleure que dans les moments où elle se sent en danger. Bûcheuse invétérée, elle travaille encore plus, s'impose une discipline de fer, se met à la torture dans les salles de gym. Rien ne vaut, pour mieux la stimuler encore, que d'évoquer devant elle les derniers numéros, les derniers tableaux qui s'annoncent dans la salle d'en face. Du jamais vu, dit-on... pas possible ! Du jamais vu, c'est la Miss, ça ne peut être personne d'autre... Elle épie, elle espionne. Si celle-là peut le faire, elle peut le faire aussi. Mais en mieux. On ne la voit plus traîner dans les boîtes. Elle dort douze heures par nuit. Les douze heures du jour, c'est pour le music-hall.

Rien ne peut, ne doit lui résister. C'est son seul credo. Son désir de vaincre est tel qu'il lui permet d'accomplir des miracles et de prendre tous les risques : elle dresse fauves et chevaux, plonge, voltige, descend des cintres comme une acrobate... Gagner, gagner à tout prix, dominer l'autre, et étonner Paris...

Etonner Paris. C'est justement ce qu'adore aussi faire Jacques Charles, le créateur comblé des « Echelles ».

Cette fois encore, il est convaincu d'avoir réussi un coup de maître en persuadant l'Américaine Pearl White de jouer une revue au Casino de Paris. Jacques Charles prévient : c'est une bourrasque, un grand vent d'aventure qui va décoiffer le royaume poudré et sophistiqué du music-hall !

Nul besoin d'insister, tout le monde sait qui est Pearl White. Pendant la guerre, la vedette a fait se précipiter dans les salles obscures des milliers et des milliers de Français en transe, tous avides de connaître chaque semaine la suite des aventures haletantes de Miss Elaine Dodge, *alias* Pearl White, poursuivie par l'affreuse *Main qui étreint...*

La vogue du ciné-roman touchait alors à la folie. Lancés par Louis Feuillade avec ses fameux *Fantômas*, récupérés aux Etats-Unis par le magnat de la presse William Hearst, les feuilletons de l'écran se consommaient avec une passion dévorante. La guerre fauchait les hommes par milliers dans les champs de Champagne et d'Artois, mais fin 1915, et pendant vingt-deux semaines, la population était angoissée pour l'avenir d'Elaine Dodge dont la vie ne tenait en permanence que par un fil astucieusement tiré par le metteur en scène Louis Gasnier et le feuilletoniste Pierre Decourcelle [1].

1. *La Main qui étreint*, titrée en France *Les Mystères de New York*, était fortement inspirée des *Mystères de Paris* d'Eugène Sue. Exilé aux Etats-Unis, le metteur en scène Louis Gasnier était un ancien opérateur de Louis Feuillade.

Le lancement des *Mystères de New York* en France a été un modèle du genre :

« A la fin de 1915, des placards bizarres intriguent Paris :

La Main qui étreint ?
C'est l'énigme qu'il faudra résoudre dans
Les Mystères de New York.

Des prospectus et des cartons libellés d'étrange façon sont distribués. On attend la suite... On ne tarde pas à apprendre que *Les Mystères de New York* vont être révélés dans tous les cinémas ravitaillés par Pathé, tandis que la palpitante histoire sera racontée au rez-de-chaussée du *Matin* par Pierre Decourcelle. » (Marcel Lapierre, *Les Cent Visages du cinéma*.)

La Main qui étreint serrait le cœur des Français jusqu'à l'insoutenable. La « belle Elaine » vivait des aventures incroyables auprès desquelles celles de *L'Arche perdue* d'Harrison Ford ne sont que jeux pour patronage. Son ordinaire était de « monter dans des ballons sabotés, d'être enfermée dans des maisons incendiées, lapidée par les Indiens, abandonnée dans des îles désertes, enlevée par de faux monnayeurs, noyée dans des caves, emportée par des avions aux ailes sciées, piquée par des serpents, coulée dans des sous-marins... et de réussir à se sauver chaque fois dans les dernières secondes de chaque épisode [1] »... et la semaine suivante, on la retrouvait aux mains des vilains, des affreux, à demi morte, bâillonnée, ficelée, prête à être jetée au feu, dans l'eau ou dans le vide... et huit jours plus tard, etc.

Grâce à ce *serial* dément, Pearl White avait acquis, tant aux Etats-Unis qu'en France, une notoriété extraordinaire. Jolie, blonde — fausse, selon Jacques Charles... — aux cheveux courts bouclés, elle était apparue comme la jeune fille moderne idéale, capable de tous les exploits sportifs pour échapper aux dangers qui l'assaillaient. Les adolescents avaient rêvé devant ses grands yeux noirs pathétiques et les jeunes demoiselles s'étaient habillées comme leur héroïne, d'une jupe écossaise, d'une ample chemisette et s'étaient coiffées du grand béret de velours à la « Elaine »...

Aussi, quand elle débarque en France, Volterra se frotte-t-il les mains. Avec une fille aussi dynamique, capable de telles prouesses physiques, la prochaine revue va être un feu d'artifice. De plus, il est détendu : il a envoyé Mistinguett à l'Alhambra de Bruxelles où elle joue « Paris en l'air »... Dans ces moments-là, mieux vaut ne pas avoir la Miss sur le dos. On ne sait jamais comment elle réagit...

Le soir même de son arrivée, Pearl White est invitée à la table de son directeur. C'est l'euphorie générale. Jacques Charles, Albert Willemetz et Léon Volterra ima-

1. *Encyclopédie du cinéma*, Roger Boussinot, Bordas.

ginent des numéros sensationnels inspirés des épisodes les plus mouvementés de *La Main qui étreint.* Tout y passe : le feu et l'eau, la torture et le trapèze... les trois hommes imaginent les pires sévices et les plus belles cascades. Puisqu'elle l'a fait au cinéma, pourquoi pas sur scène ? Justement non... Renseignée par Jacques Charles, qui joue les traducteurs, sur la folle ambiance qui règne à table, Pearl White ouvre ses grands yeux noirs, secoue doucement ses boucles blondes et annonce d'une voix désolée que tout ceci n'est pas possible, qu'elle n'a jamais effectué le moindre saut périlleux, ni même sauté le moindre mur. D'ailleurs, elle a le vertige...

« Ah ! ah ! Elle est marrante, celle-là ! rigole Volterra qui croit à une blague...

— Mais... mais, ses films ? » bredouille Willemetz, atrocement lucide...

Jacques Charles traduit d'une voix mécanique :

« Elle est doublée d'un bout à l'autre de ses cabrioles, et n'apparaît elle-même que pour jouer la comédie. Là, c'est elle... et pour les gros plans aussi, c'est elle... »

La mine hilare de Volterra tombe en déconfiture, Jacques Charles broute son assiette du regard, Willemetz se compose une nouvelle marche funèbre dans la tête... ils sont l'image même du music-hall une nouvelle fois défait par l'art pervers du cinématographe.

Ils n'abandonnent pas pourtant. La présence de Pearl White connaît un tel retentissement, l'effet de curiosité devient si énorme que Léon Volterra flaire la très grosse affaire. Rien qu'à Paris, il y a des milliers et des milliers de fans qui rêvent de voir leur belle Elaine en chair et en os, et quand elle se présentera sur la scène du Casino, ils ne se priveront sûrement pas de ce plaisir...

« Mais si elle ne sait rien faire ? proteste mollement Willemetz...

— Eh bien, elle apprendra ! » rugit Léon.

Elle apprend. Répétitions, répétitions... Et ce n'est pas la bonne volonté, ni la patience qui lui manquent. Il n'y a guère que Boucot, son partenaire comique, qui se plaint quelque peu, trouvant l'actrice passablement surexcitée et brutale. Au point qu'un jour, il se venge par quelques bourrades appuyées. Pearl White lui répond. Et le numéro tourne au pugilat. Il faut dire que l'Américaine, sans doute pour se donner du courage, boit plus que de raison, et ne cesse de se doper en coulisses à grandes lampées de cognac...

Mais le plus inquiétant réside dans la série d'attentats criminels qui se succèdent durant les répétitions. L'œuvre d'un fou qui rejoue à son propre compte un nouvel épisode de *La Main qui étreint ?* On ne le saura jamais... mais la bouteille qui tombe des cintres et s'écrase aux pieds de Pearl White, l'énorme gueuse de fonte qui fait de même, et le chariot placé sur un filin qui fonce sur elle à pleine vitesse ne peuvent pas être le fait d'un malencontreux hasard. L'angoisse grandit sur le plateau, et Volterra commence à se faire un sang d'encre. Si ce n'est pas Miss Casse-cou, c'est Miss Catastrophe. Pearl White, elle, va tranquillement chercher son verre ballon que lui tend son habilleuse...

Le soir de la première, c'est pire...

« On scia en partie le fil qui retenait l'avion dans lequel Pearl White s'envolait au-dessus de la salle, raconte Jacques Charles. Si je ne m'en étais pas aperçu juste à temps, elle serait tombée avec son appareil sur les spectateurs de l'orchestre et cet accident aurait certainement fait plusieurs victimes... »

En coulisses, Volterra est au bord de la syncope. Il engueule les inspecteurs de police chargés de veiller sur la vedette depuis les premières alertes, cherche partout des négligences, des coupables, des criminels, et finalement se console en allumant un énorme cigare... Il entend à peine les applaudissements qui crépitent dans la salle. Car la « Revue aux Etoiles » fait un triomphe. Bluffés par la mise en scène, les trouvailles techniques et l'allant de l'Américaine, les spectateurs sont enchantés : cette Pearl White ne vole pas sa réputation de casse-cou...

« Justement, ronchonne Mistinguett, ce n'est pas une meneuse de revue, c'est une acrobate. Au cinéma, c'est peut-être ce qu'il faut, mais sur scène, elle a tout du phénomène de foire... »

Rentrée de Bruxelles, assise sur son fauteuil comme sur un cactus, la Miss trépigne, étale sa mauvaise foi au grand jour. Elle est excédée. Cela fait des semaines et des semaines qu'on la bassine avec cette Américaine. On ne parle plus que d'elle et c'est le genre de crime de lèse-majesté qu'elle ne peut laisser passer. Qu'est-ce qui lui a pris à Volterra d'aller chercher cette étrangère ? Et elle répète :

« C'est pas du music-hall. »

Mais c'est un triomphe. Et ça, la Miss le retient aussi. Ah ! c'est ce qu'ils veulent maintenant ! Eh bien, ils vont l'avoir ! Elle se tourne vers Gesmar qui jusque-là s'était bien gardé de dire un mot, attendant que l'orage s'apaise, et lui ordonne :

« Gesmar ! Tu vas m'étudier un truc pour la prochaine revue. Je veux mieux que ça.

— Oui, dit Gesmar.

— Puisqu'elle s'envole en avion au-dessus de la salle, moi tu me feras descendre dans les fonds sous-marins, vu ?

— Oui.

— T'auras qu'à creuser une piscine, c'est simple.

— Oui.

— On appellera ça le ballet des sirènes. Tu leur feras des queues de poissons en diamants, tu mettras du corail partout et puis des étoiles de mer dans leurs cheveux. Moi, je serai la pauvre gosse qu'on jette dans l'eau avec une pierre au cou. T'as compris ?

— Oui.

— Eh bien, on dirait pas ! Je ne t'ai jamais vu l'air si bête !

— Oublies-tu que tu sais à peine nager ?

— J'apprendrai.

— Et que tu ne sais pas du tout plonger ?

— Je te dis que j'apprendrai !... Je plongerai avec Alfred, mon chien, on sera de la cloche tous les deux... Faudra m'écrire une chanson qui tirera les larmes à tous ces faux jetons [1]... »

La poisse poursuivra Pearl White jusqu'au bout. Et Volterra avec elle. Après douze jours de représentations, un terrible incendie ravage le Casino de Paris qui doit fermer ses portes. Cette fois, Léon ne veut plus entendre parler de la « Revue aux Etoiles » ni de cette maudite Américaine qui a le mauvais œil et le conduit tout droit à la ruine [2]. Il se dit déjà nettoyé, lessivé, grugé par les assurances qui ne couvrent que la moitié du sinistre... mais six mois plus tard, un nouveau Casino de Paris, beaucoup plus beau que le précédent, fait une réouverture fastueuse. Cette fois, pas de folle aventure, pas de risque, et pas d'Américaine volante ! Comme un fugueur repenti, Volterra revient à son « porte-bonheur », à sa Mistinguett qui, il le sait, va lui faire payer cher son infidélité. Et pas seulement en sarcasmes. Mais, quoi qu'il arrive, elle lui rapportera plus encore...

C'est le cas. La revue « En douce » fait un tabac. Au final du deuxième acte, une immense cuve aux parois de verre monte des dessous et apparaît sur la scène. Toute la troupe pique une tête dans l'eau. La Miss comme les autres. Elle plonge et nage toujours aussi mal. En coulisses, un maître nageur se tient prêt à intervenir...

En 1925, l'infatigable Jacques Charles ramène dans ses bagages les Dolly Sisters. Laquelle est Rosy ? Laquelle est Jenny ? Impossible de faire la différence tant leur ressemblance est frappante. Au moral comme au physique. Cérébralement parlant, elles sont siamoises. Pour Mistin-

1. *Histoire fabuleuse du Casino de Paris,* Jacqueline Lenoir, Presses de la Cité, 1967.

2. Ce sera l'unique tentative de Pearl White au music-hall. Installée sur la Côte d'Azur, elle tournera dans une nouvelle série intitulée *Terreur* qui n'obtiendra aucun succès.

guett, le danger est double : « Miss, gardez-vous à droite... Miss, gardez-vous à gauche »... d'autant que les deux terribles frangines sont d'un autre tempérament que la gentille Pearl White.

Jacques Charles qui les suit à la trace depuis l'avant-guerre, quand elles chantaient et levaient la jambe dans l'une des innombrables petites boîtes de New York, le Colonial, les a retrouvées grandes vedettes au London Pavillon où Cochran, grand maître du music-hall anglais, a monté pour elles une flamboyante revue. Les deux gamines, filles d'un émigré hongrois, tailleur à Budapest, ont bien changé. Elles ont jeté leurs deux maris des débuts — un pianiste et un manager — avec un bel ensemble, collectionnent désormais les amants richissimes qu'elles pressent jusqu'à la ruine, dilapident des fortunes colossales en bijoux, voitures et fourrures et plus encore sur les tables de baccara. Bref ! Elles vivent follement les Années folles. Avec un cynisme, une arrogance et une impudeur dignes des grandes courtisanes de naguère.

Elles évoluent sur scène avec la même facilité et la même désinvolture que dans la vie. Le numéro des Dolly Sisters n'offre rien de très remarquable, mais ces deux jolies brunettes aux cheveux courts coiffées à la Louise Brooks, altières, rieuses et trépidantes, ont le chic pour laisser flotter autour de leurs charmantes personnes un excitant parfum d'érotisme. Jacques Charles en est convaincu : ces deux diablesses doivent emballer les salles françaises. Evidemment, on est loin de la rigueur et du travail à la Mistinguett, mais les Dolly Sisters, c'est frais et moderne. Ça remplace...

Le revuiste, qui préside alors aux destinées artistiques du Moulin-Rouge, fait donc signer un contrat aux jumelles américaines, lequel leur garantit de passer « en première vedette » dans la revue. Foucret, le patron du music-hall de la place Blanche, donne son accord et contresigne. Tout est en place.

Mais quelques mois plus tard, et avant que ne commencent les premières répétitions, Foucret se lance dans un pari suicidaire. Il fait également signer Mistinguett, pour la même revue... et « en première vedette », cela va de soi. Deux (enfin trois...) places pour un fauteuil ! Tout le monde lui prédit les pires ennuis, mais le commerçant Foucret pense avec son portefeuille, et ni l'orgueil ni les susceptibilités de stars n'ont cours dans sa colonne des bénéfices. Lui, ce qu'il voit, c'est qu'avec Mistinguett et les Dolly Sisters en co-vedettes, il va faire un malheur et écraser la concurrence...

Quand Rosy et Jenny découvrent l'arnaque, elles se transforment instantanément en un mur d'hostilité. Comble de provocation, le spectacle a pour titre « La Revue Mistinguett », ce qui a le mérite de la clarté, mais les porte au summum de la fureur. La Miss peut présenter tous les titres de gloire qu'elle veut, les deux Américaines s'en balancent comme de leur premier pas de danse ! Et dès les premières répétitions, elles déterrent la hache de guerre.

Pas contre Mistinguett, pas vraiment... Sans être le grand amour, les relations entre les trois femmes se déroulent dans une atmosphère, disons... de paix armée. C'est contre Jacques Charles que les Dolly entrent en guerre ouverte, lui qu'elles accusent de les avoir embarquées dans cette galère mensongère. Bientôt, c'est l'enfer... chaque jour amène de la part des Dolly Sisters l'incident violent et prémédité. A leurs yeux, rien ne va ! Ni les textes ni les chansons ni les tableaux ni la mise en scène. Elles pratiquent le refus en cascade, exigent un maître de ballet personnel et assortissent l'ensemble de commentaires insultants... Pris quotidiennement à partie devant toute la troupe, traité comme un débutant besogneux, Jacques Charles tente d'abord d'arrondir les angles. Puis, se rendant vite compte qu'il est inutile de céder du terrain devant une stratégie délibérément destructrice, il se braque, contre-attaque sur le même ton... et s'épuise nerveusement. Car les Dolly sont des vrais bulldozers de l'engueulade. Elles sont d'accord sur tout, ne dévient pas d'une virgule, et quand l'une a besoin de souffler, l'autre prend le relais, et ce, jusqu'à ce que l'adversaire demande grâce. Seule, Mistinguett, dont la santé ferait taire un groupe de parlementaires contestataires à l'Assemblée nationale, ne se lasse pas du spectacle :

« Elles ont beau être deux, commente-t-elle, goguenarde, je les aurai à la fatigue. Elles prennent trois cent soixante-cinq jours par an. Moi, je m'arrange. »

En fait, Mistinguett compte les points. Tandis que le Tout-Paris se passionne pour le conflit qui l'oppose aux Dolly, et qu'on lui rapporte sans cesse les propos désobligeants proférés par les deux sœurs à son encontre, elle reste dans son coin, fait preuve d'une patience et d'une diplomatie inattendues. Même lorsque les deux chipies déchaînées refusent leurs costumes exécutés par l'équipe du Moulin-Rouge. Or, la « cheffesse » des girls et des costumiers n'est autre que Mistinguett. On s'attend à un *clash* monstrueux à faire trembler les murs du Moulin... rien. Foucret qui, pour sauver la revue, fait le dos si rond qu'il paraît marcher à quatre pattes, commande les costumes à l'extérieur, dont un manteau d'hermine qui revient à cinquante mille francs. La Miss laisse faire. Tout le monde en reste la bouche ouverte.

Mistinguett sent que les Dolly cherchent à toute force à rompre le contrat. Elle est au cœur de la controverse mais s'en écarte suffisamment pour éviter les éclats. Et quand les deux irascibles claqueront la porte, pense-t-elle, elle sera toujours là. Seule et triomphante. Et les deux forbans, Foucret et Jacques Charles, lui mangeront dans la main.

Bien calculé. Moins de quinze jours avant la première de « La Revue Mistinguett », les deux Américaines quittent le plateau sans prévenir et vont offrir leurs services au Casino de Paris pour un spectacle dont Maurice Chevalier sera la vedette et dans lequel elles seront d'ailleurs nettement moins bien soignées qu'au Moulin-Rouge.

A la surprise générale, le procès qui suit tourne à

l'avantage de Rosy et de Jenny. Foucret est condamné à leur verser le dédit prévu au contrat : soit cinq cent mille francs. Le duo infernal a alors un geste de grand seigneur. Plutôt que de toucher la somme, les Dolly en font cadeau à l'Union des artistes, s'attirant une sympathie unanime. « Je ne fus pas loin d'y joindre la mienne », avoue Mistinguett, soufflée. Ces Américaines et elle n'étaient vraiment pas du même monde...

Quant à Jacques Charles, il a, pour clore l'incident, ce mot désabusé :

« Les rumeurs les plus sinistres couraient Paris sur les événements tragiques qui résulteraient de la rencontre de Mistinguett et des Dolly Sisters. Il n'y eut qu'un cadavre dans cette affaire, ce fut moi [1]. »

Fin 1925. L'ouragan de la « Revue nègre » déferle sur Paris : une bande d'agités convulsifs, de danseuses et danseurs fous, de musiciens — dont Sidney Bechet au saxo — frénétiques, tous noirs comme Harlem, et qui déballent la plus extraordinaire orgie de sons, de couleurs et de rythmes que l'on ait jamais vue...

Flossie Mills [2], splendide et longue créature d'ébène, est théoriquement la vedette de ce carnaval endiablé. Mais dès le premier sabbat, la foule et les critiques n'ont d'yeux que pour la sauvageonne à la peau cuivrée, nue comme l'innocence, excitante comme le péché, qui ondule sur la scène du théâtre des Champs-Elysées. La petite Joséphine, ses seins, sa croupe et sa bille de clown, met les smokings en transe et fait grogner les robes de soirée. Les doigts, fébriles, feuillettent le programme. On met un nom sur cette liane, cette torchère, ce feu follet :

1. Joueuses invétérées, les Dolly Sisters négligèrent la scène et continuèrent à dépenser des sommes faramineuses dans les casinos. Le succès finit par les fuir et elles moururent dans la misère.

2. Flossie Mills mourut brusquement d'un arrêt cardiaque, et Joséphine Baker devint vedette à part entière de la « Revue nègre ».

Baker... Baker... Joséphine Baker. La « Vénus noire » est née.

D'entrée, Miss comprend qu'il va falloir jouer serré. Cette fois, c'est différent. Ce n'est pas un caprice de foule, une mode, fugace comme une robe de Poiret, ou un truc en l'air, qui fait le printemps en hiver, mais s'éteint de lui-même, trop éphémère...

Et puis, celle-là, la môme aux bananes, elle a ça dans le sang, dans la peau. Les filles du clan, la Miss les renifle à dix pas. Il y en a trop peu pour les rater. C'est une vraie, une mordue, une intoxiquée. Pas une fausse acrobate de ciné comme Pearl White ou une fragile écervelée comme Florelle. Non, celle-là, elle aurait mis le feu aux planches à l'Eldo tout comme elle-même. Il n'y a pas d'époque qui tienne pour les authentiques...

Mais la « p'tite môme du Casino » a la cinquantaine. Même bien conservé, même auréolé, un demi-siècle, ça pèse lourd face aux cabrioles impudiques d'une jeunesse pareille. En plus, elle est superbe, faite au moule... et elle a l'air de se foutre de tout, du scandale, du qu'en-dira-t-on, et de tout le tintouin qui l'accompagne. La Miss connaît ça... elle ne se réjouit pas de voir les dames patronnesses, les bien-pensants, les vertus outragées et les coincés de tout poil se dresser contre le spectacle satanique. La Miss connaît ça aussi... plus on vouera la Joséphine au bûcher, plus ils seront nombreux à vouloir brûler avec elle.

D'ailleurs, « ils » y vont déjà et ressortent tous pantelants, abasourdis, écrasés. On dirait des zombies envoûtés par la *coloured* sarabande. Le mal est fait. Il n'y a plus à y revenir. Malgré sa mauvaise foi et les critiques qu'elle déverse à pleins tombereaux, Mistinguett se sent désarmée. Cette fois, elle ne peut rien prendre, rien apprendre. Déjà que le jazz, elle n'a jamais vraiment aimé. C'est de la musique libre, paraît-il ! Pas pour elle, elle s'y est toujours sentie prisonnière, a peiné dur pour « adapter les syncopes à son phrasé faubourien, pour dompter des rythmes aussi carrés, adversaires de sa diction jusque-là sans contrainte [1] »... et encore ! c'était du jazz de Blanc, du mélodieux, du civilisé. Mais là ! Ils donnent l'impression de faire ce qu'ils veulent, d'improviser sans cesse. Et en plus, c'est beau, entraînant, irrésistible. On est porté comme sur des vagues, dans la tempête. On dit même que le saxophoniste, celui qui tire des sons inouïs de son instrument, Sidney Bechet... Oui, c'est ça. Eh bien ! Ce Sidney Bechet, il ne sait même pas lire une note de musique ! Qu'est-ce que vous voulez faire contre des gens comme ça ? Ils sont d'une autre planète...

Bien que s'en défendant, Mistinguett doit faire de la place. Les patrons des plus grands music-halls européens se bousculent pour avoir la « Vénus noire » dans leur spectacle. Après le théâtre des Champs-Elysées, c'est Berlin. Et après Berlin, les Folies-Bergère. Et après les Folies, le Casino de Paris...

Elles sont désormais deux sur la planète des stars du music-hall. Qui ne se mélangent pas, mais qui doivent compter l'une avec l'autre. D'un côté, la reine de Paris, la reine des plumes et des paillettes, avec sa gouaille et son accent des faubourgs. De l'autre, la perle noire, l'oiseau des îles, avec son parfum érotico-exotique et ses chansons qui, tout comme celles de Mistinguett, s'envolent dans les rues : « J'ai deux amours, mon pays et Paris... »

C'est dur pour la Miss. Mais Joséphine Baker ne tire pas un avantage décisif du formidable impact qu'elle produit sur les foules. Cette jeune femme, née à Saint-Louis, dans le Missouri, en 1906, a connu la misère effroyable des ghettos noirs et s'enivre de la formidable liberté que lui donne la célébrité. Elle adore chanter, danser, elle adore le music-hall, mais aime encore plus la vie. Devenue vedette en l'espace d'un éclair, elle se plie mal — cela changera par la suite — à toutes les obligations que cela entraîne. Ses frasques, ses exigences, ses manquements aux contrats et ses absences injustifiées désespè-

1. *Vivre deux fois*, Georges Tabet, Laffont, 1980.

rent les commanditaires. Cornaquée par son amant en titre et manager exclusif, Pepito Abatino, l'homme au monocle, faux comte mais vrai exploiteur, Joséphine croque dans les plaisirs de l'existence avec un appétit insatiable. Mais Pepito a fort à faire pour freiner la nature exubérante et très sensuelle de sa protégée. Joséphine a le cœur si vaste...

Pendant ce temps, Mistinguett, qui sait depuis longtemps joindre l'utile à l'agréable, travaille, travaille toujours, travaille encore... Cette cohabitation au sommet va durer des années. Cohabitation forcée, dictée par le public. Mais qui n'empêche pas les « sentiments » :

« Mistinguett, affirme Georges Tabet, impératrice du music-hall, star incontestée depuis longtemps, se mit à haïr Joséphine dès sa première apparition à Paris, et cette haine garantissait à la vedette noire qu'elle avait bien acquis une suprématie sur toute la profession. Ces grands que j'ai bien connus ne commettent pas d'erreur. Guidés par leur instinct, ils ne perdent pas leur temps ni leur animosité contre les médiocres. On dit que les loups ne se mangent pas entre eux. C'est faux au music-hall où il n'a jamais existé, en notre siècle, que trois supermonstres sacrés capables des plus hautes performances : Mistinguett, Maurice Chevalier et Joséphine Baker. Tous trois juraient en public qu'ils s'adoraient ; ils étaient pourtant prêts en secret à s'entre-dévorer... »

En fait, les deux rivales se contentent de picorer dans l'assiette des petites phrases vachardes qui font la joie de leur entourage. Et à ce petit jeu, Mistinguett ne connaît pas d'égale. Si Joséphine, avec un sourire d'ingénue, ne cesse de dire vicieusement du bien de « son aînée » dont elle vante la « longue carrière » en insistant sur ses débuts « d'avant 1900 », la Miss la nomme rarement en public, préfère parler de « sa remplaçante des Folies-Bergère ». Un soir, elle demande bien haut, au cours d'un souper :

« Au fait, comment ça marche avec... Bah ! c'est trop bête. Rappelez-moi donc le nom de la femme de couleur qui chante avec une ceinture de bananes. »

« Dans le genre “ couleur ”, raconte Michel Gyarmathy, j'ai encore mieux. Nous étions à table. Il y avait Joséphine, Léna Horn, la chanteuse, et les Peter Sisters...

Je demande un second café, très fort, et le maître d'hôtel interroge Mistinguett :

— Prendrez-vous également un café, mademoiselle ?

— Jamais de café pour moi !

Et à mi-voix, l'œil fixé sur les femmes de couleur :

— Et surtout pas ce soir ! Le noir, ce soir, j'en ai soupé. »

Au-delà de l'anecdote, Michel Gyarmathy confirme :

« Miss était trop entière pour admettre la moindre concurrence. Or, Joséphine était la vraie rivale, qui amenait quelque chose de nouveau, de jamais vu. Un autre rythme. Elle était une grande elle aussi, et Miss ne pouvait l'admettre. Elle avait pourtant toutes les preuves sous les yeux, mais elle refusait d'y croire... »

Et Cécile Sorel ?

Gyarmathy balaie la fausse géante d'un geste de la main dédaigneux :

« Ça n'a rien à voir. Cécile Sorel, c'était pour faire mousser, pour faire un peu de scandale. Une grande actrice du Français qui entrait au music-hall comme meneuse de revue, vous comprenez ? Mais bon... »

Pourtant, en cette fin d'année 1933, c'est l'événement, le choc de titans dont tout le monde parle. Pour contrer la prochaine « Revue Mistinguett » des Folies-Bergère, Dufrenne et Varna ont l'idée la plus audacieuse et la plus fracassante qui soit : faire de Cécile Sorel la prochaine vedette du Casino de Paris ! L'effet de surprise est énorme. La grande Cécile Sorel, diva du Théâtre-Français, sublime interprète des plus grands classiques du répertoire national sur une scène de music-hall ! Et pourquoi pas Mistinguett à l'Opéra ? Les artistes, vraiment, sont de drôles de bêtes...

Dufrenne et Varna s'engagent dans un sacré pari. Sorel, c'est l'héritière — en moins divine... — de Sarah Bernhardt, entrée il y a dix ans dans son cercueil pour ne plus en sortir. Se la figurer gambiller au milieu des filles nues semble aussi naturel que de voir Guitry écrire pour une revue. Eh bien, justement ! c'est Sacha, roi de l'étincelle verbale, qui « habille » la Sorel. Monsieur « Moa » pour celle qui fut une céleste Célimène. Et pour un spectacle de croquants. Faut oser...

Cécile Sorel bat des mains. Comme une deb à son premier bal. Elle vient de faire ses adieux à la Comédie-Française après vingt-neuf ans d'une éblouissante carrière. Et, excitée par cette liberté toute neuve, elle s'offre une fugue. Car elle a bien l'impression de fauter, de se commettre avec des gens de peu, des pas-grand-chose, mais c'est ce qu'elle veut, la Cécile :

« Ah ! ami ! ami... de l'audace, de la folie, du rythme !... »

Oui, c'est le style de Cécile. Lyrisme déclamatoire et extase du moi. Elle demande du sel et vous avez envie d'applaudir. La vie de Cécile est un théâtre permanent, une scène au pied de laquelle tous les grands des arts, des lettres, de la politique et d'ailleurs sont venus s'agenouiller. Gabriele D'Annunzio s'est enflammé pour elle, Clemenceau lui a sauté au cou, Oscar Wilde a défailli rien qu'en la voyant. Elle copine avec les rois, les empereurs, les puissants, les génies, épouse un noble, un vrai celui-là, un de vieille souche — le comte de Ségur —, cultive l'art du précieux (ridicule ?) et de l'emphase. Tel est l'univers familier de Cécile Sorel. On lui prêterait le château de Versailles pour un week-end qu'elle n'en serait pas étonnée...

Oui mais, dans le music-hall, qu'est-ce qu'elle vient faire, Célimène ?

« M'amuser, ami... m'amuser... ce n'est pas défendu, n'est-ce pas ? »

Varna se fait un peu de souci tout de même. Coincé entre Joséphine Baker et Mistinguett, il a voulu trouver quelque chose de tout à fait différent, faire contraste. Lutter sur le même terrain que ces deux-là était inutile. Question électrochoc, c'est réussi... reste à savoir maintenant si la débutante, qu'il paie très cher — cinq mille francs par soirée — sera à la hauteur. Pour commencer, ce n'est plus une jeunesse, c'est le moins que l'on puisse dire : soixante ans, deux ans de plus que « grand-mère » Mistinguett. Un record ! L'âge, c'est le seul point commun de ces deux monstres sacrés. En comptant le soin jaloux qu'elles mettent à le dissimuler. Mais si, pour la Miss, ce n'est pas un problème... qu'en est-il de Sorel ? Déjà que les chansonniers s'en donnent à cœur joie : ce n'est plus un choc de titans, c'est un choc de mémés...

Varna a tort de s'inquiéter. Outre qu'elle porte, elle aussi, vaillamment le poids des ans, Cécile Sorel n'a rien à envier à Mistinguett sur le plan du travail et de la conscience professionnelle. Sacha Guitry écrit pour elle un texte sur mesure, « Maîtresses de rois », où elle sera successivement Agnès Sorel, la Belle Ferronnière, Célimène, la Pompadour, la Du Barry... et pendant ce temps, la grande actrice s'entraîne comme si elle envisageait de disputer les premiers Jeux olympiques du troisième âge, transforme son grand salon des Champs-Elysées — temple grec aux murs d'or avec colonnes de porphyre et dieux en marbre de Paros, miroirs de vermeil — en salle de culture physique...

« ... Et, du matin au soir, presque aussi dévêtue que les chefs-d'œuvre athéniens qui, à me contempler, devaient évoquer les fêtes des Olympiades, je cultivai mon corps en musique.

Entraînée par mes danseurs, conseillée par la belle Lorcia, sculptée par le génie de Lifar, dans cette atmosphère enthousiaste je tendais ma vie vers un idéal de liberté et de beauté. J'avais perdu le sentiment de la pensanteur. Je me grisais de cette légèreté. Obsédée par le rythme de la musique, j'en portais partout l'ensorcellement. Quelques amis assistaient à ces répétitions, qui, disaient-ils, valaient pour eux un petit lever à Versailles. C'était le rendez-vous du Tout-Paris [1]. »

1. *Les Belles Heures de ma vie,* Cécile Sorel, Éditions du Rocher.

Sorel s'envole...

Autre sujet de satisfaction pour Varna et Dufrenne, la presse s'empare de l'événement qui bientôt déborde du simple cadre d'une rentrée de music-hall. Les échotiers semblent avoir, à portée de plume, un stock de munitions inépuisable : c'est le duel des stars, la guerre des étoiles...

Fidèle à elle-même, la Miss ne reste pas à la traîne. La Sorel, elle l'a souvent épinglée par le passé. Alors, aujourd'hui qu'elle vient marcher sur ses brisées, elle ne va pas se gêner : quand elle apprend que la revue du Casino de Paris démarre deux jours avant celle des Folies-Bergère, la Miss fait une rentrée anticipée et très parisienne. Elle donne à minuit chez Maxim's un souper intime... mais dont tout le monde parle. Avec, à ses côtés, quelques alliés du Tout-Paris : Spinelly, Pierre Benoit, Jacques Charles...

26 octobre 1933. Soir de la première. La *gentry* parisienne est en ébullition. Les places se sont arrachées à prix d'or, des spectateurs ont campé toute la nuit rue de Clichy pour obtenir un fauteuil. Cécile Sorel s'apprête à débuter devant un parterre princier. Elle ne sera pas dépaysée... « Elle est phénoménale, s'extasie Sacha Guitry. Elle joue la comédie tous les soirs comme si le roi de France était dans l'avant-scène... » Mais au promenoir, il y a le bon peuple de Paname qui attend fermement l'aristocrate, et qui, tout à l'heure, a fait une ovation monstre à son idole installée dans une loge : Mistinguett. Que Sorel s'avise seulement de faire un faux pas...

Pas de faux pas. Cécile Sorel est une grande actrice. Allure altière et port de tête racé, malgré son costume Louis XIV de plus de vingt kilos et son casque de guerrier orné de diamants et de plumes orangées, elle conquiert son nouveau public. Qu'importe après tout, si la célèbre néophyte descend le fameux escalier d'or en lançant ses jambes en avant comme des prothèses mécaniques... elle a, en bout d'épreuve, le mot qui passera à la postérité :

« L'ai-je bien descendu ? »

Deux jours plus tard, Mistinguett entre en piste dans

« Folies en Folie ». Avec Fernandel comme désopilant partenaire. Pas le même style... mais incorrigible, elle ne peut résister à la tentation de s'inspirer du spectacle de Cécile Sorel, et demande à Maurice Hermitte de lui écrire un sketch sur le thème « Gigolos de reines », histoire de prendre le contre-pied de « Maîtresses de rois », projet qui ne connaît pas de suite, car la Miss juge finalement que l'œuvre de Sacha Guitry n'obtient pas le succès escompté.

Les deux vedettes ont désormais toutes leurs soirées occupées, mais leur rivalité ne s'éteint pas pour autant. Bien au contraire, on se charge de l'alimenter par tous les moyens, y compris par la publicité des deux music-halls, car plus la guerre est déclarée, plus les files d'attente s'allongent aux guichets. Aussi, lorsqu'on propose à Mistinguett de partager avec Cécile Sorel la tête d'affiche d'un spectacle, et qu'elle répond : « Moi, jouer avec cette vieille-là, mais vous n'y pensez pas ! », personne ne s'étonne. Et pourtant...

Et pourtant, les deux ennemies publiques s'invitent en cachette dans leur loge respective. Seuls quelques intimes sont mis dans la confidence. Elles se retrouvent comme deux anciennes copines de collège, dînent et s'amusent du chahut qui est fait autour d'elles. Tout le monde les dit brouillées, fâchées à mort, et elles ne se sont jamais si bien entendues...

Ce rôle-là aussi, Mistinguett sait le jouer à merveille. Parce qu'il fait partie de sa personnalité, de ses propres contradictions. Parce qu'elle peut adorer et détester tout à la fois la même personne. Et dans le même instant. Parce qu'elle ne peut pas être admirative sans être jalouse. Paulin Toma raconte à ce propos cette histoire étonnante...

« La Miss était en extase devant la môme Piaf. D'ailleurs, son portrait trônait dans son salon. Un jour, elles se retrouvèrent toutes les deux au Grand Rex pour préparer un gala. Mistinguett devait interpréter une chanson de Piaf, et elle était heureuse comme une gamine.

Elles répétaient toutes les deux, Edith attendant dans la salle que la Miss en ait terminé pour chanter à son tour. Et Mistinguett traînait, traînait... au point que Piaf comprit qu'elle le faisait exprès, pour l'empêcher de monter sur la scène. Elle a piqué sa crise, s'est mise à crier : " Elle nous emmerde, la vieille ! " et évidemment, elles se sont engueulées toutes les deux comme des marchandes de poissons... La Miss voulait montrer qu'elle était encore là, qu'il fallait encore compter avec elle. Et ça, c'était tout Mistinguett... »

Cinquième partie

BAROUD D'HONNEUR

CHAPITRE 1

Couvre-feu

Apparemment, l'astre Mistinguett ne faiblit pas. A quelques mois du grand chambardement de 39-40, la vedette continue d'écumer les scènes du music-hall avec une régularité de métronome. Elle a soixante-trois ans au compteur et continue d'afficher sur ses légendaires gambettes une jeunesse stupéfiante. Pas la moindre marque de faiblesse, pas le moindre signe d'essoufflement. « Je suis immortelle ! » clame-t-elle à tous vents. Elle plaisante à peine, et on finit par la croire...

Pourtant, tout change autour d'elle. Et l'on ne parle même pas du monde qui chancelle, dont elle ne sait toujours rien et ne veut toujours rien savoir... mais plus modestement de son univers de chansonnettes. Passion exclusive qui conduit sa vie vingt-quatre heures sur vingt-quatre. Le jazz, ce jazz de la revue Nègre et de Joséphine Baker qui la laisse tout de même un peu désarmée, a fait des rejetons à la française. Sur le « petit chemin qui sent la noisette » vagabondent de nouvelles voix et de nouveaux rythmes. Il y a même des anciens à elle, Jean Sablon, Pills et Tabet, et puis des tas de petits jeunes qui chantent la joie de vivre tout en bondissant comme des kangourous. Il y en a un surtout, plus fou que les autres — c'est même son surnom — un blondinet à chapeau qui met l'édifice mélodique sens dessus dessous. Charles Trenet...

Imperturbable, Mistinguett ne bouge pas. On a tenté de lui forcer la main pourtant. De temps à autre, Varna s'essaie à une suggestion. Il voudrait « moderniser » un peu... Oh ! pas grand-chose... juste une touche par-ci, par-là, un petit rien...

« Qu'en pensez-vous, Miss chérie ? » glisse-t-il, sourire enjôleur...

Foudroyé du regard, Varna n'a que le temps de rentrer dans sa coquille :

« Changer quoi ? Puisque ça marche comme ça ! »

Depuis qu'elle est sur scène, il n'est de touche concevable que la touche Mistinguett...

Que cette génération s'amuse donc ! D'autant qu'elle n'empiète pas sur son royaume. Ils jouent, chantent et dansent sous d'autres cieux. Bien sûr, d'autres chansons que les siennes s'envolent désormais dans les rues... bien sûr, elle n'est plus, comme dans les années vingt, synonyme de plaisirs, d'outrances ou de scandales. Mais ce n'est pas elle qui a changé. Ce sont les autres... Il y a tant de choses qui faisaient hurler jadis et qui n'étonnent plus personne aujourd'hui...

Elle reste. Un peu plus solitaire chaque jour, un peu plus unique. La Miss est devenue un être à part dans l'imagerie populaire. Une statue indéboulonnable. Un monument, que l'on va visiter, au même titre que la tour Eiffel ou l'arc de Triomphe. C'est pour cette raison qu'il y a tant de touristes étrangers, tant de provinciaux, aux Folies ou au Casino de Paris. Pour voir la Miss...

Elle n'ignore rien des railleries en coulisses, des moqueries des beaux esprits. Même Maurice s'y met, la trouve déraisonnable de s'entêter à jouer son personnage comme il y a quarante ans... ça lui va bien, à l'« Empereur », ce genre de raisonnement. Qu'est-ce qu'il croit ? A-t-il oublié qu'il est de la même race, nourri à la même drogue ? Sorti de scène, lui aussi, il est mort... Alors, il faut tenir au maximum, et coûte que coûte. Demeurer au sommet, ne pas fléchir, ne pas céder un pouce de terrain au temps qui passe. Tant qu'on peut.

Combat perdu d'avance, c'est sûr. Mais le plus tard possible. Miss aime bien l'histoire de la chèvre de monsieur Seguin. Baroud d'honneur...

A l'automne 1938, Mistinguett prend le pouls d'une popularité toujours intacte dans les grandes villes de province, puis dans quelques pays frontaliers comme la Suisse et la Belgique. Tour de chauffe avant de lever l'ancre pour l'Argentine. La vedette est aux anges. Elle adore le public exubérant de l'Amérique du Sud, elle adore vivre en tournée. Triomphe à Buenos Aires, à Rio de Janeiro, triomphe partout, à chaque fois, c'est une déclaration d'amour... Les bruits de bottes qui résonnent sur le sol d'Europe s'étouffent sous les fleurs, les couleurs, les chaleurs d'une foule qui fait de chaque soir une fête. Rappelée cinq, six, dix fois par un public déchaîné, la vedette est sur son îlot de bonheur. Comment croire à la guerre quand la vie est si belle ?...

Le retour vers la France s'annonce tout aussi joyeux. Sur le *Campana*, le paquebot qui assure la ligne d'Amérique du Sud, la troupe Mistinguett retrouve celle de la Comédie-Française, elle aussi auréolée d'un formidable succès à l'étranger. Ambiance de récréation sur le pont. Gisèle Casadesus, Maurice Escande, Fernand Ledoux font les fous... Mistinguett, Carenzio et les autres ne restent pas à la traîne.

Le chahut prend fin brusquement. A une date facile à retenir. 3 septembre 1939. Agglutinés autour du poste de radio, perdus en plein océan, quelques porteurs de rêve et d'imaginaire sont frappés de plein fouet par l'invraisemblable réalité : la guerre...

Les larmes remplacent les rires. Le *Campana* vogue désormais à l'heure du couvre-feu, navigue toutes lumières éteintes, évolue en zigzag pour éviter d'éventuels ennemis, sous-marins ou avions. Les passagers ne quittent plus leurs ceintures de sauvetage, dorment comme des Bibendum dans leurs couchettes. Les journées sont mornes, harassantes de cafard. Mistinguett et ses compagnons sont comme en attente... alors que c'est arrivé. Il leur tarde désormais de débarquer.

Marseille. Avec une semaine de retard. Après avoir laissé deux girls de nationalité allemande à Casablanca. Deux amies... devenues brusquement ennemies. L'absurdité commence...

Paris est fermé. Théâtres, music-halls, cinémas... bouclés. La guerre n'est pas faite pour les amuseurs publics. Mistinguett et ses congénères sont au chômage technique, s'ennuient, vivotent entre deux exercices d'alerte et avec leur masque à gaz en bandoulière. Mais la guerre ne vient pas. Ou plutôt, elle hiberne, elle s'installe, elle s'immobilise sans s'être élancée : « Drôle de guerre »... « Ils » n'ont pas l'air de vraiment vouloir la faire. La France revit à petits coups successifs, ouvre à nouveau ses lieux de distractions. L'uniforme, le rata, l'adjudant et les bandes molletières redeviennent sujets d'inspiration. Ray Ventura et ses « Collégiens » invitent leurs compatriotes « à pendre notre linge sur la ligne Siegfried », Maurice Chevalier et Joséphine Baker composent l'éblouissante affiche du Casino de Paris. Puis, comme d'autres artistes, ils se rendent sur le « front », sur la ligne Maginot où des centaines de milliers de bidasses tapent le carton et se soûlent au gros rouge en attendant qu'en face...

A cinquante et un ans, « Momo » est en forme, cache ses angoisses sous le sourire parigot. Canotier sur l'oreille, il remonte le moral des troupes désœuvrées :

Et tout ça, ça fait d'excellents Français,
d'excellents soldats qui marchent au pas,
En pensant que la République,
C'est encore le meilleur régime ici-bas,
Pour qu'une bonne fois pour toutes,
On nous foute la paix...

Mistinguett chante et danse aussi Paris. À l'Étoile-Palace, anciennement les Folies-Wagram. Mais il faut déjà se serrer la ceinture. Le carré d'as se transforme en une paire de boys. Peau de chagrin. Pour annoncer le spectacle, il y a Any Lancel, une gentille et frêle speakerine, à la voix étrangement profonde. Qui poursuivra son chemin sous le nom de Suzanne Flon.

Miss chante ses grands succès, ses « classiques » comme elle dit. « Mon homme », « Valencia », « En douce », etc., sans grand apparat. C'est du pauvre, du rationné...

Mai-juin 1940. Les va-t-en-guerre se plaignaient de trop attendre. Ils ne sont pas déçus. On ne s'ennuie plus. On fuit. L'armée d'abord, perforée comme un bloc de carton-pâte par les panzers et qui s'émiette dans tous les sens. Encerclée à Dunkerque, poussée à marche forcée partout ailleurs, doublée même parfois par les vainqueurs. La vague teutonne déferle sur le nord du pays à une allure record, charrie devant elle le plus incroyable des flots humains. Déboussolées par la défaite éclair, affolées par la vision d'une troupe en guenilles, les populations se jettent sur les routes pour échapper à l'envahisseur. Les villes, les villages et les campagnes se vident, se dépiautent en couches successives. On regarde passer les longues files résignées de réfugiés venus de plus haut, et on vide les lieux à leur suite. Et un peu plus loin, c'est au tour du voisin... avec, survolant toutes les rumeurs et toutes les terreurs, un seul mot d'ordre : au sud, toujours plus au sud...

La grande débandade. Lents convois surchargés. Camions, charrettes, voitures à bras, vélos, brouettes... tout est bon. Et quand on n'a plus rien, soi-même, chargé comme une bête de somme. Pagaille extraordinaire, et force irrésistible aussi, que rien ne peut retenir. Ni les stukas en piqué, ni les bombes, ni le simple bon sens qui commanderait de ne plus fuir pour aller on ne sait où. Et puis, au milieu de toute cette détresse étalée — de ce sauve-qui-peut aveugle — affamée et paniquée, les privilégiés, les riches de la paix d'hier, à qui la guerre n'a pas encore pris grand-chose, qui savent où dormir, où manger. A grands coups d'avertisseurs, de puissantes voitures fendent la foule des accablés qui, et ce n'est pas le moins étonnant, s'écartent docilement, par réflexe, par habitude. Il y a de tout dans ces limousines, tout ce que Paris compte de politiques, d'industriels, d'hommes d'affaires, mais aussi d'intellectuels, d'écrivains et d'artistes renommés. Sacha Guitry s'abrite à Dax, Colette en Corrèze. Picasso fonce à Royan à bord de son Hispano. Maurice Chevalier qui, à grand renfort de publicité, a offert sa vieille Packard ramenée d'Amérique à la casse pour l'armement, donne le volant de sa Bugatti flambant neuve à Nita Raya, sa jeune maîtresse. Direction Saint-Meyme, en Dordogne, chez d'anciens danseurs du Casino de Paris. Mistinguett aussi est de l'hallucinant rallye. Avec pour compagnons, ses deux chiens de poche, pour chauffeur, son danseur-amant Carenzio, qui l'amène sans encombre jusqu'à l'hôtel du Palais à Biarritz. Arrivée remarquée...

« Elle faisait son entrée dans le tableau " Biarritz en guerre ". Il ne lui manquait qu'un uniforme de satin kaki, un casque à plumes et un fusil de bois. Ses sautoirs de perles, elle les avait tous... [1] »

La Miss ne se sent pas dépaysée. Bien que les temps soient plus que troublés, Biarritz reçoit peu de paysans et d'ouvriers. Dans la cohue des habitués, cette fois en villégiature forcée, elle hume les parfums retrouvés de son Paris coutumier : tout le brain-trust des Folies-Bergère — Paul Derval, Michel Gyarmathy et quelques autres — a déjà débarqué. Elvire Popesco campe, impériale, dans sa grosse Mercedes Benz de couleur crème garée le long de la plage, et nombre de vedettes, dont Suzy Solidor, Charles Trenet et Johnny Hess, tournent aux abords, cherchant à se caser dans la ville surpeuplée. Souriante, détendue, Mistinguett est de moins en moins perturbée par le désordre ambiant. Si tout le monde se retrouve ainsi, c'est qu'après tout, les choses ne vont pas si mal...

Elle ne tient que très peu de temps. Celui qu'elle occupe à résoudre quelques problèmes d'intendance...

1. *Monsieur Folies-bergère*, Fanny Deschamps.

Puis, déjà usée par un désœuvrement de quelques jours, en manque d'une loge et d'un décor, elle tombe sur le dos de Derval :

« Paul, puisque nous sommes tous là, vous compris, et que nous avons même notre décorateur favori, nous devrions monter une revue. Je peux plus tenir sans usiner. On pourrait jouer au bénéfice des réfugiés pauvres ?

— Ou de l'armée, ricana Derval. On lui achèterait des armes, c'est urgent ! »

— Je blague pas, Paul. Quoi, Paul, vous avez tout le gratin du music-hall sous la main [1] ! »

La Miss format nature. Alors que tout le pays coule à pic, elle refait surface. Elle a vu, sur les routes de l'exode, se dérouler des scènes poignantes, elle s'est mélangée au désastre humain, a pataugé dans le chaos des petites vies sacrifiées... mais à peine a-t-elle échappé à cette noire Berezina, qu'elle rebondit en conquérante, moral replâtré. Tout le monde, dans ce grand foutoir, n'a garde de laisser échapper son talisman, son porte-bonheur : un missel, un chat ou un costume du dimanche... la Miss n'a qu'un gri-gri pour surnager dans la terrible épreuve : sa passion du music-hall. Et tant qu'elle pourra monter sur une scène, faire face à son public, elle se sauvera. Dans le capharnaüm doré de l'hôtel du Palais de Biarritz, la Miss cingle les morosités et les abattements, regonfle les baudruches démoralisées. Ce n'est pas le moment de dégringoler, de se laisser flageller. Des inconscients rétorquent qu'il y a plus important à faire dans ce carnage que de monter un spectacle... Non. Rien n'est plus important, rien n'est plus essentiel que l'oxygène...

Petit aperçu des quatre années qui vont suivre. Quatre années d'un malheur lourd, écrasant. Que Mistinguett traversera tout de même en chansons...

1. *Id.*

CHAPITRE 2

Bunker mondain

Les premiers mois qui suivent l'armistice, Mistinguett les vit à tâtons. Et en exil. C'est ainsi qu'elle perçoit la situation. Comme l'écrasante majorité des grands noms des arts, des lettres et du spectacle, elle campe au sud, en zone dite libre — « la zone préoccupée », selon l'astuce du poète Fernand Gregh — en attendant de pouvoir enfin rejoindre son port d'attache, sa vraie patrie : Paris.

Mais Paris est sous la botte allemande. A cent pour cent. Mise aux arrêts, verrouillée comme une colonie rebelle. La Miss est donc condamnée à piaffer dans la France du Maréchal, état-moignon replié à Vichy. Transformée en capitale d'opérette, la ville thermale vit dans un invraisemblable méli-mélo, s'aligne tout à la fois sur l'heure du tragique et de la bouffonnerie. Surpeuplés jusqu'à la dernière chambre de bonne, les hôtels grand siècle deviennent ministères, voient s'agglutiner entre leurs murs la plus extraordinaire concentration de déracinés haut de gamme : politiciens, hommes d'affaires, scientifiques et intellectuels. Véreux ou rêveurs, idéalistes ou farfelus, comploteurs ou perdus, royalistes, fascistes, antisémites ou anciens de gauche ne sachant plus de quel côté retourner leur veste, ils s'échouent en cohortes bruissantes, grouillent en insectes autour du vieux Maréchal et de son ennemi intime, le Premier ministre auvergnat à tête de Tartare. Les artistes ne sont pas en reste.

Ce sont même eux qui s'adaptent le mieux, amusés de trouver dans la réalité un tel décor et de tels personnages de comédie. Au point de reconstituer, en une mise en scène fulgurante, l'atmosphère à laquelle ils ont dû si douloureusement s'arracher...

« Vichy bourdonnait comme un Deauville des plus heureux jours. De la gare à l'Allier, c'était un flot de robes pimpantes, de négligés savamment balnéaires, de vestons, de grands tailleurs, Hollywood, Juan-les-Pins, les Champs-Elysées, Tout-Auteuil, Tout-Passy, toutes les " grandes premières " de Bernstein et de Jean Cocteau, la haute couture, la banque, la Comédie-Française, le cinéma, avec les grues les plus huppées de la Madeleine... [1] »

On verrait bien la Miss se pavaner dans les grands parcs à fontaines et jets d'eaux. Or, elle est absente de cette ambiance *high society* et bohème dorée, reléguée au fond de l'Allier. Y voit-elle un côté province qui, de tout temps, l'horripile ? Quoi qu'il en soit, elle quitte Biarritz où son idée de monter une revue est restée sans suite, et se dirige vers sa villa du cap d'Antibes. Après quelques courtes escales à Toulouse et à Marseille qui, sous l'afflux de milliers de réfugiés, s'agitent comme des fourmilières déboussolées.

La Miss est enfin au calme. Au bout du chemin du Croûton qui conduit à sa grande maison blanche ensoleillée. Et ça lui pèse déjà. A soixante-six ans, les événements décident pour elle et la clouent sur sa chaise longue. Elle mange peu, car les vivres sont rares... mais elle s'en réjouit plutôt, persuadée que l'ennui sans la bouffe ne lui fera pas perdre la ligne. Carenzio est à côté, à Nice, où il s'occupe d'une boîte de nuit, le Kan-Kan, appartenant à Roger Féral, le frère du petit Lazareff, son ancien secrétaire. Ce n'est pas une distance suffisante pour échapper aux tendres exigences de la Miss. Peu galant,

1. *La Vie quotidienne des écrivains et des artistes sous l'Occupation,* Gilles et Jean-Robert Ragache, Hachette.

Lino se plaint en effet d'être trop aimé. Selon lui, en amour non plus, Mistinguett n'a pas l'âge de son état civil...

« J'ai parfois l'impression que le vieux, c'est moi », confie-t-il à Georges Guétary.

Parfois, Mistinguett se dérouille un peu les jambes. Un petit gala l'appelle, comme à Aix-les-Bains, au cours de l'été 1941. Elle s'est produite sur la scène du Casino, accompagnée du corps de ballet de Bentyber et Arambol. Bonne surprise, Tino Rossi était venu en copain. Champagne ! Deux bouteilles... les restrictions ne sont pas les mêmes pour tout le monde. Ça a mis Tino en forme, et la Miss a bien vu à ses yeux enjôleurs qu'il tombait raide amoureux d'une ravissante jeune fille présente à leur table. Une danseuse du nom de Lilia Vetti [1].

Maurice Chevalier n'a pas pris le chemin du Croûton. Il n'est pourtant pas loin. Il a quitté Saint-Meyme pour sa villa de « La Bocca », du côté de Cannes. Mais il est toujours avec sa Nita Raya.

Alors, la retraite ? Mistinguett ne s'y sent pas prête... même si elle vivait cent ans, elle ne le serait jamais. Une pomme de terre ce midi au menu... ce n'est pas lourd. Plus un coup de téléphone :

« Allô, Miss ? »

C'est Varna. Déguisé en destin. C'est pour une rentrée au Casino de Paris. En novembre. Elle succédera à Chevalier. Mistinguett sourit de toutes ses dents éclatantes : Le destin a parfois une sacrée gueule...

On ne peut pas dire que Paris a retrouvé des couleurs. Il n'y en a plus qu'une : le vert-de-gris. Mistinguett réintègre son appartement du 24, boulevard des Capucines avec, dans les yeux, une drôle de vision : Paname est toujours Paname, mais ce n'est plus la même ville. Le drapeau à croix gammée flotte sur l'hôtel Majestic, les panneaux en langue allemande quadrillent la capitale, des bottes à semelles cloutées battent le pavé et les envahis-

1. Lilia Vetti deviendra la troisième femme de Tino Rossi.

seurs se donnent des plaisirs de touristes : ils ont leurs propres restaurants, le Rex est devenu un *soldatenkino*, la salle de l'Empire leur est réservée ! Ils ont même leurs bordels privés...

Le mythe du « gai Paris » n'épargne pas l'armée allemande. Hitler l'a lui-même décidé. Cette cité de la débauche et de la futilité doit servir de base arrière à ses vaillants soldats. C'est là, au cœur de la déchéance, qu'ils peuvent s'amuser et reprendre des forces avant de retourner au combat. Que Paris soit une fête, un vaste lupanar pour ses guerriers ! C'est toute l'utilité de ces Français défaits et dégénérés...

Les boîtes de nuit, les cabarets, les théâtres et les music-halls rouvrent à la vitesse *blitzkrieg*. Rentrés de leur exode épique et trop occupés à survivre, la plupart des habitants passent au large, ignorent ostensiblement les hordes de « touristes » indésirables, font comme s'ils n'étaient pas là. Au point que les Allemands en goguette surnomment Paris « la ville sans regard ». Mais le fêtard en uniforme n'a pas besoin du Français de base, muré dans son hostilité silencieuse. Ce n'est pas lui qui fait tourner « les usines à plaisir ». Or, elles tournent, elles tournent même à fond... c'est donc qu'il y a quelqu'un pour les faire fonctionner.

Le Paris des Arts, des Lettres et du Spectacle est écartelé. Certains grands noms ne sont pas rentrés de l'exode, ont poursuivi leur route, se sont réfugiés à l'étranger. Origine juive, conviction politique — ou tout simplement répulsion profonde devant l'inhumanité hitlérienne.

Et puis, il y a ceux qui ne se font pas prier, qui tombent dans le panneau grand ouvert de la collaboration « de divertissement », sans que personne n'ait besoin de les pousser. Et Mistinguett est du lot. A partir de novembre 1941, elle agite chaque soir ses gambettes sur la scène du Casino de Paris — rouvert dès juillet 1940 — en clamant, bras grands ouverts, un tonitruant « Toujours Paris »... et chaque soir, elle prend l'entrée des artistes, passe sans sourciller sous l'inscription infamante : « interdit aux chiens et aux juifs ».

« Les Allemands, je les avais vus comme tout le monde », se défend Mistinguett, réglant en une phrase son problème de collaboration artistique... mais le problème, c'est qu'elle n'est pas tout le monde, qu'elle est un symbole, une référence, que la renommée s'attache à son nom. Mais se pose-t-elle seulement la question ? Elle se lance sans réfléchir, suit le flot des comédiens, des chanteurs, des danseurs, de tout le microcosme artistique et intellectuel parisien qui, plus que toute autre catégorie sociale, cherche à reprendre ses habitudes d'antan et, quand il le faut, à s'adapter aux temps nouveaux. Dans ce milieu à l'égoïsme surdimensionné, où rien, absolument rien, ne peut dépasser l'exigence de s'exhiber et de briller, où tomber dans l'oubli équivaut à la pire des avanies, Mistinguett a toujours nagé comme un poisson dans l'eau. Et le plus souvent en tête. Et s'il est une question, une seule qu'elle consent à se poser, c'est celle-là. Toujours la même : m'est-il possible de vivre sans le music-hall ? Et la réponse est non.

Rien d'autre. La Miss n'est pas, comme ces célébrités, fascinée par la race des vainqueurs. Elle n'éprouve aucune admiration pour l'Allemagne nazie, se moque de sa force, de son ordre, de ses slogans, se fiche du Grand Reich, du soi-disant empire établi pour mille ans. Elle n'a pas non plus, comme Maurice Chevalier, ancien combattant de la Grande Guerre, le respect du Maréchal, et le souci de s'aligner sur l'ordre établi. Son égocentrisme — réel — et sa soif de paraître ne vont pas, comme chez Sacha Guitry, jusqu'à orchestrer de belles manifestations sous l'égide de la croix gammée. Elle ne tombe pas sous le charme vipérin de l'ambassadeur Otto Abetz, grand ordonnateur de la culture collabo. Elle ne roule pas pour la « Nouvelle Europe », pour la défense de l'Occident et la lutte antibolchevique. La Miss ne reconnaît qu'un seul maître, qu'un seul joug : le music-hall. Elle ne brûle de passion que pour les planches, et pour l'instant, toujours unique, où elle entre sous les sunlights, auréolée de gloire et de lumière. Et tant pis si, en bas, dans l'ombre de la salle, quatre-vingts pour cent de ceux qui applaudissent sont germaniques... et tant pis si le programme est désormais imprimé en deux langues. Il pourrait être chinois, zoulou ou papou... Quelle importance ? C'est son public, son cher public...

Sans un regard pour la tragédie de son temps, la Miss devient donc pensionnaire à part entière du bunker mondain parisien. Sans calcul, ni raisonnement politico-métaphysique. Pour son simple bien-être personnel. Son excuse est de ne pas y être seule, c'est le moins que l'on puisse dire. Pour une môme Piaf qui, en 1942, chante sur fond tricolore « Où sont mes copains ? », allusion évidente aux hommes de la Résistance [1]... pour un Trenet qui rompt son contrat avec les Folies-Bergère après quatre représentations parce qu'il ne peut plus chanter « Y'a d'la joie », avec à ses pieds « un parterre de verdure [2] »... ils sont des dizaines, parmi les plus grands et les plus célèbres, à se pelotonner bien au chaud, dans le creux de la main de l'occupant. Mistinguett ne laisse pas sa place, son incorrigible nature la pousse à en rajouter, à figurer au premier rang des personnalités du « Tout-Paris vert-de-gris » qui s'amusent et font bombance tandis que la capitale crève de faim, que les ménagères à semelle de bois font la queue pour un misérable morceau de pain. Dans les sanctuaires du trafic et du marché noir, grands

1. La chanson fut interdite par l'occupant.

2. Dans l'ouvrage de Richard Cannavo consacré à Trenet, l'impresario Emile Hebey raconte comment le chanteur, par ses retards quotidiens, découragea Paul Derval : « ... On le voit soudain surgir on ne sait d'où, pénétrant sur scène à l'intant précis où les danseuses, désemparées, annonçaient un absent ! Il avait trouvé le truc... ensuite, il chantait normalement. Mais c'était chaque soir la même chose, la même panique. Alors, au bout de quelques jours le père Derval a fait appeler Charles : " Ecoutez monsieur Trenet, ce n'est pas possible ! Vous chantez très bien, je suis tout à fait d'accord, c'est merveilleux et tout, mais moi je ne veux pas finir cardiaque, chez moi les gens arrivent une heure ou deux à l'avance... c'est pourquoi je vous propose d'annuler notre contrat. "

C'est ainsi que Charles est parvenu à rompre ce contrat qui lui déplaisait, sans éclats, tout en élégance... »

restaurants et cabarets huppés, qui vivent, et même très bien, par la grâce de l'occupant, on voit le légendaire « bibi » de la Miss se mélanger aux casquettes d'officiers allemands. Parmi d'autres...

« Maxim's vient en tête. Aux vestiaires, Arletty remarque le panama de Sacha Guitry au milieu des casquettes vert-de-gris. Même s'il est un habitué, il n'est pas tout seul à déguster huîtres, perdreaux et tarte Tatin, Raimu s'y trouve aussi, et puis tout ce que Paris compte d'artistes célèbres, d'hommes d'affaires, nouveaux et anciens, de vieux aristocrates qui n'ont pas perdu leurs habitudes d'avant-guerre et de généraux et hauts dignitaires du régime nazi, parmi lesquels Goering. Comme en témoigne la presse de l'époque, des gens du monde et des Allemands se côtoient : le marquis de Castellane, la marquise de Polignac, Otto Abetz, Jean Luchaire, Louise de Vilmorin à l'époque comtesse Palffy, Jean Cocteau, Louis Renault... Serge Lifar, Maurice Rostand, Steve Passeur et Jean-Louis Barrault se retrouvent chez Carrère. Chez Carrère — dîner-spectacle le plus sélect — défilent les principales têtes et fourchettes du Tout-Paris... On peut dîner aussi dans ces restaurants de luxe que sont La Tour d'Argent, Lapérouse, Drouant ou Lucas-Carton... [1] »

Les boîtes à la mode, l'Aiglon, le Schéhérazade, le Bagatelle ou le Monseigneur, ne désemplissent pas, et les bouchons de champagne sautent en rafales. Les maisons closes connaissent évidemment une prospérité historique. Le Sphinx ou le Chabanais croulent sous la clientèle... mais le plus célèbre et le plus couru est le One-Two-Two. Les filles du bordel de la rue de Provence peuvent se targuer d'avoir dans leurs draps le gratin de Paris occupé. Mais tout le monde n'est pas obligé de « monter ». On peut passer au bar du One-Two-Two, s'y donner... rendez-vous, boire une coupe au coude à coude avec les sinistres Bonny et Laffont, tortionnaires de la rue Lauriston, avec des gestapistes ou des généraux de la

1. Gilles et Jean-Robert Ragache, *op. cit.*

Wehrmacht... et puis, bien sûr, avec nos amis les artistes : Sacha Guitry, toujours lui... Fernandel qui amuse la galerie... Maurice Chevalier, Josselyne Gaël qui vient de laisser tomber Jules Berry, Suzy Solidor, Vincent Scotto, Tino Rossi... et puis Mistinguett. Quand elle est invitée.

« Ces soirées ! avoue Fabienne Jamet, patronne des lieux... J'ai presque honte de le dire, je ne m'étais jamais autant amusée de ma vie. Pourtant, c'est la vérité, ces nuits de l'Occupation ont été fantastiques [1]. »

Tandis que le monde est plongé dans la nuit la plus sinistre de son histoire, la tribu retrouve ses marques ou se crée d'autres repères, redélimite son territoire d'insouciance. En prenant soin parfois de se donner bonne conscience. Sous l'égide du Secours national vichyste et au profit d'associations charitables, des manifestations se multiplient, avec bien souvent à leur tête, Sacha Guitry, infatigable chef d'orchestre de la coopération artistico-culturelle. On note entre autres le très réussi gala de l'Union des Artistes du 8 juillet 1942, avec notamment la présence de Gaby Morlay, Charles Vanel, Alice Cocéa et Mistinguett...

Pourtant, si elle figure incontestablement dans le clan des favorisés du régime, la Miss s'y fait plus discrète que nombre de ses condisciples. Plus, en tout cas, qu'un Sacha Guitry, dont on est bien obligé de parler sans cesse, ou qu'un Maurice Chevalier, qui multiplie les attitudes imprudentes. On l'entend trop « Momo ». A Radio-Paris par exemple, la radio collabo — « Radio-Paris ment ! Radio-Paris ment ! Radio-Paris est allemand... » — vilipendée chaque jour sur les ondes de la BBC par l'humoriste Pierre Dac... Et on le voit trop. Comble de maladresse, en novembre 1941, il accepte de se rendre en Allemagne. Certes, ce n'est ni pour rencontrer les dignitaires nazis — ce qu'il fait tout de même... — ni pour glorifier le régime hitlérien, mais pour chanter dans des camps de prisonniers français. Le chanteur est alors

1. *One-Two-Two*, Orban.

piégé par la *Propagandastaffel*, le régime vichyste et l'élite des collabos parisiens. Lui qui voulait accomplir cette démarche, somme toute humanitaire, dans la plus grande discrétion, voit son voyage s'étaler dans tous les journaux. Dans *Signal* notamment : sa visite dans le stalag où lui-même avait été détenu vingt-quatre ans auparavant, s'étale, avec photos, sur toute une page...

Esprit déjà passablement torturé en temps ordinaire, Maurice Chevalier décèle dans l'exploitation que l'on fait en haut lieu de son initiative comme un avertissement. Mais que faire ? Partagé entre le désir de ne pas se compromettre et la crainte de disparaître aux yeux du public, le plus populaire des chanteurs français ne sait pas sur quel pied danser... Ce qui, de toute évidence, n'est pas le cas de son ex-maîtresse Mistinguett qui, soir après soir, et sans aucune trêve, arpente les planches dont elle ne saurait se passer.

Pourtant, à moins d'être sourde, aveugle ou muette, elle ne peut ignorer le signal d'alarme du 24 août 1942. Depuis plusieurs mois, Radio-Londres et la Résistance citent les noms de ceux qui, à des degrés divers, coopèrent avec l'occupant allemand, et le 24 août, le magazine américain *Life* qui consacre un grand reportage à la Résistance française livre à ses lecteurs une « liste noire », avec, en sous-titre : « Voici les noms des Français condamnés par la Résistance pour avoir collaboré avec les Allemands : certains à être abattus, d'autres jugés après la libération de la France. » La liste est longue, établie sans grand discernement, et mêle allègrement les « décideurs » politiques, les propagandistes fanatiques et les « profiteurs » seulement soucieux de se ménager un confort personnel. Y figurent donc Laval, Doriot, Déat et de Brinon, Jean et Corinne Luchaire, Céline, Horace de Carbuccia... mais aussi Pagnol, Guitry... et trois vieilles gloires emblématiques de l'entre-deux-guerres : Georges Carpentier, Maurice Chevalier et Mistinguett.

Chevalier s'inquiète, s'angoisse même. Au point qu'il décide de prendre ses distances avec la capitale occupée.

Il hésite, Maurice, il fait la navette : Paris, Cannes, Paris... Finalement, il se retirera en Dordogne, à Saint-Meyme, comme aux premiers jours du conflit. Ce qui ne lui évitera pas de sérieux ennuis avec la résistance locale [1]. Mais Mistinguett ? Rien. Elle continue sur le même rythme...

« Elle était resplendissante. Rien de ce qui n'était pas le music-hall ne la touchait réellement. Elle continuait à vivre comme elle avait toujours vécu. Elle invitait toute la bande chez elle, boulevard des Capucines ou à Bougival. Et comme dans le temps, on devait apporter la bouffe. Elle disait au téléphone : Allô ? Oui, oui, mon petit... Bon d'accord, alors t'apportes le gigot ce soir. Et crac ! Elle raccrochait... Et puis, il y avait une nouvelle génération autour d'elle comme Aris Seguela et Roland Léonard, des jeunes qui dégageaient drôlement sur scène, et ça la rajeunissait encore un peu plus... »

En 1943, Marc Bonel est pratiquement sans emploi — « peintre d'enseignes commerciales pendant la guerre, c'était plutôt un boulot en perte de vitesse » — et accordéoniste [2]. Il fait la manche, joue dans les rues, fait les Puces pour tenter de manger tous les jours... Et puis survient la Miss :

« Toujours aussi radin avec son fric, mais quand il s'agissait de faire cracher les directeurs, elle ne regardait

1. Pour quelqu'un qui voulait éviter les ennuis, Maurice Chevalier fut servi. En fait, il vécut une véritable épopée à l'époque de la Libération. En l'espace de quelques jours, sa mort fut annoncée à deux reprises par la radio française : lynché par la foule à Paris et ensuite fusillé par les maquisards de Dordogne. Réfugié à Saint-Meyme, il fut finalement arrêté par la résistance locale, mais Nita Raya parvint à le récupérer et à l'emmener en voiture jusqu'à Toulouse où on le laissa s'expliquer.

Un bon point devait être d'ailleurs retenu en sa faveur. En allant chanter en Allemagne, Chevalier avait obtenu, en contrepartie, la libération d'une dizaine de « gars de Belleville ».

2. Outre Mistinguett qu'il accompagna durant un an et demi, Marc Bonel fut également l'accordéoniste de Bourvil après la Libération, mais surtout celui d'Edith Piaf. En fait, durant dix-huit ans, Marc Bonel et son épouse Danielle — secrétaire et confidente de la chanteuse — comptèrent parmi les plus proches amis d'Edith. Ils cosignèrent d'ailleurs leurs souvenirs dans un livre très personnel et très émouvant : *Edith Piaf. Le temps d'une vie,* Editions de Fallois.

pas à la dépense. Il fallait voir comment elle les traitait ! Grâce à Mistinguett, je gagnais cinq cents francs par jour. Ce n'était pas le Pérou, mais au moins je ne crevais pas de faim. »

« Paris-Paname » à l'Alhambra. Debout sous un bec de gaz, Marc Bonel, dit Boniface, entame la « Valse du faubourg » à l'accordéon. Toma Paulin prend la vedette dans ses bras musclés de gigolo et tournoie avec elle. Sur scène, la vie de Miss continue d'être une valse. Et les critiques sont sous le charme :

« C'est drôle l'autre soir, j'étais presque ému en revoyant Miss sur la scène de l'Alhambra et surtout j'avais le trac pour elle. Comment allions-nous retrouver la Maréchale du music-hall qui incarne une période fastueuse si différente de la nôtre ?... Miss descend toujours ses escaliers. Bien sûr, elle n'est plus suivie de trente mètres de plumes, ni coiffée de deux mille aigrettes comme autrefois au Moulin-Rouge ou au Casino de Paris, mais on retrouve son abattage unique au monde, sa gouaille faubourienne et, tour à tour, la détresse de Titine, l'arpette à perpette, et sa démarche de reine de diamants... Miss a une influence tellement considérable sur l'évolution du music-hall à Paris depuis si longtemps, elle est la seule vedette féminine française capable de tenir l'affiche d'une revue à grand spectacle. Alors, qu'importe que les plumes et les aigrettes, portées par les girls au final, soient défraîchies. Quand on aime un livre de chevet souvent lu et relu, on se moque bien si les feuillets en sont jaunis...

Quand vous chantez, Miss, dans mon cœur j'ai tout Paris, parce que personne n'a évoqué mieux que vous l'âme populaire avec sa fantaisie, son ironie, son brin de fleur bleue et cette vitalité intense qui défie l'ironie et mérite le respect et l'admiration... [1] »

1944. La fin est proche. Les seigneurs de la guerre battent en retraite sur tous les fronts, mais le « gai Paris »

1. Jean Lorrain.

ne désarme pas. Le 6 juin, l'annonce d'un débarquement allié sur les côtes normandes perturbe à peine les acharnés du plaisir et les privilégiés du régime. L'étau se referme sur le Paris de la collaboration, le climat se tend durement, la Résistance se fait de plus en plus active, mais rien ne semble devoir freiner la folle ambiance. Si, tout de même... ces maudites coupures d'électricité, de plus en plus nombreuses, qui hachent et gâchent les soirées : les théâtres et les cinémas font recette, Guitry patronne un nouveau gala en faveur des prisonniers, Edith Piaf fait salle comble... et Mistinguett triomphe au théâtre de l'Etoile.

Rien ne changera, ou peu s'en faut, jusqu'au 18 août 1944, jusqu'aux premiers coups de feu de l'insurrection qui embrase la capitale...

CHAPITRE 3

« Go on, old girl, go on... »

En 1945, lorsque retentissent les flonflons de la paix enfin retrouvée, Mistinguett occupe toujours le théâtre de l'Etoile. Ce n'est plus « Paris-Paname », c'est « Paris revient »... La Miss n'est jamais partie, mais elle fait comme si. Et pour bien marquer que les temps ont changé, une Jeep de bois traverse la scène « libérée ». Un G.I. américain de fière allure tient le volant. C'est Toma. A ses côtés, calot sur l'oreille, sanglée dans un bel uniforme U.S. la Miss salue la bannière étoilée. Il y a toujours des soldats dans la salle, mais ceux-là sont les bienvenus. Le music-hall ignore le drame, mais suit l'actualité heureuse...

Entre-temps pourtant, la vedette a failli perdre son légendaire sourire. L'épuration usine à tour de bras. Mistinguett est convoquée. Le Comité d'épuration des artistes du music-hall ne l'a pas oubliée.

Interrogée sur sa « collaboration », elle s'en tire avec le minimum : « blâmée » pour mauvaise conduite. Tout comme Maurice Chevalier. Jugement symbolique, sans aucune conséquence pour celle ou celui qui le subit. Or, l'ambiance, marquée par les souffrances passées, n'est ni à l'indulgence ni à la sérénité, y compris et surtout pour ceux qui connaissent quelque notoriété. Ce qui tend à prouver que les deux « punis » légers n'ont réellement, ni l'un ni l'autre, grand-chose à se reprocher.

C'est loin d'être le cas pour d'autres têtes d'affiche. Guitry notamment, qui profite lâchement de son arrestation pour s'adonner à son sport favori. Faire un bon mot par minute — « Vous êtes accusé d'intelligence avec l'ennemi », s'entend-il dire... réponse : « J'admets que je n'en ai pas manqué. » —... de même, toute une flopée de chanteurs et comédiens se retrouvent à Fresnes, pour quelques jours ou plusieurs semaines : Mary Marquet, Mireille Balin, Tino Rossi, Alice Cocéa, Pierre Fresnay, Ginette Leclerc, Arletty, Michel Simon, etc.

On reproche à Mistinguett quelques aventures sentimentales avec des gradés allemands. Elle ne nie pas — à soixante-dix ans, c'est plutôt flatteur ! — se contente de répondre : « Ça c'est différent, c'est l'amour... » Pour une fois, elle n'a pas le premier prix de l'esprit de repartie, battue en termes crus par sa copine Arletty : « Mon cœur appartient à la France... mais mon cul est à moi... » ou, plus finement, par sa vieille rivale Cécile Sorel qui s'étonne auprès de ses accusateurs : « Mais pourquoi les avez-vous laissés entrer ? »

La page est tournée. Sans trop de douleur. C'est la suite qui s'annonce plus dure. La Miss devrait se retirer, finir en beauté, personne n'ose le lui souffler, le lui suggérer... écouterait-elle seulement ? Certainement pas. Elle ne veut pas dételer, s'accroche à ce qu'elle pense être son seul souffle de vie : encore quelques mois, docteur ? Encore quelques mois...

Pourtant, le ressort est grippé. L'âge, le grand âge, quand il faut tenir trois heures sur scène, ne fait plus de cadeau. Il perd patience, ne fait plus crédit, réclame son dû à tout bout de champ. Faut payer... Mistinguett n'est pas prête, retarde l'échéance. Elle croit encore s'en tirer à moindres frais, même si le public, son cher public, n'est plus le même. Car l'a-t-elle déjà oublié, la Miss ? Il y a eu une guerre, et cette guerre, comme toutes les autres, a été une sacrée rupture. Désormais, plus rien ne sera plus comme avant. Et Mistinguett, c'est avant. On vient moins la voir, la saluer comme reine du music-hall que comme un vestige étonnant de l'ancien temps. Aujourd'hui, les Années folles, celles qui firent sa gloire, c'est rive gauche, Saint-Germain-des-Prés, Tabou et la Rose Rouge... la Miss, c'est l'attraction, la curiosité. L'âge toujours... on le lui rappelle sans cesse — enfin, à peu près, car personne ne le connaît vraiment... —, à elle, qui veut tellement l'oublier. Alors, Mistinguett fait la brave, plaisante quand elle voudrait mordre, et pour finir, sort sa botte secrète, remonte sa jupe, et montre ses jambes, ses jambes superbes :

« Regardez-moi ça ! parade-t-elle... Est-ce que ça a l'air de jambes centenaires ? »

C'est dur. En Angleterre, au London Casino, la Miss entonne « Mon homme ». Son hymne national lui aussi la lâche, au bout de quelques mesures. Un ami de vingt ans... Plus rien, le trou, le vertige, l'amnésie totale. Mistinguett sanglote sur scène, devant un public qui l'observe comme on suit un corbillard. Elle court se réfugier en coulisses, maîtrise à grand-peine une crise de nerfs, et revient, grognard héroïque, affronter la rampe. Quelques spectateurs, qui se veulent gentils, l'encouragent de la voix :

« *Go on, old girl, go on...* »

Ils l'achèvent...

C'est dur. En 1948, Mitty Goldin lui propose l'ABC. Avec Mitty, ça ne se passe jamais comme avec les autres. C'est pourtant, lui aussi, un dinosaure du rideau rouge, dur en affaires, dur à la détente. Un malin, qui se vante d'avoir choisi « ABC » pour être toujours en tête dans la liste alphabétique des spectacles. Mais avec lui, tout s'est toujours réglé sans contrat. A la confiance. C'est rare...

Il veut une vieille vedette, Mitty, qui donnerait des leçons à une jeune artiste. Leçons de danse, de chant, de maintien, d'élégance. C'est le thème d'une scène de « Paris qui s'amuse ».

« Penses-tu que tu pourras le faire ? » demande gentiment Goldin.

La Miss souffre. Mais dans ses yeux faussement rieurs, brille une étincelle :

« Oui, c'est un très bon sketch, mais qui fera la vieille ? »

Ça s'appelle l'humour...

La « vieille » va encore en étonner plus d'un. Le soir de la première, Jean Cocteau, à qui elle a envoyé une invitation, est présent. Et c'est à lui, au collégien de « la petite môme du Casino » qu'elle dédie sa première chanson :

« Oui, c'est moi, me voilà, je m'ramène... »

Puis, au milieu des séquences souvenirs, surgit le clin d'œil zazou : dix minutes de be-bop échevelé. En jupette écossaise et corsage d'étudiante. Les jambes virevoltent, audacieuses et dénudées... et un titi crie gaiement depuis le poulailler :

« Elle se défend la grand-mère !

— Eh ! bien sûr, mon gars », répond la Miss sans se démonter.

Chaque soir, on salue la performance, on applaudit le phénomène. « A soixante-treize ans ! faut le faire ! »... Pourtant, les gambettes elles-mêmes ne sont plus celles de la souveraine. Elles ne suivent le rythme d'enfer qu'avec réticence. Et une fois le boulot accompli, au repos dans la loge, la Miss s'écroule comme un athlète usé, qui a trop donné. Genoux gonflés, muscles tétanisés. Les grandes glaces lui renvoient alors l'image d'elle-même qu'elle a toujours refusée, qu'aucun maquillage ne peut plus dissimuler : celle du déclin enfin annoncé.

« C'est alors, avoue-t-elle, que je me suis rendu compte que ma célébrité avait du patin. »

Mistinguett jette l'éponge. Elle va jusqu'au bout, jusqu'à la dernière de l'ABC qui a lieu un soir de printemps 1949. Il n'y aura pas vraiment de cérémonie d'adieu, d'enterrement en fanfare. Comme si personne ne croyait vraiment à cette sortie, comme si elle-même n'y croyait pas.

Elle apparaît sur scène, pimpante, le visage miraculeusement reposé sous un grand chapeau blanc dont les bords lui tombent jusque sur les épaules. Les fameux « bloums » Mistinguett : des shakos, des bonnets, des bibis invraisemblables, des gratte-ciel de plumes, des Himalayas d'aigrettes que personne n'a su porter avec autant de classe et de naturel...

Elle commence avec son premier grand succès...

« Je suis née... »

... et ne va pas plus loin, la voix enrouée de larmes. Elle pleure, toute seule, au milieu de la scène, exposée comme elle ne le fut jamais, ses grands yeux mouillés posés sur la salle obscure, et lance cet aveu, comme un secret trop lourd à garder :

« Non, c'est pas vrai. Je ne suis pas née dans l'faubourg Saint-Denis, mais à Enghien-les-Bains. Mais ça n'a pas d'importance, je suis tout de même restée une vraie gosse de Paris. »

La salle chavire.

CHAPITRE 4

La mort en rose...

La vieille dame du 24, boulevard des Capucines est souvent à son balcon. Penchée au-dessus de la rambarde de fer forgé, elle regarde la rue, les gens pressés, la vie qui, désormais, s'écoule sans elle...

Parfois aussi, la vieille dame descend, maquillée, coiffée, chapeautée, élégante jusque dans le choix de ses gants. Et se pose sur un banc. Comme un petit rocher, immobile dans le courant. Personne ne la reconnaît sous son chapeau à large bord, ne fait attention à elle, ne lui concède le moindre regard. Mistinguett, c'est, pour l'éternité, une silhouette qui se détache sur scène, et en pleine lumière. Pas une petite vieille assise sur un banc. Au début, elle en était choquée, un peu peinée. Aujourd'hui, cela l'amuserait presque. Il n'y a pas si longtemps encore, elle ne pouvait faire un pas dehors, sans être entourée, acclamée, adulée...

« Cela m'a fichu un coup de la voir ainsi, seule, perdue au milieu de l'indifférence de tous ces gens. C'était en automne 55, quelques mois avant sa mort. Je me suis assis à côté d'elle...

— Ça va bien, Miss ? »

Mistinguett sourit doucement en reconnaissant l'inconnu sur lequel tout le monde se retourne. D'abord, parce qu'il est bel homme. Ensuite parce que c'est Georges Guétary. Son « caïd »...

« Oui, très bien, mon petit...

On s'est dit quelques mots, des banalités, et quand je l'ai quittée, j'avais, au fond de moi, une vraie tristesse. Mais c'est de cette ultime rencontre avec la Miss que j'ai tiré une idée force, une idée première : tant qu'il le peut, un artiste doit continuer. Après, il est fichu. »

A quatre-vingts ans passés, Georges Guétary persiste, signe... et continue de chanter. Il se dit prêt à travailler, même « pour un franc cinquante », mais admet également que Mistinguett n'aurait jamais accepté de descendre, comme lui, l'escalier de la célébrité, de voir son statut de vedette se dévaluer. Elle aurait refusé, y compris contre toute évidence, d'être démodée, dépassée :

« Elle avait toujours voulu dominer les autres, être la plus forte, ne travailler qu'avec ceux qui ne pouvaient la surpasser. Ne plus être au sommet était inconcevable pour une Mistinguett. Dans cet esprit, sans doute est-elle allée au bout de sa carrière, de ce qu'elle pouvait faire... »

Plutôt que de rentrer dans le rang, le général Mistinguett a donc quitté son armée. Vaincue par l'âge dont elle s'était si longtemps jouée. Aujourd'hui, il se venge en mesquin, l'assaille de petites douleurs, de petites rancunes. Même ses jambes la trahissent. Un ménisque usé qui la fait parfois boiter :

« C'est le " ministre " qui me joue de sales tours », raille-t-elle avant que quelques audacieux ne se permettent d'en parler...

Sa vie est devenue celle d'une petite vieille ordinaire. Un crépuscule doré dont se contenterait plus d'un retraité. Une villa à Bougival où l'attendent Marcel, Fraisette et ses nièces, une villa à Antibes pour les hivers trop froids, le 24 du boulevard des Capucines d'où elle peut, sous ses pieds, sentir vibrer l'Olympia... et puis, bien entendu, la considération nationale pour le monument du music-hall. Mais au plus profond d'elle-même, la Miss ne voulait pas de repos, pas plus que d'une procession d'encensoirs. Elle ne se voyait quitter les planches du music-hall que pour celles du cercueil... C'est ce qu'elle disait « avant », quand elle tournait jour après jour, soir après soir. Quand elle jurait qu'elle se s'arrêterait jamais, qu'elle serait assez forte pour aller jusqu'au bout. Les autres comprenaient « carrière ». Mistinguett pensait « vie ». Les autres avaient eu raison. Seule sa vie d'artiste est finie. Mais que pouvait-il y avoir derrière ?...

La Miss s'occupe comme elle peut. Et c'est le plus dur, quand on a peu de goût pour le passé, quand on redoute la solitude et le vide des heures qui ne débouchent sur rien, quand on n'a fait, pendant des années, que se bousculer pour un rendez-vous d'étoiles, une prochaine revue, une prochaine tournée. Parfois, elle n'y tient plus, pousse la porte du théâtre des Capucines dont le patron est son vieux copain, Mitty Goldin. Elle surgit en pleine répétition, avance entre les rangées de fauteuils comme en terrain définitivement conquis, s'installe au premier rang, et lance d'un ton de propriétaire : « Je viens voir mes jolies filles ! » Parfois, et malgré sa répugnance à remuer les souvenirs, elle ouvre la pièce aux chapeaux, déballe les malles, sort les oripeaux de la gloire, s'engloutit la mémoire dans des nuages de plumes et d'aigrettes, voyage de pays en capitale, de théâtre en music-hall... Parfois même, elle rêve tout haut, annonce un prochain numéro, la reprise des répétitions, évoque une Mistinguett comme on n'en a jamais vu !

Mirages. Il n'y a plus de défi à lancer, plus de contrat à remplir, plus de rivales à terrasser... il n'y a plus de public surtout. Ce public d'amoureux, dont les yeux, les cris, les acclamations la chahutaient si fort qu'elle finissait par se croire invulnérable. Plus personne au parterre et dans les loges. Plus personne dans les « populos », dans son cher poulailler. Le désert...

Alors, elle s'invente un dernier spectacle. Le seul qui lui reste. Quand on est Mistinguett, on ne disparaît pas comme ça de la vie publique. La Miss accepte avec empressement les honneurs et les hommages. Être invitée, elle est habituée... D'ailleurs — et elle avait encore ceci de commun avec Chevalier —, la Miss n'a jamais admis d'avoir à payer, quels que soient l'endroit ou les circonstances. Lui demander de régler une facture, une note d'hôtel ou de restaurant est considéré comme un affront, un crime de lèse-majesté... mais désormais, c'est une manière de survie. Pour ne pas se laisser aller, ne pas glisser dans son propre oubli. Sa manière aussi, de palpiter encore une fois, de jouer une petite scène. Elle est alors chez elle comme dans sa loge, en tête à tête avec son masque « privé », fripé, ridé, desséché... Elle se regarde dans la glace, et le miroir est cruel. Mais elle bataille durant des heures, travaille d'arrache-pied pour qu'à l'appel des trois coups, un public étonné retrouve sa Mistinguett.

C'est ce qui tient encore l'artiste démuni. Paraître... ne serait-ce qu'une soirée, qu'une heure, une minute.... On la voit sur le yacht-paquebot de la môme Moineau, sa copine marchande de violettes devenue milliardaire à casquette de marin... on la voit en photo dans tous les journaux, montrer à Antony Dexter qui tient à l'écran le rôle de Valentino comment elle avait jadis « tangué » avec le beau Rudolph... On la voit à la télévision pousser la chansonnette dans la célèbre émission « 36 chandelles » du non moins célèbre Jean Nohain dit « Jaboune ». La Miss prolonge, écume les mondanités...

Le 24 décembre 1951, Mistinguett est en représentation au théâtre Edouard-VII. Accompagnée de Lino Carenzio, l'amant des années tumultueuses devenu compagnon des vieux jours, elle vient voir *Ombre chère* avec le très drôle Robert Lamoureux. En cette veille de Noël, la Miss se sent un peu lasse. Mais elle ne s'est jamais écoutée, a toujours mené sa carcasse à la cravache, ce n'est pas maintenant qu'elle va changer. Elle n'oublie qu'un détail : c'est que sa vie, elle, a changé. Sortie de scène, Mistinguett ne suit plus la discipline de fer indispensable à ses performances d'artiste. Elle a brusquement laissé tomber toutes les corvées. La gym, l'entraînement, les répétitions, ce n'était pas pour garder la forme, pour son hygiène personnelle, mais pour la compétition. Elle, qui picorait à peine dans les plats, s'attable désormais devant d'abondantes folies trop longtemps refoulées : pied de cochon, foie gras, vin de Bourgogne... Puisqu'il n'y a plus rien, à quoi bon se priver ?

Alors qu'elle se trouve dans la loge de la directrice du théâtre, Elisabeth Hijar, la Miss s'effondre, terrassée par un malaise cardiaque. Son cœur d'athlète surentraîné, à qui elle demandait jadis des efforts surhumains, n'a pas accepté d'avoir été trop brutalement négligé. L'inquiétude est réelle, les commentaires stupéfaits. Personne n'a le souvenir d'une Mistinguett souffrante. Même patraque, fiévreuse ou écrasée de fatigue, la reine du music-hall a toujours refusé d'annuler son spectacle.

Trois jours après cette première alerte sérieuse, calfeutrée dans ses draps roses, la Miss rassure ses amis, envoie un bulletin de santé bien dans sa manière :

« Tout le monde s'affole parce que je ne suis jamais malade. Je suis sûre qu'on me croit déjà morte... Mais ce n'est pas encore pour aujourd'hui. »

Elle ouvre aussi toute grande sa main gauche, colle sa paume en rigolant sous le nez des plus inquiets :

« Vous avez vu ma ligne de vie ? Elle s'arrête vers la trentaine. Vous voyez bien, je n'ai plus rien à craindre... »

Mistinguett se remet doucement sur pied, et dès qu'elle le peut, reprend ses tournées de retraitée, répond présent dès qu'elle est appelée. Il n'y a que là, dans l'ambiance des grands jours, dans le vacarme assourdissant des réceptions et le parfum enivrant des premières, qu'elle se retrouve un peu. Privée de sa drogue à tout jamais, l'intoxiquée du music-hall se rue sur les seuls produits de substitution qui sont à sa portée. Même fabriquées, ces atmosphères de fête sont pour Mistinguett de véritables cures de jouvence. Elle s'y sent encore célébrée, aimée. Dehors, parmi ses amis, les faux, les vrais, qu'importe ! elle redevient elle-même, retrouve sa verve intarissable et son humour ravageur. Et, comme au bon vieux temps, elle traîne, elle entraîne les derniers survivants de la soirée dans les boîtes et les cabarets jusqu'aux lueurs de l'aube... retardant au maximum l'instant redouté où il est temps de se quitter. C'est alors, revenue à sa solitude honnie et à ses fantômes détestés, qu'elle se transfigure, qu'elle redevient laide et vieille, qu'elle se sent dépréciée, oubliée, remisée au rayon des souvenirs.

Le battement des ans ne suit plus tout à fait les élans du cœur. Qui justement, n'a plus la santé d'antan. Il est devenu fragile. Les médecins l'ont prévenue. La Miss décline doucement. Le temps la grignote, rattrape son retard. Les grands yeux noisette aux pétillements changeants, malicieux ou émouvants, ne lui donnent plus qu'une vision brouillée des choses... le « ministre » l'ennuie toujours avec entêtement, et elle n'avance plus qu'avec précaution, accrochée au bras de ses proches, ou des « anciens » qui viennent la saluer. Rien ne ravit plus l'ex-reine du music-hall que de retrouver ses boys, ses partenaires d'antan, tous ces « jeunots » qu'elle s'enorgueillit avec raison d'avoir découverts et mis sur la voie du succès. Elle n'est d'ailleurs pas tendre avec la nouvelle génération des artistes mâles. Elle les trouve trop sages, trop fades, trop bien rangés. Un seul trouve grâce auprès d'elle : Yves Montand, qu'elle appelle « le grand jeune homme de Marseille »...

« Dans le temps, admet-elle, il aurait pu être mon partenaire... »

Comme Jean par exemple, Jean Sablon, l'un de ses anciens boys qu'elle revoit de temps à autre, qui n'a pas oublié. L'un de ceux qui se désolent aussi de voir comme le sablier, après avoir tant stagné en coulisses, coule vite aujourd'hui pour la Miss.

En 1953, Jean Sablon retrouve son égérie, l'accompagne à la grande première mondiale de *Moulin-Rouge*, le film — raté — de John Huston qui doit être projeté dans l'ancien music-hall de la place Blanche. Chevalier servant parfait, celui que les Américains surnomment le *french troubadour* loue une voiture avec chauffeur et passe prendre Mistinguett au 24, boulevard des Capucines à l'heure convenue. Il la trouve sur le palier, curieusement attifée, croulant sous l'or et les pierreries comme une Belle Otéro à son crépuscule. Ce n'est pourtant pas son style. La Miss aime les bijoux, mais a toujours su les exhiber sans démesure. Et puis, les bijoux, ça ne remplace pas tout... et un jour que la toute jeune et resplendissante Suzy Delair s'extasiait devant quelques-uns des trésors étalés, Mistinguett avait eu cette réponse : « D'accord, je te donne tout, et tu me donnes tes seize ans. »

Mais là, Miss s'était costumée comme pour un sketch de revue...

« Elle portait une robe trop large en taffetas d'une curieuse couleur et avait sur elle tous ses bijoux, mais vraiment tout ce qu'elle avait pu trouver : bagues, colliers de perles divers, chaînes d'huissier en diamants attachés à la robe avec de grosses épingles de nourrice... A son bras droit, tous ses vieux bracelets de 1930, diamants, émeraudes, rubis, etc., du poignet jusqu'au coude, et, à l'autre bras, des bracelets d'or et de pièces d'or de tous les pays qu'elle avait visités. Pour couronner le tout, elle, qui avait de si belles fourrures, avait ressorti de la naphtaline une vieille cape de renard blanc jaunie par le temps... [1] »

Mistinguett boite, souffre de son « ministre ». Mais quand elle descend de voiture, et que la foule massée de chaque côté des barrières l'acclame et lui crie des « bravo Miss », le réflexe joue instantanément, l'étoile reprend de son brillant. Mistinguett se redresse, avance toute droite sur le tapis rouge qui mène jusqu'au grand escalier intérieur. Elle serre le bras de Sablon, lui murmure : « Va doucement, Jean... va doucement... », mais distribue alentour son sourire éclatant.

Quelques semaines plus tard, Georges Tabet — encore un ancien de « Paris qui brille » — fait la même constatation mi-admirative, mi-attristée sur ce combat permanent mené à l'extérieur. La Miss occupe ce soir-là une

1. *De France ou bien d'ailleurs,* Jean Sablon.

loge du Casino de Paris et quand le public prend conscience de sa présence, c'est la ruée. Soudainement rajeunie par cette marque d'enthousiasme, Mistinguett signe les autographes à la chaîne, papote avec ses admirateurs... A l'issue du spectacle, quand elle sort au bras de Tabet, elle subit à nouveau durement son âge, doit prendre mille précautions pour descendre une marche, une seule et misérable petite marche. Tabet est atterré, lui qui se souvient de son allure souveraine, de son élégance innée sur l'escalier abrupt des revues. Mais dès qu'elle en a terminé avec son redoutable obstacle, Mistinguett retrouve « la dure paillette d'acier » dont Chevalier parlait souvent. Gouaille au vent, elle parade à nouveau et se lance dans une parodie de sa rivale Cécile Sorel : « L'ai-je bien descendu ? Comme dit la vieille [1] ! »

24 décembre 1955. Mistinguett est à Bougival pour les fêtes de fin d'année. Au sein de sa tribu. Le dernier carré, maintenant qu'elle n'a plus aucune troupe à commander. Marcel, Fraisette, et leurs trois enfants, Micky, Michèle et Jacqueline. Trois ravissantes jeunes filles, qui ont interdiction formelle de l'appeler « tante », et dont la Miss, avec son incorrigible instinct de propriétaire, n'est pas peu fière...

« Continuez, et vous aurez une troupe de girls à domicile ! »

Elle verrait bien l'aînée, Micky, une grande brune élancée aux cheveux courts, suivre ses traces. Elle est belle, ne manque ni de caractère ni de personnalité. De bonnes bases pour se lancer dans la carrière... mais les adolescentes de l'après-guerre ne rêvent pas d'être emplumées, serties de strass et de paillettes. Le goût nouveau des

1. A l'époque, personne ne savait plus très bien qui, des deux monstres sacrés, était le plus âgé. En fait, l'incessante opération de camouflage menée par la Miss s'était retournée contre elle. On la donnait pour plus vieille qu'elle ne l'était ! Les chroniqueurs avaient décidé, une bonne fois pour toutes, de la faire naître en 1873... comble d'ironie, c'était l'année de Cécile Sorel !

jeunes filles, c'est la mode. Micky a la taille mannequin. Elle pose déjà comme *cover-girl* dans *Elle*...

Bougival est devenu sage. Aux folles sarabandes de la « bande à Mistinguett » a succédé une vie familiale des plus paisibles. La maison est toujours vaste, blanche, et s'orne toujours de volets verts. Mais l'intérieur est aujourd'hui meublé dans le style Empire, assez loin des goûts plutôt excentriques de la Miss. L'on n'a pas touché à sa chambre du second étage, toujours tendue de satin rose et toujours luisante de miroirs. En cette veille de Noël, la famille Bourgeois a égayé l'ensemble de quelques décorations de fête : harcelée par Bali, le caniche noir de Mistinguett, une crèche provençale scintille dans l'entrée. Dans le salon du premier étage, non loin du piano à queue et du portrait de la vedette en maillot de bain, trône un sapin de Noël où clignotent de petites lampes de diverses couleurs. C'est sobre et traditionnel, comme la soirée qui s'annonce...

Miss ne se sent pas très en forme. Malgré le souvenir de mémorables javas, elle n'est pas loin de penser que le 24 décembre est pour elle une date fatidique. C'est un soir de 24 décembre en effet, quelques minutes avant d'entrer en scène, que Derval lui a annoncé la mort de sa mère. La voyant effondrée, le patron des Folies avait voulu annuler la représentation. Mais elle avait refusé : « Il y a des petites gens dans la salle qui ont peut-être économisé sou par sou pour me voir... » Elle s'était ressaisie, avait séché ses larmes et, malgré son chagrin, avait offert au public la part de bonheur qui lui revenait. Et puis, il y avait eu cette défaillance cardiaque du théâtre Edouard-VII. Quatre ans jour pour jour...

Décidément, la Miss n'a pas son entrain habituel, se dit très fatiguée. La soirée est à peine avancée qu'elle décide de monter se coucher. C'est là, dans sa chambre, située au deuxième étage de la villa, qu'elle est victime d'une congestion cérébrale, puis d'une double congestion pulmonaire.

L'état de santé de Mistinguett apparaît tout de suite très préoccupant. Elle a gardé sa lucidité, se fait lire les centaines de télégrammes et les lettres d'encouragement qui émanent du monde entier, signés d'humbles admirateurs ou de grandes célébrités. Son fils, le docteur De Lima, est à son chevet, la soigne en compagnie de trois autres confrères. Miss résiste, bataille contre la maladie. Les journaux donnent quotidiennement de ses nouvelles. En quelques lignes seulement, car le grand choc médiatique de ce début d'année est un conte de fées moderne, l'une de ces histoires de prince et de bergère qui fait rêver les foules : les fiançailles de Grace Kelly et du prince Rainier de Monaco.

Le 4 janvier, Mistinguett perd une première bataille, sombre dans une inconscience totale. Son pouls ne cesse de décroître. On la place sous une tente à oxygène, elle n'est plus alimentée que par piqûres de sérum.

Ce même jour, depuis Las Vegas où il se trouve en tournée, Maurice Chevalier fait enregistrer un message déchirant à l'adresse de son ancienne amante. Envoyé au bureau de New York de la Radiodiffusion française, il est ensuite transmis à Paris :

« Miss, écoute-moi, c'est Maurice qui te parle. Je suis très loin, dans le Far West de l'Amérique, à Las Vegas. J'ai appris ce qui t'est arrivé il y a quelques jours. Je t'ai envoyé un télégramme au 24, boulevard des Capucines et j'espère que tu peux le lire. Je sais qu'on prend bien soin de toi avec amour, Miss, sois courageuse comme tu l'as toujours été. Je serais à Paris le 19 janvier et je viendrai te voir. Tu me manques, Miss, je t'en supplie, attends-moi, je serai là [1]. »

1. Toujours retenu par sa tournée à Las Vegas, Maurice Chevalier n'assistera pas aux obsèques de Mistinguett : « Elle comprendra, expliquera-t-il à un journaliste. C'est elle qui m'a toujours dit que le travail, ça passait toujours avant tout. Je vais chanter ce soir pour elle. Elle me le disait toujours :

— Quoi que tu éprouves, que tu sois amoureux ou que tu aies le cafard, ne pense jamais qu'à une chose : la nuit va tomber, les feux de la rampe s'allumer et tu entreras en scène. »

Mais Miss n'entend plus rien, ne reconnaît plus personne. Le 6 janvier 1956, à 11 heures 45 du matin, et tandis qu'un pâle soleil d'hiver éclaire la campagne de Bougival, un long soupir vient hacher le sommeil de Mistinguett. Son dernier soupir.

A quatre-vingts ans, la reine du music-hall a fait une sortie de scène en douceur. Sans cris, ni souffrances. Parmi les premiers visiteurs accourus pour s'incliner devant le corps de Mistinguett, il y a Henri Varna, Paul Derval et Mitty Goldin. Quand ils pénètrent dans la chambre aux volets tirés, ils découvrent leur étoile qui repose, visage apaisé, presque souriant, sur son lit cerné d'un tapis d'azalées et de violettes... et retrouvent, dans la pénombre, le doux univers satiné de sa couleur favorite : le rose-Miss.

Bibliographie

Aubry J.-H., *Edouard VII intime*, Félix Juven éditeur, 1905.

Barbary de Langlade Jacques, *Maxim's*, Robert Laffont, 1990.

Baker Joséphine et Bouillon Jo, *Joséphine*, Robert Laffont, 1976.

Bardèche Maurice, *Histoire du cinéma*, « Les sept couleurs », 1964.

Behr Edward, *Maurice Chevalier* (titre original : *The Good Frenchman*), Robert Laffont, 1993.

Bernheim Cathy, *Picabia*, Éditions du Félin, 1995.

Bottet Béatrice, Salachas Gilbert, *Le Guide de la chanson*, éditions Syros, 1989.

Boussinot, Roger, *Encyclopédie du cinéma*, Bordas, 1980.

Brunelin André, *Gabin*, Robert Laffont, 1987.

Cannavo Richard, *Trenet. Le siècle en liberté*, Hidalgo éditeur, 1989.

Chalon Jean, *Liane de Pougy*, Flammarion, 1994.

Chastenet Jacques, *Quand le Bœuf montait sur le toit*, Arthème Fayard, 1958.

Charles Jacques, *De Gaby Deslys à Mistinguett*, Gallimard.

Charles Jacques, *La Revue de ma vie*, Arthème Fayard, 1958.

Chevalier Maurice, *Ma Route et mes chansons*, Julliard, 1946.

Colette, *La Vagabonde*, Albin Michel, 1910.

Courrière Yves, *Pierre Lazareff*, Gallimard, 1995.

Derval Paul, *Mémoires du directeur des Folies-Bergère*, Editions de Paris, 1954.

Deschamps Fanny, *Monsieur Folies-Bergère*, Albin Michel, 1978.
Desanti Dominique, *La Banquière des Années folles*, Fayard, 1968.
Desanti Dominique, *Sacha Guitry*, Grasset, 1982.
Guétary Georges, *Les Hasards fabuleux*, La Table Ronde, 1981.
Guilbert Yvette, *La Vedette*, Simonis Empis éditeur, 1902.
Lapierre Marcel, *Les Cent Visages du cinéma*, Grasset, 1948.
Lenoir Jacqueline, *L'Histoire fabuleuse du Casino de Paris*, Presses de la Cité, 1967.
Martin Louis-Léon, *Le Music-Hall et ses figures*, Éditions de France, 1928.
Mistinguett, *Toute ma Vie*, Julliard, 1954.
Neu Jean-Paul, *Enghien-les-Bains, nouvelle histoire*, Éditions du Valhermeil, 1994.
La Belle Otéro, *Souvenirs et vie intime*, 1926, réédité par Sauret, 1993.
Pessis Jacques et Crépineau Jacques, *Les Folies-Bergère*, Fixot, 1990.
Ragache Gilles et Jean-Robert, *Des écrivains et des artistes sous l'Occupation*, Hachette, 1988.
Rivers Fernand, *Au milieu des étoiles*, les « Films Fernand Rivers », 1957.
Rivollet André, *Maurice Chevalier, de Ménilmontant au Casino de Paris*, Grasset, 1927.
Roubaud Louis, *Music-Hall*, Louis Querelle éditeur, 1929.
Sablon Jean, *De France ou bien d'ailleurs*, Robert Laffont, 1979.
Sorel Cécile, *Les Belles Heures de ma vie*, Editions du Rocher, 1946.
Tabet Georges, *Vivre deux fois*, Robert Laffont, 1980.
Verne Maurice, *Une heure de musique avec...*, Editions Cosmopolites, 1930.
Le Roman vrai de la IIIe et de la IVe République, ouvrage collectif, dirigé par Gilbert Guilleminault, Robert Laffont, 1991.
— Collection « Journaux de guerre », Hachette.
— Collection « L'Illustration ».
— Journaux d'époque archivés sur microfilms de la Bibliothèque nationale.

Remerciements

Nos remerciements à tous ceux qui ont accepté de rassembler et de nous livrer leurs souvenirs, sous forme de documents ou de témoignages. Et plus particulièrement à :

Danielle et Marc Bonel, Mme Brun, Suzy Delair, Georges Guétary, Michel Gyarmathy, Jean-Paul Neu, Denise Pelzer, Paulin Toma, Georges Zwingel.

Table

Prologue. La reine-cannibale 9

PREMIÈRE PARTIE

À la recherche de « l'Eldorado... »

1. La petite fille du lac 13
2. La boîte à violon 20
3. Miss Tinguette... Mistinguette... Mistinguett.... . 27
4. « La femme torpille... pille... pille » 35
5. Les grandes « horizontales » 46
6. La chaloupée 57

DEUXIÈME PARTIE

Chevalier ou la romance « renversante »

1. La renversante 73
2. Le faux mariage 85
3. L'œil de verre 97
4. La mascotte de guerre 108
5. Dernières scènes 122
6. « Mon homme » 140

TROISIÈME PARTIE

Années folles, années reine

1. Le feu aux planches 151
2. Le Bœuf sur le toit 157
3. Une journée ordinaire 173
4. Tous à Bougi... 184
5. « On dit... » 201

QUATRIÈME PARTIE

Partenaires, amants, rivales...

1. Gabin au Moulin 215
2. Guétary le « gigolo » 227
3. L'école des planches 243
4. En haut de l'affiche 258
5. La guerre des Miss 268

CINQUIÈME PARTIE

Baroud d'honneur

1. Couvre-feu 291
2. Bunker mondain 298
3. « Go on, old girl... go on » 310
4. La mort en rose... 315

Bibliographie 327

DES MÊMES AUTEURS
AUX ÉDITIONS ALBIN MICHEL

Bourvil ou la tendresse du rire

Le Jour le plus fou

Romans de Philippe Huet

Quai de l'oubli

La Main morte
(Grand Prix de littérature policière 1994)

La Nuit des docks

La composition de cet ouvrage
a été réalisée par l'Imprimerie BUSSIÈRE,
l'impression et le brochage ont été effectués
sur presse CAMERON
dans les ateliers de Bussière Camedan Imprimeries,
à Saint-Amand-Montrond (Cher),
pour le compte des Éditions Albin Michel.

Achevé d'imprimer en décembre 1995.
N° d'édition : 15054. N° d'impression : 2782-4/903.
Dépôt légal : janvier 1996.